中国社会科学院创新工程学术出版资助项目

中国智库丛书

中国主权财富投资的理论、问题与对策

王永中 张明 潘圆圆●著

中国社会科学出版社

图书在版编目(CIP)数据

中国主权财富投资的理论、问题与对策/王永中，张明，潘圆圆著.—北京：中国社会科学出版社，2015.7

(中国智库丛书)

ISBN 978-7-5161-6172-2

Ⅰ.①中… Ⅱ.①王…②张…③潘… Ⅲ.①投资基金—对外投资—研究—中国 Ⅳ.①F832.21

中国版本图书馆CIP数据核字(2015)第098668号

出 版 人 赵剑英
责任编辑 冯 斌
特约编辑 丁玉灵
责任校对 周 昊
责任印制 戴 宽

出 版 中国社会科学出版社
社 址 北京鼓楼西大街甲158号
邮 编 100720
网 址 http://www.csspw.cn
发 行 部 010-84083685
门 市 部 010-84029450
经 销 新华书店及其他书店

印 刷 北京市大兴区新魏印刷厂
装 订 廊坊市广阳区广增装订厂
版 次 2015年7月第1版
印 次 2015年7月第1次印刷

开 本 710×1000 1/16
印 张 16.25
插 页 2
字 数 279千字
定 价 58.00元

凡购买中国社会科学出版社图书，如有质量问题请与本社联系调换
电话：010-84083683

目　录

序　言

加入WTO以来，中国逐步成长为“世界工厂”，其经常项目和资本项目经历了持续大规模的资本流入。同时，中国摇身一变，从长期传统的资本输入国和外汇资产稀缺国的队伍中光荣毕业，跻身通常由欧美发达国家占据的资本输出国行列，并迅速成长为境外资产大国。截至2014年3月末，中国对外资产规模达6.13万亿美元，是2004年年底0.93万亿美元的6.6倍，年均增长率高达23.4%。不过，2009年全球金融危机以来，中国的境外资产规模的年均增长率放缓至15.0%。中国境外资产规模的快速膨胀，显然对中国管理和投资境外资产的能力构成了严峻挑战。

从持有主体的性质角度看，一国境外资产的持有者可划分为官方持有者（Official Holder）和民间私人持有者。根据美国财政部的定义，境外资产的官方持有机构包括外汇储备的持有机构、政府发起的投资基金（Government-sponsored Investment Funds）以及除IMF之外的政府机构（Bertaut，Griever and Tryon，2006）。按照这一定义，中国持有境外资产的官方机构包括外汇储备的持有者——中国人民银行（国家外汇管理局）和主权财富基金（如中国投资公司），而持有大量外汇资产的国有商业银行、国有企业不属于官方持有者的范畴。因而，境外资产的民间私人持有者通常包括该国的居民、私人企业和国有企业（政府发起的投资基金除外）。

关于目前中国的主权财富基金的数量，国内外存在着不同的看法。中国投资公司是唯一受中国官方正式承认的主权财富基金。但在主权财富基金研究所（SWF Institute）看来，中国的主权财富基金有四家：中国投资公司、华安投资公司（SAFE Investment Company）、全国社保基金、中非基金。[①] 主权财富基金研究所的这一看法也有一定的道理，理由主要有：首先，尽管华安投资公司隶属于国家外汇管理局，但其资产配置结构偏向于追求投资回报，明显区别于中央银行强调流动性的资产组合，与一般的主权财富基金的投资行为差异不大，将其划归主权财富基金似乎未尝不可。其次，全国社保基金与中国投资公司存在的一个明显区别是，其注册资本是以本币而不是外币的形式持有，不过，其资本的币种形式对其海外投资不构成障碍。在成立初期，全国社保基金的投资主要集中于国内市场，其境外投资比例的上限仅为7%，在2009年12月后，境外投资比例上限提高至20%。不过，社保基金的海外资产配置比例目前基本上维持在7%左右。这与中投公司的差距较大。根据我们的估计，中投公司在2013年年底的海外资产配置比例约为26.0%。[②] 从本质上看，全国社保基金是类似于中国投资公司的主权财富基金。最后，中非基金的所有资本均投向非洲，从其投资行为、资产结构和运作模式看，属于一家地道的主权财富基金。

与境外资产持有者的性质相联系，一国境外资产也可相应划分为民间境外资产和官方境外资产。目前，欧美一些主要发达国家因拥有储备货币发行国的优势，无须持有大量的外汇储备，因而，其绝大部分境外资产由民间私人部门持有，官方持有的外汇储备资产占其境外资产的比例通常很低。与发达国家不同，中国的海外资产结构存在着一个明显的不合理之处是，官方外汇资产比重偏高，民间外汇资产比例偏低。这就是广受社会各界诟病的“藏

① 根据主权财富基金研究所（SWF Institute）2014年8月更新的主权财富基金规模排行榜，中国有四家机构上榜，分别是中国投资公司、华安投资公司（SAFE Investment Company）、全国社保基金、中非基金，其管理的资产规模分别为5752亿美元、5679亿美元、2016亿美元和50亿美元。其中，中国投资公司、华安投资公司在主权财富基金资产规模排行榜上分别列为第4、第5位。

② 目前，中投公司并未公布其国内外资产的配置比例状况。不过，我们根据中投公司的注资情况、注册资金的海外配置比例、海外投资收益状况和当前资产规模等信息，可大致估算出其海外资产的配置比例。2007年9月，中国投资公司成立时的注册资本金规模为2000亿美元。但中投公司仅有1/3的资本金即670亿美元可投资海外，另外1/3的资本金用于收购中央汇金公司（670亿美元），剩余1/3用于注资中国农业银行和国家开发银行。2011年年底2012年年初，中国投资公司应获得外汇储备注资500亿美元，此笔资金应全部投资于境外。根据中投公司的年报，在2008—2013年期间，其年均境外投资回报率约为5.7%。截至2013年年底，中投公司首笔670亿美元注册资金的累计投资收益约为265亿美元，而其第二笔500亿美元注入资金的投资收益为60亿美元，从而，中投公司的海外资产规模约为1500亿美元，占其5752亿美元总资产的比例约为26.0%。

汇于国”而非“藏汇于民”现象。2014 年 3 月末，中国外汇储备的规模高达 39481 亿美元，占中国境外总资产的比重为 64.4%；若再加上三家主权财富基金持有的境外资产约为 1690 亿美元，[①] 中国官方机构持有的境外资产规模为 41170 亿美元，占中国境外总资产的比例为 67.2%。

与“官方境外资产”基本重合的一个概念是“主权财富”（Sovereign Wealth）。根据维基百科的定义，主权财富是指一国政府通过特定税收与预算分配、不可再生自然资源收入和国际收支盈余等方式积累形成的，由政府控制与支配的，通常以外币形式持有的公共财富。从字面来理解，主权财富既可投资于国内市场，又可投资于境外市场。例如，新加坡的淡马锡和中国投资公司等一些主权财富基金的资产均可在国内外进行配置。不过，全球主权财富基金的绝大部分资产是配置于海外市场的。同时，中央银行持有的外汇储备资产通常完全投资于国外市场，这是因为，若其投资于国内市场会产生二次结汇问题，并引发通货膨胀。因此，相对于官方境外资产，主权财富的内涵略微宽泛一些。具体对中国而言，主权财富包括国家外汇管理局持有的外汇储备，以及中国投资公司等主权财富基金的资产。

与中国境外资产高度集中于官方机构特别是中央银行的状况相适应，中国境外资产的投资回报一直处于较低水平。2005—2013 年，按美元计价的中国境外资产的年均投资收益率为 3.01%，仅略高于美国同期 CPI 的年均水平 2.28%。中国境外资产的低收益导致中国成为一个尴尬的国际债权人，尽管境外净资产长期为正，且规模逐年增加，但中国对外净投资收益一直为负（除极少数的年份外），且对外投资净亏损的规模呈扩大的趋势。2013 年年末，中国境外净资产的规模达 19716 亿美元，是 2004 年的 2764 亿美元的 7.1 倍。中国境外净资产规模在 2005—2008 年期间的年均增长率曾高达 54.0%，不过其在 2009—2013 年期间的年平均增长率明显放缓至 5.9%。除 2007 年、2008 年外，中国国际收支平衡表的投资收益差额账户自 2000 年以来一直为负数，其中，2000—2006 年的平均差额为 -126 亿美元，而 2009—2013 年的平均差额大幅扩大至 -468 亿美元。也就是说，中国作为国际债权人，不仅未能从国际债务人处获得利息收入，反而

① 2013 年，中投公司的海外资产规模约为 1500 亿美元（估算值），全国社会保障基金的海外资产规模约为 140 亿美元（海外资产配置比例为 7%），中非基金的海外资产规模为 50 亿美元，从而，这三家主权财富基金的境外资产总规模约为 1690 亿美元。

需要向国际债务人支付利息，并且，随着中国债权规模的扩大，中国对外需要支付的利息规模还呈上升的态势。

中国之所以成为一个支付净利息的债权人，根本原因在于中国的投资能力显著弱于发达国家的投资者。中国的境外资产过度集中于中央银行，而中央银行持有外汇储备资产的目标是维持本币币值稳定，保障本国国际经济交往活动的稳定进行，防范本国的货币危机和国际收支危机的发生，从而，中央银行通常实行保守的投资策略，高度强调资产组合的流动性，回避投资于高风险高收益率的资产，这导致了中国的境外资产主要投资于信用等级高、收益率低的发达国家的政府债券及机构债券。而中国的对外负债主体部分是引进的外商直接投资（FDI），尽管 FDI 风险较大，但其高投资回报率是发达国家的政府债券所无法比拟的。未来一段时间，中国向外支付净利息的地位不会得到明显改观，其原因在于：一是国内外巨大利息差将会长期存在，中国同等类型的投资收益回报明显高于发达国家；二是中国境外直接投资（ODI）近来虽增长迅速，但囿于投资能力的限制，中国的 ODI 不可能过快增长，且中国 ODI 的投资风险较大，投资收益难以得到保证；三是中国的增长潜力优于发达国家和大多数的新兴经济体，在中国的投资回报通常高于其他国家。

中国境外资产低投资收益问题的症结在于，外汇储备的规模过大且其资产配置偏于保守。根据我们的粗略估计，中国过剩的外汇储备规模约高达 2 万亿美元。对于中国这样一个发展不平衡的大型新兴经济体而言，将如此巨额的金融资本保守地投资于发达国家收益率极低的政府债券，显然是一种巨大的资源浪费。目前，中国政府已经认识到积累过多的外汇储备所产生的负面效应和挑战，并采取一些举措来缓解外汇资产收益过低的问题，如放宽资本流出的限制、鼓励中国企业“走出去”开展对外投资、创建外汇储备委托贷款机制等。毋庸置疑，这些措施是有意义的，可从增量或存量的角度部分缓解外汇储备管理问题，但不足以从根本上扭转储备资产配置低效的问题。预计未来若干年，中国现行的出口导向增长模式将会持续，中国外汇储备规模很可能会继续增加，从而，中国存量外汇储备的管理和投资问题将会更为突出。中国应适时调整外汇储备管理和投资战略，加快外汇储备资产品种的多元化进程，提高对股票、私人债券、不动产和另类资产等风险性资产的投资比例。事实上，当前中国外汇储备管理机制模式改革迎来了一个良好的时间窗口。发达国家在遭受全球金融危机和欧洲主权债务危机的打击之后，企业资产估值水平相对较低，具有一定的投资价值。而且，欧美实体经济复苏步伐的加快，资本市场和房地产的稳定反弹，为风险性投资提供了难得的市场机遇。同时，美联储量化宽松政策的退出，显然对美国国债市场产生不利影响，但对美国资本市场健康发展会产生正向效应。

鉴于此，本书选择对中国主权财富投资的理论、问题与对策进行研究。本书非常强调中国问题研究的国际视野，逻辑发展思路是先进行国际比较分析，然后以国际经验为参照系，分析研究中国问题，提出政策建议。从逻辑框架结构看，本书可分为四个部分：理论综述篇、外汇储备篇、美国国债市场的投资行为篇和主权财富基金篇。第一部分是理论综述篇，由第一章组成，对外汇储备和主权财富基金方面的文献作系统的梳理与概括。第二部分是外汇储备篇，由第二、三、四、五和六章组成，重点分析中国外汇储备的资产结构、投资行为和投资收益，揭示其经济成本与风险状况，并基于对美国主权债务可持续性状况和退出量化宽松效应的综合判断，结合国际外汇储备管理的主流经验，提出外汇储备的投资战略建议。第三部分是美国国债市场的投资行为篇，由第七、八章组成，重点比较中国与其他主要投资者在投资美国国债上的行为差异，深入分析中国投资对美国国债市场的影响，进而提出具有操作性的政策建议。第四部分是主权财富基金篇，由第九、十章组成，阐述中国投资公司近年来投资策略的转变状况及其动因，并在借鉴国际主权财富基金成功运作经验的基础上，提出完善中投公司投资策略的政策建议。

现将本书各章的结构框架、主要内容和特色创新之处阐述如下：

第一章是文献综述部分，对外汇储备和主权财富基金方面的理论研究与经验文献作了系统综述，从而为本书的研究奠定了一个坚实的理论基础。进入21世纪以来，中国等新兴经济体的外汇储备和主权财富基金的规模的迅速增长，引发了学术界主权财富投资问题的研究兴趣。在外汇储备问题研究方面，国内外学者的研究主要包括外汇储备的适度规模、最优币种构成、管理原则和实际操作、投资收益测算、成本与风险、投资战略、经济影响等领域。其中，中国外汇储备的投资状况、投资收益、成本风险、投资战略等议题是学者们关注的焦点。对于主权财富基金问题，学者围绕形成和决定因素、投资行为、治理机制和投资待遇，以及中国投资公司的投资状况等议题展开了深入的研究。

第二章试图通过比较全球主要经济体的外汇储备管理模式来给中国外汇储备管理体制改革提出经验借鉴。全球主要外汇储备管理模式可分为"财政部主导+央行执行型"、"财政部与央行共同主导型"、"央行主导型"，其中发达国家通常偏好第一种模式，新兴市场国家通常偏好第三种模式，而资源出口国通常偏好第二种模式。该章针对中国外汇储备管理体制改革提出的政策建议包括：将外汇储备管理体制由央行主导改为财政部与央行共同主导；建立外汇平准基金，提高央行货币政策独立性；理顺主权财富基金管理体制，设立新的主权财富基金；优化外汇储备资产的配置结构；完善外汇储备管理的职责分工和风险防控机制。

第三章对中国外汇储备的资产结构和投资收益状况作了深入分析与全面测算。该章首先梳理了中国外汇储备的现行统计口径；第二，阐析了中国外汇储备的规模变化及其来源；第三，从美元、日元、欧元等货币资产的角度，深入分析中国外汇储备的币种和证券品种结构及其演变过程，重点阐述了全球金融危机对中国外汇储备投资行为的影响，并阐述中国外汇储备投资在委托贷款、商业银行转贷款和另类投资等领域出现的新动向；第四，充分利用所有可资利用的信息，全面估算了中国外汇储备的投资收益；第五，利用拇指法则，测算中国外汇储备的最优规模和过剩规模；第六，从改革储备管理体制、优化储备资产结构、创新外汇储备运用途径、购置黄金和战略物资储备、设立主权财富基金等角度，提出了推进中国外汇储备多元化的政策建议。

第四章对中国外汇储备的经济成本作了全面阐述与系统分析。该章首先提出一个简明的外汇储备成本分析框架；第二，从国际融资利息成本和放弃国内固定资产投资回报的角度，测算中国持有外汇储备的机会成本；第三，估算央行票据和法定准备金存款等中国两大冲销工具的加权平均利率，并测算2003年以来中国货币当局冲销操作的利息成本；第四，剖析中国积累外汇储备所面临的经济扭曲成本、资产损失风险和金融稳定风险；第五，总结全章并提出遏制中国外汇储备增长和加速外汇储备多元化的政策建议。研究发现，2001—2011年，中国外汇储备的年均机会成本为1140亿美元，占GDP的2.60%，而2011年的机会成本达3150亿美元，占GDP的4.33%；中国货币当局的冲销成本（央行票据和法定准备金存款的加权平均利率）先由2002年的0.97%稳步升至2008年的2.57%，后降至2009—2011年的1.57%；2003—2011年，中国货币当局为发行央行票据、回购国债和增加的银行法定准备金存款而支付的总利息成本约为1.4万—1.5万亿元，占2011年GDP的3.0%—3.2%。

第五章全面阐述和系统评估了美国的问题资产纾困计划、“两房”接管计划与量化宽松货币政策等三大金融稳定计划的实施状况和财政效应，并就中国外汇储备配置于美元资产的比重及其结构提出了对策建议。该章认为，美国金融稳定计划主要由问题资产纾困计划、“两房”接管计划和量化宽松货币政策组成。美国金融稳定计划不仅促进了美国的金融稳定和经济复苏，而且实现了现金流意义上的财政收支基本平衡，甚至是略有盈余，避免了主权债务危机在美国的重演。近年来，美国金融稳定计划已向美国政府提供了可观的利息和股息收入，并显著减轻其债务利息负担，但也带来巨额的或有负债，如“两房”债务担保责任、美联储持有的债券价值将可能因退出量宽而显著下跌。不过，随着美国房地产市场的持续复苏、量化宽松的逐步退出和“两房”资产负债规模的不断压缩，美国金融稳定计划产生的或有负债规模预计会稳步下降。考虑到美国经济基本面优于其他发达国家，美国财政状况已逐步得到改善，未来一段时间，中国外汇储备投资的美元资产比重宜维持相对稳定，不应大幅减持。

第六章深入分析了美联储量化宽松政策（QE）进入与退出的步骤和次序，系统概括了量化宽松影响美国债券收益率的机制，全面评估了量化宽松退出影响美元资产和中国外汇储备资产的渠道，提出了中国外汇储备资产多元化的政策建议。美联储量化宽松政策的进入或实施可大体划分为五个阶段：QE前、QE1、QE2、扭曲操作和QE3。量化宽松主要通过下述九个渠道对美国债券收益率产生影响：资本约束渠道、资产稀缺渠道、久期风险渠道、流动性渠道、安全溢价渠道、信号显示渠道、提前偿还风险溢价渠道、违约风险渠道和通货膨胀渠道。美联储退出量化宽松可能遵循如下六个步骤：缩小乃至停止资产购买计划、停止到期债券本金再投资计划、反向扭曲操作和资产置换、回收流动性和出售国债、提高超额准备金利率和联邦基金利率、出售MBS。美联储退出量化宽松对美元资产的影响体现在：一是美国债券资产的收益率将上升；二是美国债券的价格将下跌，特别是期限较长的债券价格下跌幅度更为明显；三是美国股票和房地产市场将会出现暂时性下跌或涨势趋缓，但会实现稳定反弹；四是在资产收益率上升、经济基本面向好和美元套利交易平仓等因素的综合作用下，美元汇率将呈现稳定的升值态势。量化宽松退出对中国外汇储备资产安全产生正反双重效应，负向冲击体现为中国持有的长期美国债券价格因收益率上升而下跌，正面效应表现为美元升值与美国股票和不动产的潜在上涨动力增强。未来一段时间，中国外汇储备资产多元化的重点，不是削减美元资产比例，而是调整美元资产结构，减持剩余存续期较长的美国国债，适当增持美国的较短期国债、股票、企业债券和不动产。

第七章对美国长期国债市场上主要外国投资者的投资行为作了深入的比较分析。基于2002年至2012年的年度数据，该章比较了美国长期国债市场上主要外国投资者的不同行为特征，并在此基础上讨论了不同行为特征的可能影响因素，得出了如下主要结论：由历史原因形成的市场势力和主动的资产配置策略，以及金融市场的风险与收益变化，是导致外国投资者不同行为特征的主要原因。这具体表现在：对于拥有较大美国长期国债存量的中国和日本而言，类似于做市商角色的市场势力使得其边际投资行为较为谨慎，以避免相应的国债价格变动造成其存量资产的价值波动；欧洲国家的投资行为则显示出风险偏好较高的特点（例如注重收益的逆势投资），这可能是由于它们持有的长期国债占比稳定在低位，从而能够将美国长期国债仅仅当作一类分散风险的金融投资品。此外，在金融市场动荡期间，由于避险需求和长短期国债收益利差缩小的双重影响，部分外国投资者的资产配置行为也会发生较大变化。

第八章在梳理美国国债市场若干特征事实的基础上，从纵向与横向比较的角度来描述中国投资者在美国国债市场的投资行为。经验分析的结果表明，从长期来看，美元汇率是中国投资者购买美国国债行为的影响因素（美元升值导致中国投资者增持美国国债），而美国国债收益率并非中国投资者购买美债行为的长期决定因素；尽管中国投资者从投资行为来看似乎在美国国债市场与外汇市场同时扮演价格稳定者的角色（当美国国债收益率上升或美元升值时，中国投资者会增加对美国国债的购买），但中国投资者增持美国国债的行为一方面难以扭转美国国债收益率的上升，另一方面则会导致美元贬值。这意味着中国投资者的确是外汇市场上美元价格的稳定者，但并非是美国国债市场上的价格稳定者。包含金融资产收益率、金融市场风险与汇率在内的向量误差修正模型（VECM），对美国国债收益率与美元汇率变动的解释力显著高于对中国投资者购买美国国债行为的解释力，这意味着后者可能还取决于一些其他因素。

第九章以新加坡政府投资公司和新加坡淡马锡、挪威政府（全球）养老基金、阿联酋阿布扎比投资局为例，比较分析了国际著名的主权财富基金的投资经验，并就改善中国主权财富基金的运作效率与投资业绩提出了启示性政策建议。这些主权财富投资机构均经历了一段较为漫长的发展演变过程，投资的理念和能力臻于成熟，有丰富的国际市场运作经验，在公司目标定位、投资战略的制定与演变、资产配置结构、内部治理机制、风险管控系统、社会形象公关、克服投资壁垒等方面均有独到的经验做法，值得中国的主权财富基金特别是中国投资公司认真学习借鉴。

第十章分析了中国投资公司海外投资策略的转变及其背后的动因，并提出一系列完善中国投资公司管理体制和海外投资战略的建议。近年来，中投公司的海外投资战略体现出一些新特征，在资产组合、区域分布、行业配置、投资期限与投资方式等方面呈现出明显的多元化趋势，如投资行业由传统的金融部门明显转向房地产业、能源资源业、基础设施、公用事业与物流业、农林业等实体部门，投资方式由高度依赖外部委托投资转向委托投资与自营投资并举方向发展，资产组合的风险偏好度和投资回报率显著提升。导致中投公司近年来海外投资战略转变的动因主要有：中投外汇储备资金来源渠道的不确定性、财政部与央行在管理中投上职责权限矛盾得到有效的化解、中投国内外投资策略之间的冲突、中投与其他国有投资机构之间的赢利竞争、激烈竞争的外部投资环境等。为提高海外投资业绩，中国应明确中投公司的法律地位，制定资金注入中投和从中投提款的规则，改善公司的治理结构，确保公司投资业务的独立性；中投公司应提高自身的透明度，淡化“国有”身份的色彩，遵守东道国的投资规则。

本书是姚枝仲研究员主持的中国社会科学院创新工程课题“中国对外投资战略”的阶段性成果之一，是世界经济与政治研究所国际投资研究室部分研究人员近期研究成果的结晶。本书具体写作分工如下：第一章：王永中、潘圆圆；第二章：张明、王永中、潘圆圆；第三、四、五和六章：王永中；第七章：王宇哲、张明；第八章：张明；第九章：潘圆圆、王永中、张明；第十章：潘圆圆、张明、王永中。同时，感谢姚枝仲、张金杰、李国学、韩冰、王碧珺、高蓓、刘洁、陈博等的宝贵意见。当然，文责自负。

作 者

2015 年 3 月

第一章

理论综述

一 外汇储备理论综述

进入21世纪以来，中国等新兴经济体外汇储备规模的迅速增长，引发了学术界对外汇储备问题研究的兴趣。目前，关于外汇储备的研究主要围绕着适度规模、币种构成、管理、投资收益、成本与风险、投资策略、经济影响等议题展开。

（一）外汇储备的适度规模

外汇储备适度需求规模取决于交易性动机、预防性动机和保险性动机。早期的交易动机说包括特里芬的储备进口比例法、阿格沃尔的机会成本说和布朗的货币供应决定论。一些学者运用外债规模、进口支付、外资还本付息、FDI资金回流等指标来综合计算外汇储备适度规模。外汇储备预防性动机主要是防范汇率水平的波动（Flood and Marion, 2001），而保险性动机则出于稳定产出和消费的考虑（Aizenman and Rhee, 2004; Jeanne, 2006）。

王令芬（1989）指出，外汇储备最优规模取决于多项国内外要素。国内因素包括经济发展的速度和规模、经济开发程度、贸易条件和融资能力、外汇政策目标、持有国际储备的机会成本。国际因素包括国际汇率制度、国际金融市场发达程度、国际经济政策协调性。刘莉亚、任若恩（2003）系统综述了国际主流的外汇储备适度规模理论。具体有：储备/进口比例法；机会成本说（阿格沃尔模型）；货币供应量决定论；定性分析法；外债/储备比例法；进口支付、外债还本付息和外商直接投资资金回流因素的比率方法。

巴曙松（1997）将外汇储备的需求动机划分为交易性需求、预防性需求、赢利性需求（投机性需求）和发展性需求。其中，发展性需求是指我国在确定外汇储备的水平时，必须考虑到我国现阶段经济发展的需求，给政府主导性的发展方式提供一定的外汇资金支持。武剑（1998）认为，从经济效率角度看，1996—1998 年我国外汇储备总量明显超过合理水平，若一味追求外汇储备高速增长，势必对宏观经济运行造成消极影响。许承明（2001）指出，我国外汇储备需求是由经济规模、国际收支变动率和汇率变动率三个因素所决定，1990 年以来我国实际外汇储备大多年份处于相对过剩状态。李巍、张志超（2009）构建了一个包含外汇储备、金融不稳定、资本流动以及实体经济变量的系统分析框架，模拟中国合意的外汇储备规模。研究结果表明，在确保国内金融稳定的前提下，中国的外汇储备总量并不过度，处于合意的区间范围之内。

基于金融稳定视角，谷宇（2013）通过扩展外汇储备的缓冲存货模型构建了中国外汇储备需求模型，分析了产出、内外部流动性、外汇储备持有成本及波动成本等因素对外汇储备需求的影响。研究发现，产出、内外部流动性、外汇储备波动成本对外汇储备需求存在正向冲击，而外汇储备持有成本对外汇储备需求存在负向冲击，即中国外汇储备在长期内受预防性需求影响。Bianchi、Hatchondo 和 Martinez（2013）指出，当前国际资本流动呈现出两个明显特征：一是负债的政府持有大量外汇储备，其发行债务的收益率要显著高于其持有外汇储备的投资回报率；二是外国投资者购买国内资产和国内投资者购买外国资产的行为都是顺周期的，且在金融危机期间跨境资本投资均处于停顿状态。他们据此提出了一个主权债务违约内生化的动态模型，分析了外汇储备积累与政府债务滚动风险的关系。政府面临着外汇储备的缓冲保险收益与债务成本之间的权衡。因为违约风险是逆周期的，政府在经济繁荣和融资成本低时积累储备和债务，而在经济危机和融资成本高时，选择用外汇储备来偿还债务和平滑消费。久期长的政府债券、逆周期的违约风险升水、资本流入的突然停止对于储备最优规模产生重要影响。

全球金融危机以来，全球外汇储备规模重新恢复快速增长，再度引发了理论界对于外汇储备最优规模和储备充足性评估的兴趣。Jeanne 和 Rancière（2011）从预防动机角度，建立了一个小国开放经济模型，分析外汇储备的最优规模的决定因素。在该模型中，一个代表性消费者存在着丧失国外融资渠道（资本流入突然停止）的可能性。在发生资本流入突然停止的情况下，消费者可通过与外国投资者签订保险合同来平滑其国内消费。从直觉上看，最优的外汇储备规模取决于资本流入突然停止的可能性与规模、消费者的风险厌恶度和持有外汇储备的机会成本。他们认为，对亚洲新兴经济体快速外汇储备积累行为的一个唯一可能解释是，伴随资本流入突然停止所形成的高昂产出成本和高的风险厌恶情绪。

关于外汇储备充足性评估，传统上主要有三个指标：储备进口比率、储备广义货币比率、储备短期外债比率。IMF 提出了一个新的修正框架。Lipsky（2011）给出了 IMF 调整评估指标的三个理由：第一，是否存在体现居民资本外逃的"内部流出渠道"（Internal Drains）。例如，居民不愿意再持有政府债券，居民取出银行存款导致银行挤提，银行系统资产负债期限不匹配，以外币计价的资产负债不匹配。第二，除短期外债外，其他形式的"外部流出渠道"（External Drains）可能导致危机发生。例如，外国投资者对本国主权评级下降的耐心要低于本国居民，外汇储备的下降很可能与投资者卖空本国资产相联系。第三，在危机过程中，充足的外汇储备为政府实施宏观经济刺激方案提供了一定的弹性空间，从而可降低经济突然收缩的风险。

IMF 认为，外汇储备充足性的分析应依靠国别因素，如宏观经济状况、审慎政策框架、应急融资形式、国家保险、总体资产负债状况等，在外汇市场经受压力期间，对储备充足性的评估，应在简单拇指法则的基础上，运用更为综合性的方法。基于储备充足性的传统评估方法和经验，IMF（2011）提出了一个多管齐下的（Multi-pronged Approach）度量方法，充分考虑了外汇储备可能的流失途径。该方法采用两阶段加权的方法来评估新兴经济体外汇储备的充足性，用经济计量的方法来估计低收入国家外汇储备的最优规模。IMF 的评估结论认为，对于资本外流占国际收支资本流动主导地位的新兴经济体，储备充足性评估方法应包括储备流出的一系列潜在渠道，如新融资的突然停止、外国证券投资的撤回、资本外逃和经常账户脆弱性等，从而，可采用新的风险加权的度量方法（Risk-weighted Metric）。对于低收入国家而言，其国际收支账户的脆弱性基本是由经常账户造成的。IMF 的经验结论认为，绝大多数新兴经济体的外汇储备规模是充足的，其中，部分国家的外汇储备持有规模高于最优规模，仅有较少国家持有的外汇储备规模不足；一些低收入国家需要持有更高的外汇储备。

（二）外汇储备的币种构成

关于外汇储备的最优币种结构，主要有四种选法：一是短期外债风险覆盖法，外汇储备的币种结构与短期外债一致；二是最优分散化方法，基于马柯维茨的资产组合模型，追求风险既定条件下组合资产价值最大化；三是购买力法，用偿还债务和进口的主要币种来构建外汇储备的币种结构；四是持有成本法，外汇储备的结构应与外债的期限和币种结构相匹配（刘莉亚，2010）。

关于中国外汇储备的币种结构，郭树清（2005）指出，由于美元仍然是国际货币体系中最主要的货币，我国对外贸易和投融资往来大都以美元结算，且其他金融市场投资机会和容量有限，因此，我国外汇储备货币结构中美元占了很大比重。我国外汇储备资产币种结构的调整，是基于长期、战略和发展的考虑，并不盲目追随市场波动。孔立平（2010）在考虑了中国的贸易结构、外债结构、外商直接投资来源结构和汇率制度以及外汇储备收益风险的情况下，提出了一个中国当前合理的储备币种权重，以及逐步减持美元、增持欧元、推进人民币国际化的建议。

在外汇储备币种结构管理问题上，徐永林、张志超（2010）做了一个系统的文献综述。储备货币构成研究可分为两个层次：一是总量层次上分析全球储备币种结构的决定因素；二是国别层次上选择最优的储备货币比例。研究发现，储备币种结构的演变是缓慢的过程，取决于路径依赖、惯性和各储备货币本身的特性。各国中央银行选择储备币种结构时，通常考虑汇率制度的性质、与储备货币国的贸易和金融联系及两者间的互动关系。国别研究一般基于马柯维茨的均值—方差模型，在收益和风险权衡的框架内求解一国储备的最优货币构成。他们还分析了国际金融体系新发展对储备货币结构选择的影响。Sheng（2013）运用状态空间模型和贝叶斯估计方法，估算了中国2000—2007年外汇储备的币种结构，发现中国外汇储备多元化取得了长足进展，美元资产比重明显下降，而欧元资产的比例显著上升。罗素梅、陈伟忠和周光友（2013）通过构建基于多层次需求的货币性外汇储备币种结构优化的AHP模型，测算出外汇储备货币性资产的最优币种权重。研究发现，美元在币种权重中的领导地位难以撼动，货币性存款在资产组合权重中也具有明显优势。

（三）外汇储备的管理

学者们对外汇储备的管理目标和模式做了大量的研究。胡小炼（1995）详细阐述了外汇储备的管理目标和需要，主要有：满足日常交易的需要、满足宏观政策的需要、进行投资的需要。而辅助性目标为：用于满足紧急情况下的国际支付需要；中央银行给予本国商业银行临时性外汇资金支持；作为信心的支持和信誉的保证。景学成、胡哲一（1996）指出，外汇储备经营管理授权可分为三个层次：第一层次是储备的持有和储备运用层次上的授权，被授权对象是国家货币当局或国家其他管理部门。第二层次是储备经营运作和经营管理上的授权，被授权对象是有关政府部门或商业银行。第三层次是储备交易操作上的授权，被授权对象是商业银行经营部门及外汇交易员。IMF（2003）发布的《外汇储备管理指南》对处于不同金融、经济发展阶段和制度结构的20个国家的外汇储备管理模式作了全面分析和系统概括。

Borio、Ebbesen、Galati 和 Heath（2008）对外汇储备管理的一些关键议题，如管理框架、资产配置、风险度量与管理、组织结构和信息披露等作了深入分析。他们认为，外汇储备管理的步骤通常有五步：一是界定投资者偏好集，在风险与收益之间进行权衡；二是资产组合选择，在权衡收益和风险的基础上，确定资产和债务的可能集；三是确定财富和投资回报的计价单位；四是基于风险和收益的权衡确定投资长度；五是选择可能的投资组合。他们指出，相对于私人资产的管理者，外汇储备资金的管理人面临着更大的挑战。主要体现在：一是外汇储备是一国资产负债表中的一部分，必须发挥全国性经济功能，如对外支付、外资的突然流出时提供缓冲，其资产组合选择还取决于一国经济的基本特征；二是外汇储备是一国公共部门（财政部或中央银行）资产负债表的一部分，从而，外汇储备管理必须考虑其对公共部门资产负债表的影响，如融资成本、对中央银行资本金的影响；三是外汇储备管理仅是中央银行众多公共功能中的一项，储备管理需要与央行的其他职能需要相互协调和统一。

基于对中央银行的调查数据，Borio、Galati 和 Heath（2008）分析了东南亚金融危机以来，外汇储备管理出现的一些主要变化及其驱动因素。他们认为，全球外汇储备管理呈现四个趋势：更为强调投资收益；基于内部治理机制的改善，决策方法更为结构化；更为关注风险管理；信息公开度提高。他们指出，尽管安全性和流动性仍是外汇储备管理的基本目标，但收益性目标的重要性在不断提升。主要体现在：第一，中央银行可以投资的资产种类显著变宽，储备资产组合更多地配置于风险更高的资产。第二，中央银行明显增加了对货币和利率衍生产品的投资力度，表明央行更愿意积极管理外汇储备，以拓展风险收益的有效边界。第三，与投资领域的拓宽相适应，中央银行日益增多地使用外部经理人。中央银行聘用外部经理人的动机是学习资产管理的知识和技能、获取投资的证券产品信息。第四，一个日益增强的趋势是，中央银行根据不同的目标将外汇储备划分成不同的组合，不同的组合有不同的投资准则。第五，为更加明确地追求投资收益，货币当局将一部分外汇储备从中央银行的资产负债表剥离，设立独立的主权财富基金。

外汇储备管理的一个重要挑战是如何处理流动性、安全性和收益性目标。基于一个时期、两个阶段模型，Romanyuk（2012）将流动性、安全性和收益性引入了外汇储备战略管理的目标函数中。结果显示，外部不利冲击引起的高流动性成本和流动性偏好对储备资产的最优配置产生显著影响。该模型的政策含义是，在市场环境不确定的背景下，如果一国政府在金融危机期间需动用部分外汇储备，一个最优选择是卖出低流动性的资产，持有高流动性的资产。

关于外汇储备的规模与外汇储备多元化之间的关系，目前，一种广为认可的观点认为，外汇储备的规模越大将导致更高程度的多元化，以最小化持有外汇储备的机会成本。然而，基于20个国家的经验数据，Beck和Weber（2011）发现，如果外汇储备积累是由预防动机驱动，将导致更多的储备资产配置于安全资产；只有在外汇储备的增长不是由预防动机驱动的条件下，外汇储备的增长与外汇储备币种多元化之间才呈现正相关关系。Li、Huang和Xiao（2012）提出了一个均值—方差—条件在险价值（CVaR）模型来分析外汇储备投资的特征，测算了中国外汇储备的最优配置结构，发现通过外汇储备投资来对冲总体宏观经济风险是可能的。Scalia和Sahel（2012）基于欧洲中央银行2002—2009年的各资产组合数据，发现管理外汇储备的经理人的投资风险承受度与投资业绩排名之间存在着密切的联系。上半年资产管理业绩暂时落后的经理人通常选择提高资产组合的风险水平，而在上一年度储备资产管理业绩低的经理人将在本年度显著降低资产组合的风险水平。

Pihlman 和 Hoorn（2010）发现，外汇储备管理人的行为呈现出显著的顺周期特征（Procyclicality）。在2007年全球金融危机爆发时，持续十余年的外汇储备资产多元化的进程戛然而止。在逃向安全资产的气氛中，全球外汇储备的资金经理人纷纷从银行部门提取了约5000亿美元的存款，并显著削减了机构债券的持有量。显然，在金融危机的环境下，储备管理经理人的顺周期行为将加剧商业银行的融资难度，这就需要储备货币发行国的中央银行，如美联储、欧洲中央银行向金融机构提供更多的流动性支持，以维护金融系统的稳定。因而，从全球经济的角度看，中央银行的外汇储备管理与金融稳定职能之间存在着一些潜在的冲突。

在全球金融危机对外汇储备管理的影响研究方面，McCauley 和 Rigaudy（2011）分析了外汇储备基金管理人的投资行为变化。在全球金融危机之前，外汇储备投资呈现出一个明显趋势，是对信用风险、市场流动性风险和久期风险有更高的接受度。金融危机使得外汇储备投资的多元化进程遭到逆转。外汇储备基金经理大幅减少了对银行存款、美国机构债券等风险资产的投资，显著增加了对高信用等级的美国国债和中央银行债券的投资。Dominguez（2012）利用60多个国家的数据，分析了全球金融危机背景下各国政府的外汇储备管理方式。研究发现，许多国家政府，甚至包括一些危机前外汇储备较高国家的政府，在金融危机的过程中不愿意使用外汇储备。不过，在剔除因利息收入和估值效应引起的储备资产价值变动因素后，他发现许多新兴经济在金融危机期间动用了大量的外汇储备。而且，外汇储备规模大幅超过最优规模的国家，更愿意在金融危机中抛售外汇储备。Aizenman 和 Hutchison（2012）指出，尽管一些新兴经济体在全球金融危机之前已显著增加了其外汇储备水平，但仍主要通过汇率贬值而不是售出外汇储备的方式来吸收外汇市场的压力。因此，出现了“害怕外汇储备损失（Fear of Reserve Loss）”的情绪，导致本币汇率的迅速调整。Aizenman 和 Sun（2012）还发现，在全球金融危机的初期，新兴经济体通过卖出外汇储备来应对金融危机，导致其损失了约1/3的外汇储备。而在全球金融危机的后期，新兴经济体的政策调整由“害怕汇率浮动”转向“害怕外汇储备损失”。Dominguez、Hashimoto 和 Ito（2012）的经验研究发现，在金融危机之前积累的外汇储备较高的国家，危机之后的经济增长率也较高。

（四）外汇储备的投资收益

中国外汇储备的投资收益也是学者们关注的一个热点问题。盛柳刚和赵洪岩（2007）估计了2000—2006年中国外汇储备的收益率和币种结构。研究发现，2003年前外汇储备年平均收益率分别为4.8%，欧元资产比例大约为7.2%；2003年后欧元资产比例上升至26.7%，收益率在2.3%—2.5%之间。但是欧元比例上升的主要原因是欧元升值，而不是由于中国政府大规模增持欧元资产。

张斌、王勋和华秀萍（2010）以2002年1月至2009年12月为样本期，估算了以美元、货币篮子计价的中国外汇储备名义收益率，以及以商品篮子衡量的中国外汇储备真实有效收益率。其研究发现，与美元计价的名义收益率相比，主要币种资产加权后中国外汇储备的真实有效收益率更低，且波动更加剧烈；美元计价的外汇储备名义收益率与进口商品篮子购买力衡量的外汇储备真实有效收益率在运动轨迹上并不保持高度一致，二者的相关系数只有0.36，特别是在2007年以来，二者的运动轨迹经常出现明显的背道而驰，美元计价的外汇储备名义收益率的上升（下降）伴随着的外汇储备真实有效收益率下降（上升）。

王永中（2011）认为，绝大部分中国外汇储备为美元、欧元资产，而美国国债和机构债券占主体地位。若以美元计价，2000—2009年中国外汇储备的平均收益率尚达4%—5%；若以人民币计价，汇改前平均收益率为5.54%，汇改后仅为1%。在剔除外汇冲销成本后，汇改前平均净收益率为3.59%，汇改后为-1.64%。王永中（2013）全面估算了中国外汇储备的资产结构和收益状况，并从国际市场融资利率、国内固定资产投资利率和冲销债券利率与美国国债收益率的利差角度，测算中国外汇储备的冲销成本、机会成本与资本风险及其对央行资产负债表的影响。

（五）外汇储备的成本与风险

中央银行持有外汇储备的成本主要体现在两方面：一是准财政成本，表现为国内政府债券或央行冲销债券的利率与外汇储备的收益率之差。二是经济成本，包括机会成本、经济结构扭曲和道德风险等方面。

大量研究认为，在中央银行通过发行高收益率国内债券的方式来购买低收益外国政府债券的条件下，货币冲销操作将带来准财政成本。根据

Calvo、Leiderman 和 Reinhart（1993）的测算，拉美国家货币冲销的准财政成本占 GDP 的比重介于 0.25%—0.5%。另据 Kletzer 和 Spiegel（1998）的估算，太平洋地区国家货币冲销的准财政成本占 GDP 的比例基本相同，但新加坡、中国台湾的季度冲销成本最高可达 GDP 的 1%。Hauner（2006）构建了一个分析持有外汇储备准财政成本的理论框架，并测算了 100 个国家 1990—2004 年的准财政成本。Hauner 的研究发现，1990—2001 年，绝大多数国家因持有外汇储备而盈利，但在 2002—2004 年出现了大面积亏损。

Mohanty 和 Turner（2006）分析了货币冲销对中央银行资产负债表、银行部门和私人部门的影响。体现在：其一，货币失衡。商业银行集中持有大量的短期冲销债券，导致央行的付息债务增加，从而，央行冲销债券需要频繁地滚动发行。发行巨额的央行债券，容易使中央银行面临票据发行的滚动问题，导致央行债券的利率和价格出现较大波动。其二，金融部门失衡。冲销型干预阻止本币升值将加剧宏观经济和金融失衡。可能的途径有：一是在部分冲销和冲销有效性较低的情况下，导致房地产等部门出现过度投资；二是本币稳定的单边升值预期，导致大量短期资本流入，推高了股票市场价格。其三，在私人债券市场有了一定发展的情形下，大量发行无风险的政府债券和央行债券，必将挤出私人债券的发行。但在公共债券存量较低的情况下，冲销债券的发行将促进国内债券市场的发展。

Zhang（2012）认为，通过双重金融抑制机制，中国在中央银行、商业银行和家庭部门之间建立了冲销成本的分担机制。商业银行通过被迫购买低收益率的央行票据和维持高法定存款准备金率的方式，承担了部分冲销成本。中国居民通过被迫接受负实际存款利率而承担部分的货币冲销成本。

王永中（2013）基于对中国外汇冲销实践的考察，系统论证和综合测算了中国外汇冲销的有效性、成本与可持续性，为评价中国外汇冲销的绩效及可持续性提供了一个可进行成本收益权衡的分析框架。他认为，中国的外汇冲销和资本管制是大致有效的，冲销成本持续高于外汇储备收益，冲销不满足可持续性条件。

除准财政成本外，中央银行持有外汇储备还会产生一系列的经济成本，如机会成本、经济扭曲和道德风险等。Rodrik（2003）对一国持有外汇储备的机会成本作了细致的分析。假定一个国内私人企业或商业银行向国外借了一笔贷款，在强制结售汇制下，这笔贷款将转化为中央银行的外汇储备。产生三个后果：首先，在 Guidotti-Greenspan-IMF 规则下，起初是由本国企业向国外借款，最终结果是国外资源向国内的净转移量为零。私人部门的外债增加导致了中央银行的国外资产一对一的上升。其次，短期国外借款并未提高国内私人部门的投资能力。因为私人部门最终追加持有的政府债券或央行债券量等于其对外借款金额。最后，若将国内私人部门和公共部门的资产负债表合并，净效应是发展中国家的国内私人部门以支付高利息成本为代价（包括风险溢价），在国际金融市场上借入短期资金后，由该国的中央银行投资于低收益率的外国政府债券。从而，发展中国家在按全球金融一体化游戏规则行事时，付出了巨大的代价。

Greenwood（2008）全面分析了中国持有外汇储备的成本，主要有：经济结构扭曲，出口部门过度扩张，非出口部门发展受限；压制金融部门的发展，扭曲市场利率水平和商业银行的资产组合，商业银行被迫持有大量低收益的央行资产而不是高收益的商业贷款；央行代替了企业和消费者集中持有外汇资产，妨碍了投资者持有高收益、多样化的国外资产组合；中国急剧上升的外汇储备，导致其主要投资对象——美国国债的收益率大幅下降。

张曙光、张斌（2007）认为，外汇储备的持续积累，将导致货币当局的外汇资产（国外资产）和国内债务（央行票据）的持续上升，加剧央行资产负债的货币错配程度；2005—2010 年，中国货币当局的直接损益为正，但其他方面福利损益均为负；导致可贸易部门的工资收入相对于资本收入的比例下降，促进了出口部门的投资进一步增长，致使资源配置偏向可贸易品部门，从而国内经济出现结构失衡。

除机会成本和经济结构扭曲外，积累外汇储备还会产生经济风险。刘莉亚和任若恩（2003）指出，外汇储备规模过大，会导致通货膨胀率上升，产生较高的机会成本，加大汇率波动风险。夏斌（2006）认为，中国外汇储备的负面影响主要有：妨碍独立的货币政策；不利于提高经济运行效率；面临美元贬值的风险；在贸易、汇率方面承担的国际压力加大。

胡小炼（1995）系统归纳了外汇储备经营风险的类型，如信用风险、流动性风险、市场风险、内部操作风险、国家风险和法律不完善风险等。余永定（2009）认为，中国未能把外汇盈余转化为贸易上的购买力，却把资金低成本地重新借给了美国，属于资源配置的错位。他还指出，美国国债存在较大的安全隐患，体现在：第一，美国金融市场本身存在很大问题；第二，美国经济中各种债务占 GDP 的比例过高，会助长美国的机会主义行为，美元资产风险显著上升；第三，美国人对美元的前途也很担忧，美国政府维持强势美元的意愿和能力是值得怀疑的。王晓钧、刘力臻（2010）通过对美国未来财政预算计划可持续性分析及美国国债利息成本的估算，发现美国财政状况比欧洲主权债务危机国家更加严重，这将加大我国持有美国国债的风险。

另外，积累外汇储备还将产生相应的宏观、微观道德风险。一是宏观道德风险。在政治不稳定和监督不到位的情形下，积累外汇储备可能鼓励机会主义的消费，政治不稳定和集权化国家倾向于持有较少的外汇储备（Aizenman and Marion，2004）。二是微观道德风险。外汇储备的积累补贴了冒险行为，Levy-Yeyati（2005）呼吁银行设置流动性储备和事前中止可兑换条款（Ex-ante Suspension-of-Convertibility）。

（六）中国外汇储备的投资策略

关于中国外汇储备资产的投资策略，学者们提出了许多设想，如建议降低美国国债的投资比重，提高投资于美国股权、机构债和企业债的比例；推进金融机构改革，增持黄金储备；充实社保基金，扩大海外直接投资；投资美国银行股权；购买石油等战略资源等。

基于新加坡和挪威的经验，何帆和陈平（2006）建议，中国外汇储备积极管理的架构可以考虑采取以外管局为中心的“三驾马车”模式，建立中国的 GIC、淡马锡和国家物资储备机构。夏斌（2006）对中国外汇储备的投资策略作了系统分析。他指出，第一，要提高居民持有的外汇资产规模，实行意愿结售汇制，设立外汇储备海外投资基金，在国际上进行资产组合投资管理。第二，鼓励进口关键设备、技术和原材料，支持并购海外能源性企业、关键性原材料生产企业和国际跨国金融机构。第三，在黄金价位偏低时择机增持。第四，用适量外汇储备注资国有银行和弥补部分社保资金缺口。第五，借鉴国际经验，确保 80% 的外汇储备投资于流动性资产，将 20% 的储备主要投资于海外股权。第六，组建直接隶属中央政府的专门的外汇投资机构，扩大股权投资包括海外投资，并引入衍生工具进行外汇风险管理和套期保值。

在中国外汇储备的转化与投资策略方面，张燕生、张岸元和姚淑梅

(2007) 提出了系统的政策建议。主要有：一是组建外汇平准基金干预外汇市场；二是组建国家外汇资产管理委员会及国家外汇投资公司；三是积极支持企业境外投资；四是继续制定和执行各种藏汇于民的措施；五是配套进行外贸、外资、资本项目管理政策调整，促进国际收支基本平衡；六是积极探索本币区域化、国际化途径。

盛松成（2008）认为，中国外汇储备不应大幅度降低美元资产的比重。从长远来看，美元无疑具备长期稳定的国际支付与结算能力，美元仍是世界的硬通货，是主要的国际结算与储备货币。即使是出于保值增值考虑，我国也不宜轻易将美元资产转换成欧元或其他货币资产。

余永定（2009）指出，从流量的角度看，最重要的问题是减少贸易顺差，使资源尽可能用于国内的消费与投资。如果外贸顺差在短时间内无法压缩或压缩的代价过高，应首先考虑让这部分顺差转化为对外投资而不是美元储备的增加。从存量的角度看，中国应该积极寻找多样化避险的方法。从期限结构上看，可以增加短期国债的比重减少长期国债的比重。从资产种类上看，减少政府机构债的比重可能是必要的。同时，中国也可以考虑购买 TIPS 之类的债券。

张斌（2013）认为，中国外汇储备管理面临两个突出的挑战：一是把超出合理规模的外汇储备还汇于民；二是如何实现外汇储备资产的保值和增值。他认为，不宜为外汇储备投资设立国家战略目标。过度强调国家战略目标，可能会造成大量政府部门滥用外汇储备资产的困境。

（七）外汇储备的经济影响

在外汇储备的影响研究方面，Lavoie 和 Zhao（2010）基于资产不完全替代的传统资产平衡模型，建立了一个包括中国、美国和欧元区的三国存量流量一致性模型（Stock-flow Consistent Model），其中，人民币盯住美元，人民币、美元兑欧元均为自由浮动。他们将该模型用于模拟中国外汇储备多元化，即减持美元资产增持欧元资产的经济影响。模拟结果显示，中国和美国均得益于外汇储备多元化，中、美的贸易账户和 GDP 均有所改善，但欧元将会相对于人民币、美元升值，进而导致欧元区贸易赤字增加，经济增长率下降。

关于中国外汇储备积累及其对中美投资的影响，Bonatti 和 Fracasso（2012）基于中国的外汇储备积累目标（经济增长和就业的快速增长）与美国的政策目标（居民高消费）相互兼容的特征，建立了一个中美两国互相依赖的两国模型，分析中国外汇储备积累的政策成因。Beltran、Kretchmer，Marquez 和 Thomas（2012）分析了外汇储备投资对美国国债市场的影响。他们认为，在一个给定的月份，若外国政府持有量减少 1000 亿美元，将导致美国 5 年期国债的收益率在短期内上涨 40—60 个基点，但在长期，美国国债收益率的上升将导致私人资本流入，国债利率将会上涨 20 个基点。张明（2012）指出，美元汇率是中国投资者购买美国国债行为的影响因素，而美国国债收益率并非中国投资者购买美债行为的长期决定因素，因而，中国投资者是美元价格的稳定者，但不是美国国债价格的稳定者。

另外，刘澜飚、张靖佳（2012）从中美两国经济差异出发，建立了两国央行与金融市场的斯塔克尔伯格模型和古诺模型，认为中国外汇储备投资于美国风险资产的规模，将影响外汇储备间接转化为美国对中国 FDI 的比例。Shrestha（2013）基于面板数据，发现泰国、韩国、马来西亚、菲律宾和印度尼西亚在东南亚金融危机后，持续积累外汇储备对国内银行部门的流动性资产和储蓄产生了显著的正向影响。

二　主权财富基金文献综述

21 世纪以来，全球主权财富基金呈现出迅猛的发展势头，其设立的数量和资产规模不断上升，对国际金融和宏观经济的影响显著增强。目前，学术界围绕着主权财富基金问题的形成、投资行为、治理机制和投资待遇，以及中国投资公司的投资等议题展开了深入的研究。

（一）主权财富基金的形成与决定因素

主权财富基金在什么条件下从外汇储备中分离出来？主权财富基金的资金来源与外汇储备是什么关系？这是主权财富基金研究需要回答的一个问题。目前，一种较具共识的观点认为，主权财富基金要从外汇储备中分离出来，通常需具备两个条件：第一，一国拥有充足或超过最优规模的外汇储备；第二，一国的国际收支或财政的盈余在达到了一定的临界值（Critical Mass）后，政府才决定建立主权财富基金。

谢平、陈超（2009）认为，国际货币体系的变革是主权财富基金兴起的根本原因，能源价格上涨是导致主权财富基金规模扩张的重要原因，而经济全球化为主权财富基金的运作提供了良好的环境。韩立岩等（2012）构建了一个外汇储备与主权财富基金的随机优化配置模型，并运用中国的实际数据，分析了国际收支状况变化对于外汇储备、主权财富基金的最优规模的影响。结果表明，外汇储备最佳持有量随着持有的机会成本的上升而下降，主权财富基金的适度追加量与其变现成本的变动趋势之间呈反向关系。

戴利研（2011）对主权财富基金规模的决定因素作了探讨。他认为，一国的储备总量、能源出口、总储蓄、人均 GDP、话语权和问责制、政治稳定程度，以及主权财富基金的结构、管理、问责制、透明度、建立的时间长度等因素对主权财富基金的规模具有显著影响，而一国的政府效率、监管质量、法制环境和腐败控制等因素对主权财富基金规模的影响不显著。

（二）主权财富基金的投资行为

主权财富基金的投资战略与投资行为，是现有文献关注的一个重要方面。Aizenman 和 Glick（2010）分析了央行与主权财富基金在资产配置方面的差异。Kunzel（2011）认为，主权财富基金的发展成熟程度会影响其投资战略，与成熟的主权财富基金相比，年轻的主权财富基金通常不能充分贯彻已经制定的战略，且可能缺乏明确的投资目标。Kotter 与 Lel（2011）的研究表明，主权财富基金倾向投资于大型、运行情况不佳、面临财务困难的企业，且多为被动的财务投资者。而 Dewentera 等（2010）却指出，主权财富基金多为积极投资者。基于 1999—2008 年的数据，Dyck 与 Morse（2011）的研究支持了主权财富基金投资具有本国偏好的结论，尤其对中东国家而言更是如此。

基于 2009—2011 年全球主权财富基金 2000 余条海外投资项目数据，张海亮等（2013）首先分析了全球主权财富基金的投资空间分布特征，其次运用空间计量回归对其投资分布空间关联性进行测度，然后以挪威为例，探寻主权财富基金的区域投资路径及规律，并基于区位选择的影响因素对路径成因进行一般分析。结论表明，主权财富基金投资区域存在空间集群现象。这可以规避信息不对称带来的风险，降低开拓新市场的成本，发挥技术管理空间外溢效应。

国外成熟的主权财富基金的投资策略与行为是学者们研究的一个焦

点领域。王应贵等（2010）指出，淡马锡的投资策略有四个特点：一是投资于和一国经济转型密切相关的产业部门；二是寻找能够满足购买力日益增强的中产阶级消费需求的公司或产业；三是挖掘有竞争实力的公司潜力；四是挑选在地区内或国际上被最终证明是一流的公司。戴利研（2012）以挪威为例，对资源型主权财富基金的资金来源、治理结构、资产配置策略等运营模式进行了研究。叶楠（2012）从多方面讨论了挪威模式的特征和局限，包括组合型投资策略是否为最优策略？主权财富基金透明度是不是越高越好？投资区域应该仅仅局限于国外还是国内外都进行投资？资产类型多样化能否有效对冲风险？社会责任投资的边界可以有多大？

叶楠（2013）基于对俄罗斯主权财富基金发展历程的分析，将其投资策略区分为谨慎保守和联合投资两种类型，成因在于：基金资历尚浅、西方国家的“歧视”、俄罗斯国内市场庞大和投资环境不佳。姜英梅（2013）认为，石油出口国主权财富基金的投资具有如下特点：一是由被动型投资转向主动型投资，投资对象从低风险低收益的资产（如债券和指数基金）转向盈利性较高的资产；二是投资领域由金融和房地产转向高科技企业；三是货币构成多元化；四是投资区域多元化。

王震、陈冬月（2011）系统总结了产油国主权财富基金的投资特征：地理分布上集中于 OECD 市场；行业上重视房地产和金融市场，避开敏感性行业；管理方式上主要聘请外部基金经理；不断寻求投资领域和区域的多元化。田春生（2010）指出，俄罗斯的主权财富基金——稳定基金的投资目的不仅是获取技术和市场，在一定意义上也是国家战略和意志的执行者，其投资领域包括外国政府和国际组织的债券、偿还俄罗斯的外债等。

叶楠（2012）认为，在全球金融危机之后，亚洲主权财富基金的投资呈现出一些新的特点。具体有：投资地域逐渐向新兴市场集中；投资行业逐渐淡出金融服务业，更加青睐另类投资，多元化程度不断提高；亚洲各主权财富基金之间的合作更加密切；更为重视投资的社会责任。

对于主权财富基金的投资风险问题，范德胜（2012）指出，东道国对主权财富基金的批评主要包括金融保护主义、国家资本主义、透明度不够等，而主权财富基金自身需要承担的风险主要有市场风险、操作风险、法律风险、国家风险和政策风险等。

（三）主权财富基金的治理机制

主权财富基金的治理结构、透明度建设和社会责任等问题，是学者关注的一个热点问题。目前，由 IMF 主导制定的“圣地亚哥原则”（Generally Accepted Principles and Practices，GAPP）是全球主权财富基金最重要的行为准则，该准则强调自我监管的原则。Park（2011）认为，尽管自我监管的自愿原则符合主权财富基金自身的商业利益，但并不是所有主权财富基金都接受了这一观点，因此，这种“自愿”性质降低了“圣地亚哥原则”的可执行性，尤其对透明度条款的不满可能使得一些主权财富基金不愿意执行这一原则。关于主权财富基金的监管与母国国内政策的关系，主权财富基金论坛（IFSWF）的调查显示，大部分主权财富基金（60%）不直接参与或影响母国的宏观经济政策制定，而经常进行国内协调的主权财富基金更多是“资产池”类型的，不是“独立法律实体”类型的。[①] 侯幼萍（2010）比较分析了美国、欧盟、国际货币基金组织和经合组织对主权财富基金进行监管的模式和框架。Johan（2010）的结论支持了东道国对主权财富基金偏离了利润最大化目标的担心，即其可能投资于战略性部门或涉及国家安全行业。

周晓虹（2012）指出，主权财富基金的治理结构有不同于一般企业的特征。但她认为“去主权化”不应作为主权财富基金治理的重心，原因在于：首先，将私人投资者作为主权财富基金的行为模板在逻辑上和实践中都是有问题的；其次，过分强调主权要素会掩盖主权财富基金成立和运行的经济逻辑；最后，主权财富基金的投资有多方面的利益相关者，因而其治理机制是多维度的。练爽（2012）认为，主权财富基金的社会责任与一般公司社会责任既有相同点，也有不同点。首先，并非所有的主权财富基金都表现为公司或者法人的形式；其次，主权财富基金与母国的关系密切，在商业运作时要尊重并遵守该国在国际法上所承担的义务和其他国际规则。因此，主权财富基金承担社会责任应多于一般企业。另外，李睿鉴（2012）的研究发现，主权财富基金同一般的国有企业在本质上一样，存在无法根本解决的所有权人缺位的委托代理人问题。

透明度问题是主权财富基金监管的核心问题。对于主权财富基金的透

---

① IFSWF Members' Experience in the Application of the Santiago Principles, July 2011.

明度和投资行为之间的关系，有两种相互联系的观点。第一种观点认为透明度与主权财富基金投资的经济动机没有直接的逻辑关联。周晓虹（2012）指出，透明度是一个自我实施的问题，透明度要求不应该违背平等和适度的原则。第二种观点认为，透明度过低可能影响主权财富基金在东道国的投资待遇。陈克宁、陈彬（2011）认为，目前主权财富基金的透明度与信息披露存在高水平要求和适当要求两种意见。按照国际社会对主权财富基金透明度的要求，对外经贸大学研究课题组（2008）从结构、治理、透明度和问责制、行为规则等方面，对挪威、韩国、新加坡和沙特阿拉伯等国主权财富基金的透明度作了比较分析。

关于主权财富基金的透明度问题，张海亮（2013）利用 logistic 回归方法研究了信息披露和投资策略对主权财富基金投资收益的影响。他发现，信息披露越多的基金，收益表现越不好，说明信息披露越多，给市场投机者利用和挖掘的空间越大，好的投资策略在国际市场套利面前，也可能获利甚微；2008—2011 年，控制了宏观经济变量后，投资策略对收益的影响并不显著，说明市场环境是影响投资收益的主要因素，积极投资策略并不能保证获得高收益。王乐（2013）借助 Truman 记分表定义主权财富基金透明度指数，并以此为据评估、解读主权财富基金的信息披露状况。同时，他建立了一个主权财富基金与东道国之间的信息博弈模型，探讨了主权财富基金对信息披露的偏好以及东道国相应的政策选择。

（四）主权财富基金的投资待遇

主权财富基金因为与国家主权关系密切，在向国外投资时会面临与其他投资者不一样的投资待遇。“国家安全”方面的指责对主权财富基金的投资造成了较大的负面影响。另外，各国国内的投资法规也对主权财富基金作了区别对待。Kern（2010）认为，许多发达国家对来自新兴经济体的主权财富基金的担忧主要有：服务于政治目的、作为潜在大股东干预全球市场、危害东道国的国家利益甚至国家安全。这些担忧使得主权财富基金的投资领域受到严重限制。

赵小平（2009）指出，主权财富基金的外部投资环境并不乐观，部分国家和国际组织对主权财富基金加强了监管，并制定了相应规则。他认为，当前对主权财富基金加强监管的政策倾向有失偏颇。周晓虹（2011）也认为，主权财富基金是受限制的投资者，比私人投资者面临着更多的说服成本、更多投资审查和更高的政治风险。她呼吁主权财富基金应该享有公平的投资待遇，包括尊重主权财富基金的多样性、与私人投资者享有平等待遇、东道国政府承担相应的义务等。金英姬（2011）指出，西方国家试图通过行政和立法等手段对主权财富基金进行干预，使其投资活动遭遇金融保护主义壁垒和某些“困境”，以至于一些投资活动不能顺利进行甚至无法进行。王璐瑶、葛顺奇（2012）认为，主权财富基金投资的增长带来了投资门槛抬高和审查程序的增多，而平衡“国家安全”与“投资自由化”的关键在于坚持“非歧视性”原则。

在翟东升（2010）看来，国际社会关于主权财富基金投资规则的争论，反映了西方大国同新兴工业国以及资源出口国之间在全球主权投资规则主导权上的博弈和争夺，其中的核心问题包括：政治性或战略性投资是否合理合法、透明度要求如何实施、国际规则制定的合适主体和程序。易在成（2012）指出，目前直接调整股东权限的法律制度主要体现在一国的公司法和证券法之中，但现行的公司法和证券法是否足以约束主权财富基金的政治性行为尚没有定论。从公法限制角度看，各国多借助“国家安全”这一较为模糊的实体标准对主权财富基金的投资进行审查，导致了较大的投资不确定性。

关于投资壁垒的应对问题，张海亮等（2013）提出全球主权财富基金应自发进行合作，以切实可行的联盟形式提供可信承诺，向东道国发出积极信号，约束自身投资行为，维系联盟和个体的国际声誉。他认为，中国应在这一规则制定过程中扮演积极角色，以便更好地融入国际游戏规则，为我国主权财富基金对外投资战略服务。

（五）中国主权财富基金的投资状况

针对中国主权财富基金的讨论主要包括两方面：一方面是投资行为，包括对投资资产类别、币种和区域的选择，以及风险管理等；另一方面是对主权财富基金的治理分析，包括治理结构、透明度和社会责任等。

张明（2008）认为，中投公司的设立是中国政府开展外汇储备积极管理迈出的重要一步，但在投资策略、绩效评价和治理结构方面均存在一定的不足或不确定性。Eaton 与 Zhang（2010）从政治经济学角度出发，分析了在中投公司的产生过程中，中国财政部与央行之间的博弈，以及中国外汇资产管理机构之间存在的“锦标主义”现象。周煊（2010）也指出，中投投资美国黑石集团的失败案例，说明中投公司在决策机制、投资结构、风险防范等方面均存在不足。

张世贤、徐雪（2009）指出，主权财富基金通常投资于具有稳妥收益的债券，但美元贬值和国际金融危机给主权财富基金造成了巨额亏损，因而，中国主权财富基金的主要投资方向应是对外直接投资。韩立岩、尤苗（2012）分析了我国主权财富基金的战略价值与模式选择。他们在国民效用最大化的目标下，建立了一个两基金分离模型，其分析结果表明，我国主权财富基金的最优投资模式是将其分离成组合收益型和战略型两大类型基金。喻海燕、田英（2012）基于现代投资组合理论，选用 10 个世界主要国家或地区的证券市场指数，分析了 1996 年 1 月 1 日—2012 年 1 月 10 日这些证券指数之间的相关性，构建了中国主权财富基金投资模拟资产池和最优投资组合。

第二章

外汇储备管理国际经验比较与借鉴

一 引言

过去十余年来，持续的经常账户与资本账户双顺差导致中国外汇储备规模急剧上升。截至2013年第1季度末，中国外汇储备规模高达3.44万亿美元，约占全球外汇储备规模的30%。中国政府持有巨额外汇储备，虽可有效维持人民币汇率稳定、防范爆发货币危机和债务危机、通过为进口国提供融资来维护外部需求的稳定，但随着外汇储备规模远远超过充分与适度的水平，中国政府持有过多外汇储备的成本与风险日益凸显，例如低收益率储备资产的机会成本、储备资产的保值增值日益困难、外汇占款上升对国内流动性以及央行冲销造成的压力、大规模央行冲销操作的金融抑制和经济扭曲效应等（张曙光、张斌，2007；王永中，2012；Zhang，2012）。

自本轮美国次贷危机与欧洲主权债务危机爆发后，发达国家集体推行的量化宽松政策引发了相关各方对中国外汇储备安全问题的广泛关注，并显著加大了中国央行进行外汇储备管理的压力。尽管中国政府一直没有公布外汇储备投资的币种构成与资产构成，但学术界普遍认为中国外汇储备大约65%投资于美元资产、20%—25%投资于欧元资产，10%—15%投资于日元、英镑以及其他货币资产。中国外汇储备投资的资产种类主要为美日欧等发达国家政府债券，其中又以美国长期国债和机构债为首要投资对象。毋庸置疑，中国外汇储备的上述资产配置，特别容易遭受美元贬值风险、美元利率上行风险和美国通货膨胀风险的冲击。与高风险状况不相匹配的是中国外汇储备的低投资收益率。一些研究发现，中国外汇储备的投资收益率长期处于较低水平（张斌、王勋和华秀萍，2010）。自本轮全球金融危机以来，中国外汇储备的投资收益率显著下跌。若考虑人民币升值和央行冲销成本等因素，则中国外汇储备的投资净收益在一些年份为负值（王永中，2011；Wang 和 Freeman，2013）。因此，如何优化中国外汇储备资产的配置结构并提高外汇储备的投资收益率，是中国央行面临的迫切任务。

目前，全球主要的外汇储备管理模式包括“财政部主导 + 央行执行型”、“财政部与央行共同主导型”、“央行主导型”等三种类型。就主要国家分类而言，美国、英国、日本与韩国属于财政部主导 + 央行执行型，挪威、新加坡、沙特与俄罗斯属于财政部与央行共同主导型，欧元区、澳大利亚、中国香港与土耳其属于央行主导型。就不同类型国家的外汇储备管理模式偏好而言，发达国家偏向于采用财政部主导 + 央行执行型，新兴市场经济体偏向于采用央行主导型，而资源出口国偏向于采用财政部与央行共同主导型。

他山之石，可以攻玉。在当前中国外汇储备管理理念亟待转变的背景下，全面梳理和系统归纳全球范围内外汇储备管理的主要模式，从而为中国外汇储备管理机制改革提供经验借鉴，具有重要的现实意义。迄今为止，国内学者在此方面已经做了一些有益的工作，对某些国家的外汇储备管理模式作了较为深入的分析（何帆、陈平，2006；王爱俭、王景武，2009；刘莉亚，2010）。然而，已有的研究视野大多局限于对个别国家具体制度的描述，缺乏对多个重要经济体外汇储备管理模式的全面梳理与系统比较。本章致力于对主要欧美发达国家、新兴市场经济体以及具有鲜明特点的国家（例如挪威）的外汇储备管理模式进行横向比较分析，并在借鉴其成功经验的基础上，提出一揽子完善中国外汇储备管理机制的政策建议。

二　财政部主导 + 央行执行型外汇储备管理模式

（一）美国外汇储备管理

1. 管理体制

由于美元本身是最重要的国际储备货币，因此美国的外汇储备规模较小，约为 500 亿美元，各约有 50% 的资产配置于外汇政府债券和外国中央银行存款。美国外汇储备的首要目标是稳定美元汇率，基本无须考虑投资收益率问题。美国财政部负责美国国际货币金融政策的制定与执行，其中包括外汇市场干预政策。外汇平准基金（Exchange Stabilization Fund，ESF）协助财政部履行外汇市场干预职能。由于美联储是国内货币政策的制定者，因此在外汇市场干预方面，为确保美国国际货币金融政策的一致性，美联储必须与财政部开展密切、持续的协调和合作。纽约联邦储备银行作为财政部的代理人和美联储的公开市场操作机构，具体负责外汇市场干预的实施。

美国的外汇储备一分为二，分别由财政部的外汇平准基金和美联储的系统公开市场账户（System Open Market Account，SOMA）持有。外汇平准基金可以买卖外汇、持有外汇资产和特别提款权，以及向外国政府提供融资，但其所有操作必须要获得财政部的明确授权。外汇平准基金的资产由美元资产、外汇资产和特别提款权组成，其中外汇资产由纽约联邦储备银行代为管理，主要在纽约外汇市场上投资于外国中央银行存款。美国《外汇平准基金法》要求财政部每年向总统和国会提交关于外汇平准基金的年度操作报告。值得一提的是，美国政府持有的IMF储备头寸和黄金不属于外汇平准基金资产，但属于美国财政部资产。此外，美联储系统公开市场账户持有的外汇资产不属于美国政府资产，因此不会出现在美国政府的资产负债表中。

2. 管理实践

外汇平准基金和系统公开市场账户共同提供外汇干预的资金，且两家平摊。外汇平准基金自1934年开始实施外汇市场干预操作，并向外国的政府和中央银行提供信贷安排。1936年至今，外汇平准基金已向外国的政府或中央银行发放了100余笔贷款。1961—1971年，美国政府的政策重心，是阻止资本（黄金）流出美国，鼓励外国主要中央银行持有美元储备而不是兑换美国的黄金。外汇平准基金和美联储合作在外汇市场上进行美元与黄金的交易，以维护美元兑黄金的平价稳定。为获取短期外汇资金，缓解国外中央银行的套期保值操作而构成的对美元的远期抛售（Forward Sale）压力，美联储与国外中央银行采取了货币互换的方式。为向美联储偿还货币互换的债务提供外汇资金，美国财政部在20世纪60年代发行了不可交易的、以外币计价的中期债券。

20世纪70年代后期，美国货币当局持有的外汇储备规模迅速上升。

1978 年 1 月，为获取外汇资产，外汇平准基金与德意志联邦银行进行了 10 亿美元的货币互换。为支持美元的汇率稳定，美国财政部先后在瑞士、德国发行外币计价的国债（卡特债券），以供外汇平准基金在外汇市场卖出外币，买进美元。1985 年广场协议之后，全球主要货币加强了汇率协调，并对美元汇率进行了联合干预。美国国际货币政策是在外汇市场进行干预，卖出或买入美元，维持美元汇率的基本稳定。

（二）英国外汇储备管理

1. 管理体制

英国财政部通过设置外汇平衡账户（Exchange Equalisation Account, EEA）持有国际储备，并是外汇储备管理战略的制定者和决策者。财政部对外汇储备实行战略性管理，决定是否需要干预外汇市场，并且对外汇储备的管理提出指导性意见，但它并不参与实际的外汇干预操作。英格兰银行作为财政部的代理人，对国际储备进行日常管理，在财政部授权的范围内对外汇储备进行管理和投资，优先保持外汇储备的流动性和安全性，并在此基础上实现收益最大化。

1931 年金本位制度瓦解后，英国的外汇储备和黄金储备转移至财政部，而后便设立了外汇平衡账户。该账户中的储备即构成英国的外汇储备，英国的所有外汇交易都必须通过该账户完成。由于《外汇平衡账户法》不允许 EEA 向外借款，因此英国政府通过国家贷款基金（National Loans Fund）来发行外债，以补充 EEA 中的外汇储备。

英国财政部每年对外汇储备的管理提出导向性意见。主要内容包括：储备投资的基准回报及可容忍的偏差，包括储备的资产构成、货币构成、投资回报率等；出台控制信用风险和市场风险的框架；规定国家贷款基金的借款项目框架等。英格兰银行根据财政部制定的外汇储备战略进行管理。

2. 管理实践

英格兰银行的外汇储备管理目标，是保持储备的流动性与安全性，并在此基础上实现利润的最大化。英格兰银行每年和财政部共同协商，决定财政部导向性意见中的投资基准回报。投资基准主要是根据过去的风险和收益，以及贸易、外债结构等因素来决定，并在外汇平衡账户的年报中予以公布。

英格兰银行每半年对外汇储备的投资业绩进行回顾评估，并对外汇储备的投资策略进行讨论。参加会议的官员包括外汇平衡账户专员、财政部宏观政策和国际金融委员会执委、英国银行市场执行董事等官员。英格兰银行每季度对外汇储备的管理绩效和外汇储备的充足性进行内部审计，并出具独立的审计意见。审计部门主管向执行董事汇报。执行董事再就内部审计情况向外汇平衡账户专员报告。另外，英国国家审计署每年要对外汇平衡账户进行外部审计。

英格兰银行每月在财政部债务与储备管理部组织召开的会议上向财政部报告外汇储备管理绩效。同时，英格兰银行定期对外汇平衡账户的市场风险进行压力测试，检测外汇储备对潜在的各种市场变动的抗风险性及其可能的损失。信用风险的控制由英格兰银行的内部信用风险咨询委员会负责。

除代理财政部对外汇储备进行日常管理以外，英格兰银行自身也持有外汇资产。不过，它是不属于英国政府的外汇储备，而是英格兰银行出于干预外汇市场需要而持有的，以维护英镑的汇率稳定。

（三）日本外汇储备管理

1. 管理体制

日本的储备管理由日本财务省负责。根据日本《外汇及对外贸易法》的规定，为维持日元汇率的稳定，财务省可对外汇市场采取各种必要的干预措施。同时，根据《日本银行法》的规定，日本银行作为政府的银行，在财务相认为有必要采取行动干预外汇市场时，按照财务省的指示，进行实际的外汇干预操作。财务省主要通过存放于日本银行的外汇资产特别账户进行储备管理，日本银行按照财务省制定的目标和决策对储备进行日常管理。

日本在外汇储备管理方面建立了完善的法律制度。1949 年道奇改革以后，日本就制定了《外汇法》和《外汇资金特别预算法》，形成了以“外汇资金特别预算”为代表的外汇储备管理体制。目前，日本仍然非常重视法律基础的建设，外汇储备管理的制度及其监管安排大多以法定形式确立，通过具体法律明确各储备管理机构的责任和权利。法律制度的完备成熟，从根本上保证了日本外汇储备的安全。

2. 管理的原则和框架

管理目标。以维持日元汇率稳定为目标，保障有足够流动性的外汇储备用于维持日元汇率的外汇买卖。

管理原则。保持外汇储备资产的安全性和流动性为首要目标，兼顾赢利性目标。消除外汇市场和金融市场的不良波动，在必要时与国外相关货币当局紧密合作。

储备构成。日本对外汇储备的流动性和安全性要求较高，以便在日元汇率暴跌时能够迅速投入外汇市场进行干预。因此，日本的储备资产在使用方面较为保守。外汇储备主要由流动性强的政府债券、机构债券、国际金融机构债券、资产支持债券（ABS）、外国中央银行的存款、国内外信用等级高偿还能力强的金融机构的存款构成。此外，还涉及权益类、金融衍生类、战略资源投资等。由于日本国内资源非常贫乏，所以其将一部分外汇储备转化成了战略性资源储备，如石油、矿产、稀有金属等。

风险管理。日本外汇储备的风险管理体系主要由严格的风险控制程序及完善的法律制度所构成。根据日本财务省的相关规定，日本银行需对储备资产的信用风险、流动性风险和利率风险进行严格的管理并以内部模型法定期对其进行严格的风险控制。日本银行通过金融市场局和国际局两个部门来实施外汇市场干预。其中，金融市场局负责外汇市场分析及决策建议，并报财务省批准，国际局则在财务省做出决定后，负责进行实际的外汇交易。

3. 外汇干预实践

日本银行的外汇市场干预操作通常在东京外汇市场上进行。在东京外汇市场收市后，外汇交易在欧洲市场、纽约市场上仍可连续进行，所需资金均从外汇资金特别账户划拨。当需要卖出外汇时，日本银行主要通过在外汇市场上出售外汇资产特别账户中的外汇资产来实现。当需要买进外汇时，所需要的日元资金主要通过发行政府短期证券来筹集。

日本银行负责外汇干预操作的部门（金融市场局）与外汇交易经纪商等市场参与者、日本银行国外分行以及外国中央银行保持密切的联系。而且，日本银行还建立了汇率监测中心，对外债、外国股票市场、商品市场的变化等进行研究。金融市场司需要将有关金融经济形势向日本银行政策委员会报告，还需每天向财务省负责外汇市场干预的国际局外汇市场课报告。财务省对是否干预外汇市场做出决定。在干预外汇市场的决定做出以后，实际操作工作由日本银行国际局后援担当负责。同时，对外汇储备投资的实际操作也由国际局负责。

（四）韩国外汇储备管理

1. 管理体制

韩国财政部负责制定外汇储备管理政策（例如，币种结构与资产结构等），而韩国银行（央行）负责外汇储备的具体管理，两者共同持有韩国的外汇储备。财政部下属的外汇平准基金成立于1967年，其目标是维持韩元汇率稳定，并由财政部授权韩国央行代为管理。韩国央行货币政策委员会负责对是否进行外汇市场干预做出决定。2005年，韩国央行撤销了原有的储备管理部，将外汇储备管理职能划分为前台、中台和后台三个部门。各部门相互独立、责任清晰，且在前台与后台之间设定了严格界限。韩国银行在机构设置上特别强调建立投资战略与资产配置框架，并成立了MBS小组、数量分析部门、投资战略小组。

2. 储备管理的目标和实践

韩国外汇储备管理目标：使韩国银行有能力干预外汇市场，以应对内部和外部冲击，并保持国民财富的价值。韩国对于外汇储备“国民财富”性质的认识，导致韩国央行特别注重追求外汇储备投资管理的回报率。

1996年，韩国银行对外汇储备管理方式进行了彻底改革。改革主要内容包括：首先，韩国央行将外汇储备管理体系从“以存款为基础的现金管理”转变为“固定收益类组合资产管理”，并将资产期限从先前的几个月延长至两年以上。政府债券的流动性远高于银行定期存款，这一举措提高了资产的流动性。同时，资产期限延长也提高了回报率。其次，将外汇储备资产划分为不同的流动性和收益率组合，其中流动性部分能够承担缓冲组合的功能。最后，2005年设立韩国投资公司（KIC），其目的是提高韩国外汇储备的利用效率，成立时资金规模约为200亿美元，其中，170亿美元来自韩国银行，30亿美元来自韩国财政部门的外汇稳定基金。

3. 外汇储备的资产结构

韩国银行将外汇资产分为三类：流动性部分、投资部分和外部管理部分。流动部分主要投资于短期金融工具，如短期美国国债、美元存款等，这类资产占外汇储备的比重约为2%—5%。投资部分和外部管理部分资产的主要目标是获得稳定的收益，投资于主要发达国家的中长期政府债券、政府机构债券、公司债券和资产支持证券。为提高投资收益率，韩国银行还聘用了全球知名的资产管理公司，这些外部管理部门主要投资于债券和股票。投资部分的资产份额约为75%—85%，外部管理部分的比重约为11%—18%。

从货币构成来看，韩国外汇储备主要投资于美元、欧元、日元和英镑。近年来，韩国外汇储备的币种结构呈现出渐进多样化趋势，美元资产占比稳步下降。从韩国外汇储备的资产构成来看，同样呈现缓慢多元化的趋势。韩国央行的资产配置遵循以下原则：第一，对于可交易证券，仅限于投资信用评级为AA及以上的债券——主权债、机构债、超主权债和金融债券，不允许投资于股票、公司债、资产抵押担保支持证券（ABS）和住房抵押担保支持证券（MBS）；第二，对于存款，只允许存放于信用评级为A及以上的金融机构；第三，委托投资资产可以投资于信用评级为AA及以上公司债、ABS和MBS。

三　财政部与央行共同主导型外汇储备管理模式

（一）挪威外汇储备管理

1. 管理体制

挪威实行外汇储备积极管理的战略。挪威外汇储备管理体制采取以财政部、挪威央行（Norges Bank）共同主导，挪威银行投资管理公司（NBIM）、挪威银行货币政策委员会的市场操作部（NBMP/MOD）具体负责投资的管理体制。

挪威是世界第三大石油净出口国，挪威于1990年建立了政府石油基金。财政部对石油基金的管理负责，但石油基金的管理运作被委托给挪威央行。财政部的职责主要在于，制定长期投资策略，确定投资基准，实行风险控制，评估石油基金管理者以及向议会报告石油基金的投资管理情况。挪威央行按照投资要求具体进行石油基金的投资操作，以获取尽可能高的回报。

挪威银行投资管理公司成立于1998年，是挪威央行下属的资本管理公司。它不介入一般的银行业务，主要任务是履行投资管理者的职能，发挥机构投资者的优势，对外汇储备进行积极管理。2000年，NBIM进行了小规模的指数和加强指数投资。2001年起，一些石油基金组合已经开始投资于股票。2003年开始，NBIM又投资于没有政府担保的债券，从而使石油基金资产组合更加多元化，资产期限延长。挪威央行货币政策委员会的市场操作部主要负责外汇储备的流动性管理。

2. 资产结构

挪威的外汇储备主要来源于石油出口，投资于一个包罗广泛的证券组合，组合管理主要将外汇储备分为：货币市场组合、投资组合以及缓冲组合。每个类别投资组合的资产配置目标均不相同。货币市场组合是高流动性组合，用以满足交易性和预防性需求，由挪威央行货币政策委员会的市场操作部管理。投资组合和缓冲组合则属于长期资产组合，由挪威银行投资公司负责投资管理，投资遍及全球主要的金融市场和证券品种。

（二）新加坡外汇储备管理

1. 管理体制

新加坡的外汇储备管理体制采用的是以财政部为主导，新加坡政府投资公司（GIC）、淡马锡控股（Temasek）和新加坡金融管理局（MAS）负责具体管理的“三驾马车”模式。新加坡实行积极的外汇储备管理战略。所谓外汇储备的积极管理，就是在满足储备资产必要流动性和安全性的前提下，以多余储备单独成立专门的投资机构，拓展储备投资渠道，延长储备资产投资期限，以提高外汇储备投资收益水平。

20 世纪 70 年代以来，由于新加坡经济增长强劲、储蓄率高以及鼓励节俭的财政政策，新加坡外汇储备不断增加。为提高外汇储备的投资收益，新加坡从 1981 年开始对外汇储备实行积极管理，改变投资政策，减少由新加坡金融管理局投资的低回报的流动性资产，允许外汇储备和财政储备投资于长期、高回报的资产。

2. 管理实践

新加坡金融管理局，即新加坡的中央银行，是根据 1970 年《新加坡金融管理局法》于 1971 年 1 月 1 日成立的。MAS 持有外汇储备中的货币资产，主要用于干预外汇市场和作为发行货币的保证。新加坡外汇储备积极管理的部分，由新加坡政府投资公司和淡马锡控股负责。

1981 年 5 月，新加坡政府投资公司成立。GIC 主要负责固定收入证券、房地产和私人股票投资。它的投资是多元化的资产组合，主要追求所管理的外汇储备的保值增值和长期回报。其投资领域除了美、欧政府债券之外，也投资于股票、房地产以及直接投资。目前，GIC 管理的外汇储备资金超过1000亿美元，规模位居世界最大基金管理公司之列。

淡马锡控股是另外一家介入新加坡外汇储备积极管理的企业。淡马锡原本负责对新加坡国有企业进行控股管理。从20世纪90年代开始，淡马锡利用外汇储备投资于国际金融和高科技产业。淡马锡的主要职能是对本国战略性产业进行控股管理，同时提升新加坡企业的盈利水平和长期竞争力。淡马锡的投资原本主要在新加坡，但由于新加坡地理和市场空间狭小，淡马锡调整了投资结构，大规模投资国外金融、高新技术行业，且经常追求目标企业的控制权。

（三）沙特外汇储备管理

沙特的外汇储备主要来源于石油出口带来的预算盈余。考虑到资源类产品的价格波动大与耗竭性等特点，沙特政府将部分石油出口收入存放于主权财富基金中，这一方面可以缓解石油价格波动对沙特财政预算的冲击，另一方面也可将石油资源转化给金融财富后留给子孙后代。

作为沙特的中央银行，沙特阿拉伯货币局（SAMA）负责外汇储备管理。除了拥有外汇储备之外，SAMA还拥有股票、债券等运营资产，一般认为，SAMA除外汇储备之外的运营资产属于主权财富基金。在沙特的外汇储备资产中，现金存款比例为20%，股权资产比重为25%，固定收益资产比例为55%。SAMA的低收益投资和高收益资产之比为3∶1。SAMA不负责投资业务，将所有投资都外包给外部资产管理公司。沙特外汇储备的资产配置高度集中于美元，美元资产比重超过80%。显然，沙特此举的一个重要目的是支持美国沙特联盟。

（四）俄罗斯外汇储备管理

俄罗斯央行和财政部各自负责部分的外汇储备管理职能。具体而言，俄罗斯央行负责管理基于汇率干预需求的外汇储备，而财政部下属的经济稳定基金则负责外汇储备的保值增值。在管理目标上，俄罗斯央行偏好追求流动性管理目标，而经济稳定基金偏好追求投资的收益性。

经济稳定基金的资金来源于俄罗斯政府在石油价格高于特定价格时征收的出口税。根据相关法律规定，当经济稳定基金的资本超过5000亿卢布时，俄罗斯政府可以动用经济稳定基金的盈余来弥补预算亏损。2005年以来，俄罗斯政府曾经使用经济稳定基金的盈余来支付外债以及弥补养老金缺口。2008年，储备基金（Reserve Fund）和国家财富基金（National Wealth Fund）从经济稳定基金分离出来。储备基金获得1250亿美元资金，主要投资于国外政府债券。当俄罗斯来自于石油和天然气的收入减少时，俄罗斯政府可以动用储备基金的资金。国家财富基金获得320亿美元资金，主要投资于更高风险、更高回报的投资工具，其投资收益也可用于联邦预算开支。

从币种结构看，俄罗斯外汇储备的一个明显特征是，美元资产占比较低（低于50%），而欧元资产占比较高（高于40%）。为缓解外汇储备的汇率风险，俄罗斯央行设定了币种构成基准，外汇储备的币种组合通常根据设定的币种构成基准进行调整。从资产结构来看，俄罗斯外汇储备以政府债券与银行存款为主，另类资产的投资规模非常有限。

四　央行主导型外汇储备管理模式

（一）欧元区外汇储备管理

1. 管理体制

欧元区的储备管理体系由欧洲中央银行系统（European System of Central Banks，ESCB）负责，ESCB成立于1998年，它由欧洲中央银行ECB（1998年成立）和欧盟各成员国中央银行组成，ESCB中的ECB和欧元区各成员国中央银行又构成欧元区系统（Eurosystem），其中欧洲中央银行扮演着决策者的角色。欧洲中央银行和欧元区各成员国的中央银行都持有并管理外汇储备。由于欧元区不存在一个统一的财政部门，从而，欧元区所有国家的外汇储备管理及汇率政策的制定都由欧洲中央银行最终决策。欧洲中央银行主要通过制定战略性投资决策来进行储备管理。欧洲中央银行管理外汇储备的目标是保持外汇储备的流动性和安全性，以满足干预外汇市场的需要，并在此基础上追求储备资产价值最大化的目标。

欧洲中央银行对外汇储备管理的主要方式是制定战略性决策。各成员国央行实施与欧洲中央银行储备战略一致的策略性投资，并对自有储备实施独立的储备管理。《欧洲中央银行法》规定，各成员国中央银行向欧洲中央银行转移的国际储备资产规模，是由其在欧洲央行所占的资本份额决定的。其中，15%以黄金形式，85%以美元或日元形式。欧元区的外汇储备管理体系分为两个层次：一是欧洲中央银行的决策机构制定战略性的投资决策，主要涉及外汇储备的货币结构、利率风险和投资回报之间的平衡以及流动性要求等；二是各个成员国中央银行按照欧洲中央银行制定的战略决策对外汇储备进行统一管理。

欧元区成员国的央行按照欧洲央行的外汇储备管理策略对外汇储备进行调整，并通过本国中央银行的独立决策对自有外汇储备进行管理。若成员国的中央银行在国际金融市场上的投资操作影响了欧元的汇率水平或流动性状况，并可能超越欧洲央行的指导范围时，需要向欧洲央行汇报并得到其认可，以保证欧洲央行汇率政策的一致性和货币政策的独立性。成员国中央银行的其他外汇储备管理方面的操作，只要不对欧洲中央银行汇率政策和货币政策的稳定性产生影响，则无须向欧洲央行汇报。

成员国中央银行自主持有并管理其没有转移给欧洲央行的国际储备。成员国中央银行不必再制定有关外汇干预的目标，而只是制定执行策略。欧洲央行的外汇储备可能因投资损益和外汇市场干预而上升或下降。在需要的情况下，ECB 可要求成员国央行向其转移外汇储备。

2. 管理目标与资产结构

欧洲中央银行的外汇储备管理目标依次是流动性、安全性和收益性，流动性是最为优先的目标，安全性其次，收益性最后。从而，ECB 的外汇储备管理目标，是在可接受的流动性和风险水平的情况下，最大化外汇储备资产的收益率。与此相适应，欧元区在储备资产配置方面高度强调流动性，基本投资于低风险、低收益的资产。目前，欧元区外汇储备的 90% 约投资于外国政府债券，剩余 10% 左右的外汇储备以存款形式存放于国外的中央银行、IMF 和国外的商业银行。欧元区外汇储备主要以美元、日元为主，长期债券资产包括政府债券、超主权机构发行的债券、BIS 债券等，短期货币资产包括银行存款、回购和逆回购，以及一些衍生产品，如利率掉期、汇率掉期等。

3. 管理实践

欧洲中央银行持有外汇储备管理的目标，是在流动性和安全性的原则下干预外汇市场，维持欧元区成员国的物价稳定。自欧洲央行成立以来，欧洲央行进行了两次外汇市场干预，共动用了 100 亿欧元的外汇资金，分别是 2000 年 9 月、11 月的外汇市场干预。欧洲央行也参与联合外汇市场干预。如 2011 年 3 月 18 日（东日本大地震后），对日元异常大幅升值进行联合干预。欧元区成员国持有外汇储备的目标包括：向国际债务（IMF

的SDR）提供融资、优化资产负债表结构、在需要的情况下向ECB提供额外的外汇储备。

欧洲中央银行通过制定战略性投资决策来进行外汇储备管理，投资决策主要涉及储备的货币结构、利率风险与回报之间的平衡、信用风险、流动性要求等。欧洲中央银行在管理外汇储备时，对各币种储备资产规定了战略性和策略性两个级别的投资基准。战略性基准由其管理委员会制定，反映长期政策的需要以及对风险和回报的偏好。策略性基准由其执行董事会制定，反映当时市场情况下对中短期风险和回报的偏好。

为保证市场中性、行为符合公序良俗、储备资产管理和政策制定之间的严格隔离，ECB制定了严格的外汇储备管理规则。在确保市场和信用风险受到严格控制的条件下，ECB制定了具体的投资准则，从而为挑选合格的债券发行人和交易对手提供了清晰而公平的准则。ECB聘请外部经理人对外汇储备进行管理投资。ECB投入了大量资源用于外汇储备资产投资组合基准的制定，以实现外汇储备的组合回报和风险之间的平衡。在保持行政成本和其他成本足够低以及给定约束条件下，ECB对储备资产管理的授权作了明确界定，以实现储备资产投资组合收益的最大化（相对于投资基准）。

以法国为例，欧元区成员国中央银行在执行ECB的战略基准上，通常可分为四个层次：一是设立资产负债委员会，决定长期和中期的储备投资目标。委员会由法国央行行长、储备管理总经理、中台负责人、预算部门负责人组成，会议每年召开一次到两次。储备资金被分为投资组合和交易组合两部分；二是设立风险委员会负责授权投资行为和控制风险敞口，组成人员包括风险管理部门、后台部门的负责人。风险委员会会议每季度召开一次，管理市场风险、信用风险和操作风险等风险；三是投资委员会负责制定短期投资策略。投资委员会由储备管理总经理、投资经理、中台负责人，以及两个法国央行的经济学家组成。会议每月召开一次；四是投资经理具体负责执行投资组合的经营管理。

（二）澳大利亚外汇储备管理

1. 管理制度框架

澳大利亚通过立法的形式授予澳大利亚储备银行在买入、卖出和处置外汇储备方面广泛的权力和职责，以实现货币政策目标。澳大利亚储备银行单独享有管理外汇储备的权力，独立进行外汇储备的投资管理。

2. 管理目标

澳大利亚储备银行外汇储备的基本目标，是为外汇市场干预操作提供资金，从而，储备资产的低信用风险和市场风险，以及高度流动性，是外汇储备管理的优先目标。在满足正常的外汇市场干预的流动性要求以及给定的风险程度下，澳大利亚储备银行尽可能地追求外汇储备的收益率。

外汇储备的货币构成主要根据市场因素确定，主要由美元、欧元和日元构成。外汇储备的主要资产形式是政府债券和商业银行的存款，其中，政府债券资产集中于美国、德国和日本的政府债券。澳大利亚会在中央银行的年报中披露外汇储备的管理政策、外汇储备组合管理的主要指标和实际的回报水平。

3. 组织和决策结构

澳大利亚储备银行的行长将外汇储备管理委托给金融市场小组（Financial Markets Group）。该小组拥有两个部门：国际市场部门和国内市场部门。国际市场部门负责外汇、黄金和海外资产的前台操作。

国际市场部前台办公室（Front Office）管理外汇储备头寸的货币和资产配置，指导外汇储备投资的政策事项，如投资基准的结构。该办公室设有三个外汇处理中心：纽约、伦敦和悉尼总部。

中台办公室（Middle Office Function），即管理支持中心，属于金融市场小组，但不属于国际部。中台办公室负责评估外汇储备投资的风险和回报，并维护前台办公系统的正常运转。中台办公室向负责金融市场小组事务的行长助理直接汇报工作。

金融市场小组外的其他部门，也向负责外汇储备管理操作的前台办公室提供服务或进行审计，如后台办公室（支付清算）、财务部门等。后台办公室负责向前台办公室提供标准的资金清算和信息传输服务，并最终批准和确认所有交易的完成（前台办公室的交易员没有确认交易完成的权限）。纽约、伦敦和悉尼的处置中心的后台办公室全权负责外汇储备的管理。审计部门也不隶属于金融市场小组，直接向行长汇报外汇储备管理的审计情况。

（三）香港外汇储备管理

1. 管理体制

香港是亚洲重要的金融中心和外汇交易中心，作为货币局汇率制度的代表，香港持有大量外汇储备的主要目标是维系港元联系汇率制度的稳定，并在长期内满足购买力需求。香港外汇储备的管理者是香港金融管理局，持有者为香港外汇基金。香港外汇基金是根据《货币条例》（后改名为《外汇基金条例》）于1935年设立的，资产组合包括港元、外汇、黄金和白银。设立外汇基金的主要目标是确保香港的联系汇率制度的稳定。

在香港的货币局制度下，当发钞银行发行纸币时，必须按7.80港元兑1美元的兑换保证汇率向金融管理局提交等值美元，并记入外汇基金的账户。同时，金融管理局向发钞银行提供负债证明书。发钞银行以负债证明书作为发行纸币的支持回收港元纸钞时，金融管理局会赎回负债证明书，发钞银行从外汇基金处收回等值美元。

2. 管理目标

外汇基金的投资目标：确保香港货币的流动性基础，由流动性强的短期美元证券提供支持；确保有足够的流动资金，维持货币金融稳定；在维持货币稳定和流动性的基础上，争取提高外汇储备的投资回报，保障外汇资产的长期购买力。

3. 管理实践

外汇基金分成支持组合和投资组合。支持组合为货币基础提供支持，投资组合保障储备资产的价值和长期购买力。投资基准由外汇基金咨询委员会制定，其主要内容包括外汇基金对各种资产的投资比重设定和币种结构。外汇基金雇佣全球的外聘基金经理负责管理外汇基金约1/3的总资产和所有的股票组合。

根据香港金融管理局外汇基金咨询管理委员会关于外汇基金长期策略性资产的分配投资基准，香港外汇基金77%的资产应分配于债券，23%的配置于股票及相关投资。从币种结构看，88%配置于美元，剩余12%配置于其他货币。

外汇基金投资基准根据外汇基金的投资目标制定，并作为外汇基金长期资产分配策略的指引。外汇基金咨询委员会对投资基准进行定期的检讨，以确保投资基准能符合外汇基金的投资目标。金融管理局风险管理及检查处负责管控外汇基金的风险，负责监控投资活动所涉及的市场、价格、信贷及业务运作风险，确定投资基准及评估投资表现。该部门还进行详细的投资表现因素分析，评估投资经理的投资管理技术，以提高资产的分配效率。同时，采用风险值及模拟压力测试，以量化的方式评估外汇基金投资组合在正常及极度不利的市场状况下所承受的风险。

(四) 土耳其外汇储备管理

土耳其央行是唯一被授权管理官方外汇储备的机构，是政府的代理人，从政府处获得外汇存款，代表政府进行外汇支付。土耳其央行持有外汇储备的目的有三个：协助土耳其政府支付以外币计价的国内外债务；保持外汇的流动性以应对外部冲击；支持国内的货币政策和汇率政策，向市场提供信心。

土耳其外汇储备管理体系具有三个层级。委员会是央行的最高决策当局，按照法律规定的优先次序（即安全性、流动性、收益性），批准外汇储备管理准则，确定投资的一般标准，并授权执行委员会、外汇风险和投资委员会（FXRIC）自行决定如何实施这个准则。外汇储备管理准则、执行委员会、FXRIC 构成了机构决策的第二层级，在这个层面决定并批准外汇储备管理的战略基准（Strategic Benchmark）。战略基准确定了央行的总体风险容忍度和投资战略。每年末 FXRIC 确定下一年的战略基准，经执行委员会批准后生效。机构决策的第三个层级将在外汇储备管理准则和战略基准给出的区间内实施外汇储备管理。管理活动根据职责不同来划分组织结构，例如外汇交易部门负责储备管理，而外汇风险管理部门负责管理储备运营中的相关风险。

五　外汇储备管理模式的国际经验

国际外汇储备管理的三大经验模式，对于中国改善外汇储备管理具有很强的启发性，值得中国政府认真学习与参考借鉴。具体内容如下：

(一) 持有外汇储备的目标是维持汇率稳定

发达国家持有外汇储备的基本目标是干预外汇市场和维持本币汇率稳定。但需要特别指出的是，发达国家政府会同时追求本币汇率稳定和国内货币政策独立性，通常不会为了前者而放弃后者。一般而言，发达国家对汇率政策和国内货币政策的负责机构作了清晰的区分：货币政策由中央银行负责，汇率政策由财政部负责。一个例外是欧元区，由于不存在统一的财政部门，ECB 不得不既制定货币政策又管理外汇储备。发达国家的这一做法值得中国政府借鉴。目前，中国人民银行既追求人民币汇率稳定目标，又追求国内货币政策独立性目标。由于货币政策工具有限，如果央行有着太多的目标，则可能导致每一个目标均不能圆满地实现。例如，中国央行曾出现为了维持人民币汇率稳定而不得不牺牲国内货币政策独立性的现象。

（二）二元外汇储备管理体制占主流地位

美国、英国和日本等发达经济体普遍采用二元外汇储备管理体制。在该体制中，财政部处于主导和战略决策地位，而中央银行处于执行和策略决策地位。即使在欧元区内，尽管不存在统一的财政部门，但ECB和各成员国央行在战略决策与策略执行方面仍是适当分离的。上述二元外汇储备管理体系又分为两类：在第一类中，财政部负责制定外汇储备管理的战略决策，同时委托央行负责具体操作；在第二类中，财政部与央行各自管理一部分外汇储备，央行管理的外汇储备主要关注资产的流动性与安全性，用途是干预外汇市场，财政部通过主权财富基金管理的外汇储备主要关注资产的收益性，用途是用于平衡财政预算与补充养老金账户。二元外汇储备管理体系具有以下主要优点：第一，在一国外汇储备资产管理领域引入了竞争机制；第二，使得央行可以集中精力关注货币政策，从而提高央行货币政策独立性；第三，有助于提高官方外汇资产的整体收益率，兼顾安全性、流动性与收益性；第四，有助于避免外汇储备的过度积累。

（三）外汇储备大都由财政部持有或财政部和央行共有

美国的外汇储备由美联储和财政部共同持有，但具体的外汇市场干预操作由纽约联储代理。挪威与新加坡是由财政部和中央银行共同持有和管理外汇储备。日本的外汇储备属财政部所有，而由日本银行代为进行具体管理。英国央行和财政部都持有外汇资产，但是只将财政部所持有的外汇资产作为外汇储备。欧元区的外汇储备由欧洲中央银行和各国中央银行共同持有，在欧洲中央银行的统一目标下进行分别操作。香港的外汇储备不是由金融管理局而是由外汇基金持有。

（四）欧美和日本倾向于对外汇储备进行被动管理

发达国家的外汇储备管理目标基本上都遵循了国际货币基金组织的《外汇储备管理指南》及配套文件的规定，以高度流动性、安全性为基本要求，在此基础上追求收益性的目标。美国、英国和欧元区国家因其本国货币国际地位较高，持有外汇储备的规模较小，通常对外汇储备进行被动管理，高度强调外汇储备的流动性功能，不太重视外汇储备的收益性功能。在大国之中，日本是一个例外，不仅外汇储备规模大，而且对外汇储备进行被动管理。这主要是因为，日本长期实行零利率政策，国内利率远低于美国，日本外汇储备投资于美国国债可获得稳定的收益。同时，日本与美国之间存在着特殊的同盟关系。日本需要通过投资美国国债的方式来向美国交“保护费”。考虑到中国外汇储备的规模远高于欧美发达国家，且国内利率水平也远高于发达国家，中国面临着外汇储备保值增值的巨大压力，因此，需要强调外汇储备的收益性功能。这意味着欧美和日本的外汇储备被动管理模式不太适用于中国。

（五）新加坡和挪威实行积极的外汇储备管理方式

与欧美、日本存在明显区别的是，挪威、新加坡实行积极的外汇储备管理模式，并取得了较好的投资业绩。尽管新加坡、挪威的经济规模较小，但其外汇储备的获取途径与中国相似，均主要是通过贸易项目顺差（石油出口收入）而非资本项目顺差（借贷）的方式获取，且外汇储备规模大，具有较强的收益性需求。新加坡、挪威的积极外汇储备管理方式值得中国加以借鉴。全球金融危机之后，全球资产估值水平普遍偏低，实施积极的外汇储备管理具有高度的可行性和紧迫性。中国可考虑在总结中投公司运营经验的基础上，再设立数家不同定位、不同功能的主权财富基金，以增加对欧美发达国家企业股权和债权的投资。

（六）日益重视外汇储备的投资收益

目前，各国在外汇储备管理方面呈现出的一个明显趋势是对投资收益的日益重视，具体表现为：一是资产品种明显拓宽，资产配置风险水平显著提高。外汇储备投资的资产种类，已从高流动性的安全资产，如银行存款、国债、高信用等级的地方政府债券和超主权债券等，扩展至收益率较高的资产，如资产支持证券（ABS）、抵押贷款支持证券（MBS）、公司债和股票等。二是随着投资范围的拓展，一些中央银行大量聘用外部经理人，以提升其投资能力，扩大投资机会。根据 BIS 的调查，超过 2/3 的中央银行聘用了外部经理人。三是越来越多的中央银行将外汇储备划分成不同目标的资产组合，如流动性组合和投资组合。对不同的资产组合制定不同的投资指导准则。投资组合更关注收益目标，适当放宽了安全性的要求，而流动性组合更为强调安全性、流动性目标。四是部分外汇储备通常被用于创建一个独立于中央银行的主权财富基金，以更为进取的方式获取投资回报。

（七）欧美国家持有大量的黄金储备

美国和欧元区国家凭借其货币是国际储备货币的优势，仅持有少量外汇资产，不强调外汇资产的收益性，但与此同时却持有大量黄金，从而有效避免了大量持有欧元或美元资产所面临的长期贬值危险。目前，美国黄金储备占国际储备的比例高达76%，而德国、法国、意大利等欧元区国家的黄金储备占比均超过60%。相比之下，中国央行持有的黄金储备太少，不到外汇储备的2%。在欧美主权债务风险长期居高不下，且发达国家量化宽松政策密集出台的背景下，美元、欧元等货币未来相对于黄金的贬值风险可能相当显著，因此，中国央行应考虑通过各种方式尽可能增持黄金储备。当然，考虑到中国庞大的外汇储备规模与独特的国际影响，中国政府只能逐步增加黄金的持有量，尽量避免其购买行为对全球黄金价格产生显著影响。

（八）外汇储备风险管理框架日趋完善

由于国际金融市场动荡不居，外汇储备投资面临着信用风险、汇率风险、利率风险与操作风险等若干风险。欧美发达国家均高度重视外汇储备风险管理制度的建设，建立了较为完善的风险管理框架，以更好地识别和评估外汇储备风险，并确保外汇储备风险处于可控水平下。外汇储备风险管理框架的内容通常包括运用先进的风险控制手段、建立完善的内部管理制度和风险披露制度等，并涉及与衍生金融工具和其他外汇操作相关的风险。

六　进一步完善中国外汇储备管理模式的政策建议

中国政府应利用当前开展对外投资的有利时间窗口，借鉴外汇储备管理的国际经验，转换外汇储备的管理思路，充分发挥外汇储备的国家财富功能，采取积极主动的外汇储备管理模式，加快实施外汇储备多元化战略。具体政策建议如下：

（一）将外汇储备管理体制由央行主导改为财政部与央行共同主导

参照国际经验，中国可考虑将外汇储备管理体制由现行的央行主导调整为财政部与央行共同主导。财政部在外汇储备投资战略方面提供导向性意见，中央银行和国家外汇管理局负责外汇市场干预与外汇储备的具体投资管理。财政部下属的主权财富基金公司强调实施外汇储备资产的积极管理，追求收益性目标，而中央银行则对外汇储备实行消极被动管理，强调外汇储备的安全性和流动性目标。若改革推进顺利，可考虑让财政部在人民币汇率的决策上面发挥更为重要的作用。考虑财政部缺乏外汇储备管理方面的经验，外汇储备体制改革可按先易后难的原则分步进行。同时，鉴于中国财政部不具备西方国家财政部的综合性地位，建议组建一个由国务院牵头，国家发改委、财政部、中国人民银行和商务部等部门参与的外汇储备投资战略决策委员会，从国家战略高度来制定外汇储备投资目标，并制定以中国人民银行为主的储备战略执行和风险管理框架，定期听取汇报和进行检查。

（二）建立外汇平准基金，提高央行货币政策独立性

为减缓外汇储备持续积累对中国货币冲销操作和央行货币政策独立性的负面影响，可考虑设立由财政部管理的外汇平准基金。当然，外汇平准基金依然可以由财政部委托央行进行具体操作。在外汇平准基金设立后，当市场上存在较大的人民币升值压力时，平准基金依然可以通过买入美元、卖出人民币来稳定汇率。之后，外汇平准基金再通过出售国债来回笼之前释放的人民币，借此完成冲销。与之前中国央行进行的冲销相比，在外汇平准基金出现后，国债替代央票成为主要的冲销工具，财政部替代央行来承担与冲销相关的成本与风险。这一方面避免了央行出现巨额亏损，有助于增强央行货币政策的独立性，使得央行的货币政策可以更加关注国内通胀率的变动；另一方面有助于扩大中国国债市场容量，形成更为完善的国债收益率曲线，促进中国债券市场发展。

（三）理顺主权财富基金管理体制，设立新的主权财富基金

鉴于当前中国外汇储备远远超出最优规模，教条式坚持流动性和安全性目标势必会产生巨大的机会成本。美国次贷危机和欧洲主权债务危机为中国主权财富基金公司提供了有利的投资时机，主要体现在：一方面，欧美金融机构遭受金融危机的重创，普遍面临资本短缺问题，对外来资本持更为欢迎的态度，中国主权财富基金的海外投资壁垒整体上有所下降；另一方面，金融危机造成国外企业的估值大幅下跌，资产价格相对便宜，为中国主权财富基金提供了较为合适的投资时机。

中国政府应明确财政部对主权财富基金的管理权限。中投公司应考虑与中央汇金公司最终脱钩，从而形成两个平行的实体，汇金负责国内外战略性投资，中投专司海外金融产品组合投资。除中投公司外，中国可考虑设立新的主权财富基金。例如，中国可考虑仿效其他国家，新设立一家主权养老基金与一家主权能源基金。每家的资本金规模依然在 2000 亿美元左右。若资本金规模太小，对中国外汇储备资产的多元化管理不具实质性意义。基金的设立方式依然是财政部发行特别国债、财政部用发债募集资金与央行外汇储备资产互换、之后将外汇资产作为资本金注入该基金。主权养老基金从成立之日起，就明确投资所得最终只能用于补充中国养老金账户，在投资策略、资金运用与管理机制方面应该充分透明。中国政府应明确主权能源基金的投资方向为参股国外能源资源企业，以确保中国有稳定和可靠的能源供应渠道。通过引入多层次的外汇储备管理机制，有助于在中国主权外汇资产管理领域引入竞争，从而提高外汇资产管理效率，降低外汇资产管理面临的系统性风险。

（四）优化外汇储备资产的配置结构

为改变中国外汇储备资产的低收益和高风险状况，中国政府的当务之急是调整外汇储备资产结构。具体建议包括：一是完善外汇储备委托贷款平台机制建设，加大外汇储备对企业“走出去”寻求技术、资源和市场的资金支持力度，以充分利用当前欧洲主权债务危机下难得的对外投资机遇期，提高外汇储备的收益率；二是进一步推进币种结构多元化，适当减持美元资产，增持欧元资产与其他新兴市场国家资产；三是增持权益资产、与通胀率挂钩的政府债券（TIPS）和短期证券，降低长期固定收益证券的比重，以降低通货膨胀（利率）风险。四是适当增持黄金储备。黄金是一种有效的储备保值手段，尽管目前黄金价格较为低迷，但在发达国家集体性量化宽松货币政策的作用下，黄金价格仍可能有继续上涨的空间。五是用外汇储备购置战略物资储备和先进技术设备。中国人均资源贫乏，可选择有利的价格时机，利用外汇储备来购买一些不可再生的资源，如石油、矿石资源、稀有金属等，满足国民经济建设对战略性物资的长远需求。同时，扩大进口先进技术、先进设备的免税范围，鼓励企业大量进行技术改造。六是逐步放开国内企业和居民持有外汇资产的限制，进一步放宽资本流出的管制，鼓励企业开展对外直接投资和证券资产投资，以根本扭转中国外汇储备资产收益与风险严重不匹配的状况。

（五）完善外汇储备管理的职责分工和风险防控机制

目前，中国外汇储备主要由国家外汇管理局的国际储备司和中国外汇交易中心负责管理，国际储备司既要负责外汇储备投资的战略制定，又要负责投资战略的贯彻实施。由此来看，中国政府在外汇储备的内部管理和风险防控机制上均有较大的改进空间。具体政策建议包括：

首先，清晰界定和分离外汇储备投资战略的决策部门与执行部门之间的职责权限。外汇储备投资的战略决策宜由中国人民银行、国家发改委、财政部和商务部等主要部委参与的跨部门的外汇储备投资战略决策委员会作出，以减轻中国人民银行的决策压力。战略决策的内容包括外汇储备的货币结构、利率风险和投资回报之间的平衡以及流动性要求等，并制定战略性的投资基准，以反映国家长期政策的需要以及该委员会对风险和回报的偏好。外汇储备投资的执行决策由中国人民银行及国际储备司制定。并制定策略性基准，以反映当时市场情况下对中短期风险和回报的偏好。

其次，制定严格的外汇储备管理规则。在确保市场和信用风险受到严格控制的条件下，中国人民银行应制定具体的投资准则，以实现外汇储备的组合回报和风险之间的平衡。在保持行政成本和其他成本足够低以及给定约束条件下，中国人民银行对储备资产管理的授权作了明确界定，以实现储备资产投资组合收益的最大化（相对于投资基准）。

最后，完善外汇储备管理的风险防控机制，加强对外汇储备管理的监督。设立风险委员会负责授权投资行为和控制风险敞口，组成人员包括风险管理部门、后台部门的负责人，管理市场风险、信用风险和操作风险。中国人民银行应每半年对外汇储备的投资业绩进行回顾评估，并讨论外汇储备投资策略的科学性。中央银行应每季度对外汇储备的管理绩效和外汇储备的充足性进行内部审计，并出具独立的审计意见。国家审计署每年应对外汇储备的投资业绩进行外部审计。中国人民银行应每月向国家发改委、财政部和商务部通报外汇储备的管理绩效。同时，中国人民银行应定期对外汇储备的市场风险进行压力测试，检测外汇储备对潜在的各种市场变动的抗风险性及其可能的损失。

第三章

中国外汇储备的资产结构与投资收益

一 引言

目前，中国外汇储备的规模高达3.8万亿美元，约占全球外汇储备总量的32.7%。中国持有巨额外汇储备，虽可有效维持人民币汇率稳定，防范货币和国际收支危机，维护国内宏观经济的稳定，但在外汇储备规模远超最优水平的情形下，中国持有外汇储备的边际收益已大幅下降，而边际成本与资本风险却日益凸显，如低收益率储备资产的机会成本、储备资产的保值增值困难、外汇占款上升对国内流动性以及央行冲销造成的压力、大规模央行冲销操作的金融压制和经济扭曲效应等（张曙光、张斌，2007；王永中，2012；Zhang，2012）。要缓解中国外汇储备成本收益不匹配问题，一个重要途径是提高外汇储备的投资收益。然而，在零利率环境下，追求提高外汇储备的投资收益无异于缘木求鱼。现有研究发现，中国外汇储备投资收益长期处于较低水平（张斌、王勋和华秀萍，2010），特别是全球金融危机以来，外汇储备投资收益率直线下跌，若考虑人民币升值和央行冲销操作成本因素，中国外汇储备投资净收益在一些年份为负值（Wang and Freeman，2013）。

全球金融危机和欧洲主权债务危机对中国外汇储备投资行为产生了深远影响。全球金融危机虽一度致使中国外汇储备多元化进程发生逆转，但随后中国外汇储备管理当局对美国居高不下的主权债务风险和美元长期贬值风险的关注，导致中国外汇储备币种结构多元化进程显著提速。尽管全球金融危机对中国外汇储备的安全构成了严重威胁，但由于中国外汇储备资产主要集中于欧美发达国家高信用等级的政府债券，风险水平高的企业股权和债权证券的持有量很低，资产损失较小，从而，中国外汇储备基本上成功地躲开了这场金融危机。在金融危机爆发的过程中，在“逃向安全资产”效应的作用下，中国货币当局的投资行为呈现出明显的“顺周期”（Procyclicality）特征，表现为美元国债持有量大幅上升，而美国机构债券、企业股票和债券等风险资产的投资量大幅下降。其实，在“顺周期”投资行为上，中国货币当局与其他国家的中央银行基本没有区别。一些经验研究显示，在2007年全球金融危机爆发时，全球外汇储备基金的经理人行为也显现出“顺周期”特征。他们从银行部门提取了5000亿美元的存款，大幅削减了美国机构债券的持有量，显著加大了对高信用等级的美国国债和中央银行债券的投资力度（Pihlman and Hoorn，2010；McCauley and Rigaudy，2011）。

在全球金融危机趋于平抑之后，欧洲主权债务旋即爆发。投资者关注的焦点由私人金融机构的清偿能力转向政府部门的资产负债表风险。美国居高不下的主权债务风险和美联储的量化宽松货币（债务货币化）政策，加深了中国货币当局对美国国债安全性和美元币值稳定性的疑虑，中国外汇储备资产币种多元化进程明显提速，表现在美元资产比例明显下降、日元资产比例急剧上升和欧元资产稳中有升。作为中国一个主要贸易伙伴，增持欧元、日元资产，是中国外汇储备多元化的题中应有之义。但从短期角度看，中国外汇储备资产多元化的努力并未取得预期效果。例如，日本安倍政府的激进量化宽松货币政策导致日元大幅贬值，中国持有的日元资产遭受了较大的损失。近两年来，随着美国的经济和房地产复苏步伐的加快，中国外汇储备明显加大了对美国的企业股权、房地产等另类资产的投资力度。最近，美联储逐步退出量化宽松货币政策预期的强化，对中国外汇储备的管理再度形成严峻挑战。未来一段时间，随着美联储逐步退出量化宽松政策，美国国债的收益率必将明显上升，市场价格将会显著下跌。考虑到中国外汇储备主要投资于长期美国国债，美国国债收益率的上升将导致美国长期国债的市场价格大幅下降，从而，中国外汇储备资产将遭受较大的损失。因此，如何合理调整外汇储备资产的期限结构，尽可能降低美联储退出量化宽松政策衍生的利率风险，是中国外汇储备管理部门当前面临的最为紧迫的任务。

要真正解决外汇储备投资的收益与风险严重不匹配的困境，中国应大幅削减对美国长期政府债券的投资，增加对企业股权和债务证券的投资。

在金融危机时期，在市场恐慌情绪的作用下，美国政府债券因其投资安全天堂地位而备受投资者追捧，其市场价格通常会逆市上升。但在金融系统较为稳定时期，市场预期较为乐观，投资者愿意承担较高风险，愿意追逐收益率较高的风险资产，而美国国债则因收益率低的劣势而遭到冷落，其市场价格必将一路下滑。当前，中国外汇储备多元化面临着较为有利的时间窗口。金融危机使得欧美发达经济体元气大伤，资本普遍短缺，企业资产估值较低。同时，世界经济复苏乏力导致大宗商品价格作了较大幅度的向下调整。中国外汇储备既可通过委托贷款的方式主动向“走出去”的国内企业提供资金支持，又可采取主权财富基金的形式，大力拓展对外投资的渠道，获取国家经济社会转型发展所必需的战略资源，如先进技术、销售渠道、品牌和能源资源等。

鉴于此，本章对中国外汇储备的资产结构和投资收益状况作深入分析与全面测算。结构安排如下：第一，分析中国外汇储备的现行统计口径；第二，阐析中国外汇储备的规模变化及其来源；第三，从美元、日元、欧元等其他货币资产的角度，深入分析中国外汇储备的币种和证券品种结构及其演变过程，重点阐述全球金融危机对中国外汇储备投资行为的影响，并阐述中国外汇储备投资在委托贷款、商业银行转贷款和另类投资等领域出现的新动向；第四，充分利用所有可资利用的信息，全面估算中国外汇储备的投资收益；第五，利用拇指法则，测算中国外汇储备的最优规模和过剩规模；第六，从改革储备管理体制、优化储备资产结构、创新外汇储备运用途径、购置黄金和战略物资储备、设立主权财富基金等角度，提出了推进中国外汇储备多元化的政策建议。

二　中国外汇储备的统计口径

（一）中国外汇储备的统计口径类型

当前，外汇储备是一个热门语汇，频频现身于电台、报刊和网络等各种媒体。然而，对于外汇储备的真正内涵，大多数人虽有似曾相识之感，却语焉不详，甚至连一些从事金融经济工作的专业人士，也是知其然、不知其所以然。因此，非常有必要对中国外汇储备的概念和数据作全面的界定与厘清。

关于中国的外汇储备数据，目前有三种主要统计口径：一是中国人民银行资产负债表上的外汇占款数据（历史成本口径）；二是中国国际收支表中的外汇储备流量数据（国际收支口径）；三是中国人民银行定期公布的外汇储备存量数据（市场价值口径）。其中，国际收支口径的外汇储备数据为流量数据，而历史成本口径与市场价值口径的外汇储备数据均为存量数据。

央行外汇占款是指中国人民银行通过外汇市场干预而形成的外汇储备。这是按历史成本法计算、以人民币计价的存量数据，列示于央行资产负债表“国外资产”项下的“外汇”项目。根据国家外汇管理局发布的《2012 年上半年中国国际收支报告》，央行外汇占款余额变动主要包括两个方面：一是中央银行进行外汇买卖时相应投放或吸收的人民币资金变动；二是外汇储备经营收益部分结汇而投放的人民币资金变动。一般而言，央行外汇干预是外汇占款余额变动的主导因素，外汇储备经营收益结汇对外汇占款变动的影响较小。中国人民银行自 1999 年 12 月起公布月度央行外汇占款数据，而季度央行外汇占款数据则可回溯至 1985 年 6 月。需要注意的是，央行外汇占款与金融机构外汇占款容易混淆。金融机构外汇占款是指金融机构人民币信贷收支表的资金运用项下的“外汇占款”项目。金融机构外汇占款不仅包括央行外汇占款，而且包括商业银行外汇占款。

国际收支口径的外汇储备数据是指以美元计价的流量数据，包括中央银行外汇市场干预所形成的储备变化和当期外汇储备的投资收益，但剔除了汇率和资产价格变动对外汇储备造成的估值影响。国际收支口径的外汇储备数据列示于中国国际收支平衡表“储备资产”项下的“外汇”项目。国家外汇管理局从 2010 年起开始公布季度的国际收支口径外汇储备数据。该季度数据可回溯至 1998 年第 1 季度。

市场价值口径的外汇储备数据是指中国人民银行发布的以美元计价的、按市场价值计算的外汇储备数据，包括央行通过外汇市场干预形成的外汇储备、储备投资收益以及由金融资产市场价格、汇率等非交易因素引起的储备价值变动（估值效应）。市场价值口径的外汇储备数据列示于央行黄金和外汇储备报表的“国家外汇储备”项目。中国人民银行自 1950 年起就开始发布该口径的外汇储备统计数据，目前该数据为按月定期公布。

从统计口径上看，央行外汇占款的涵盖范围最小，主要为中央银行通过外汇买卖形成的外汇储备；国际收支口径的外汇储备的涵盖范围居中，包括外汇占款余额变动和当期外汇储备投资收益；市场价值口径的外汇储备的涵盖范围最大，除国际收支口径的外汇储备外，还包括由金融资产价格、汇率等非交易因素引起的储备价值变动。

（二）中国外汇储备的成分分解

基于以上对不同统计口径外汇储备概念的分析，我们可将市场价值口径的外汇储备大致分解为外汇干预、投资收益和估值效应三个部分。央行外汇占款增量可近似视为当期央行外汇干预的规模（包括结汇的储备经营收益）。国际收支口径的外汇储备增量减去外汇占款增量可视为但略低于外汇储备的当期投资收益。市场价值口径的外汇储备增量减去国际收支口径外汇储备增量即为外汇储备的估值效应。

2000 年以来，中国外汇储备市场价值变动的主导因素是外汇市场干预，储备资产的估值效应和投资收益的影响力逐步增强（见图 3—1）。未来，随着中央银行外汇市场干预力度大幅减弱，估值效应和投资收益将成为导致中国外汇储备市场价值变动的主导因素。

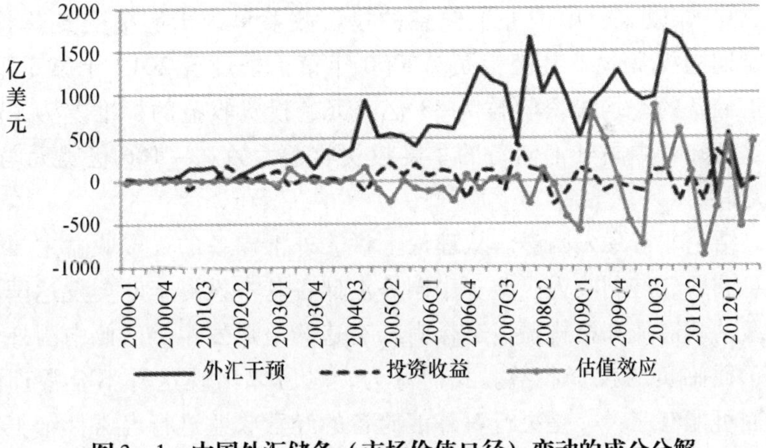

图 3—1　中国外汇储备（市场价值口径）变动的成分分解

资料来源：CEIC。

注：央行外汇干预量的货币换算步骤主要有：一是基于人民币计价的月度外汇占款余额数据，得出月度外汇占款变动（外汇干预数据）；二是运用当月的人民币兑美元的平均汇率，将央行月度外汇干预量由人民币计价换算成美元计价；三是对各季度 3 个月的月度外汇干预量进行加总，得出美元计价的季度外汇干预量。

2001 年至 2011 年第 3 季度，中央银行季均外汇干预规模高达 699 亿美元，占到市场价值口径下外汇储备季均增量 706 亿美元的 99%。这意味着中国央行持续的大规模外汇市场干预（买入美元，卖出人民币）是导致中国外汇储备快速增长的最重要因素。从 2011 年第 4 季度起，随着人民币单边升值预期的减弱甚至逆转，以及人民币汇改的推进，中国央行不仅大幅降低了外汇市场干预力度，而且频繁实施双向外汇市场干预操作，即不再单向买入美元卖出人民币，也开始买入人民币卖出美元。例如在 2011 年第 4 季度与 2012 年第 2 季度，中国央行净卖出美元的规模分别为 229. 4 亿美元与 96. 8 亿美元。

在 2003 年之前，中国外汇储备出现过微小的负估值效应，这可能与当时外汇储备资产的规模较小和结构单一有关。2003 年第 1 季度至 2012 年第 3 季度，中国外汇储备的估值效应明显增大，且呈现出双向震荡的特征，季均估值效应规模为 -19 亿美元，季度估值效应的标准差为 370 亿美元。自 2008 年全球金融危机爆发以来，随着中国外汇储备资产多元化进程的加速，以及美元、欧元和日元等国际主要货币之间的汇率波动加剧，中国外汇储备的估值效应出现大幅震荡，季度估值效应的标准差扩大至 526 亿美元。

自 2000 年以来，中国外汇储备的投资收益呈现出明显的震荡特征，在不少时期内投资收益甚至为负。2000 年第 1 季度至 2012 年第 3 季度，中国外汇储备的季均投资收益为 33 亿美元，投资收益的标准差为 139 亿美元。这意味着中国外汇储备的季度投资收益大致在 -106 亿美元与 172 亿美元之间。

这一结论非常令人困惑。从理论上说，外汇储备的投资收益主要包括债券利息和股票红利收入。鉴于中国外汇储备基本投资于欧美发达国家高信用等级的政府债和机构债，迄今尚未有违约情形发生，因此中国外汇储备不至于面临负的投资收益。我们认为，之所以出现这种不合常理的现象，原因可能有三：一是央行对外汇储备的经营收益进行经常性结汇，且结汇规模较大，导致外汇储备的投资收益被大幅低估。这可能部分解释外汇储备投资收益频繁为负数的现象。二是美元对人民币的汇率换算误差，使得以美元计价的央行月度外汇干预规模被高估，进而导致外汇储备投资收益被低估。考虑到人民币汇率一直是渐进式升值，月度汇率波动较小，因此央行月度外汇干预量的货币换算误差应较小，不足以解释外汇储备投资收益的双向频繁波动。三是外汇储备数据在统计过程中可能存在问题。鉴于中国目前的经济金融统计尚不够完善，不同口径的外汇储备数据之间相互对接不上的可能性是存在的。

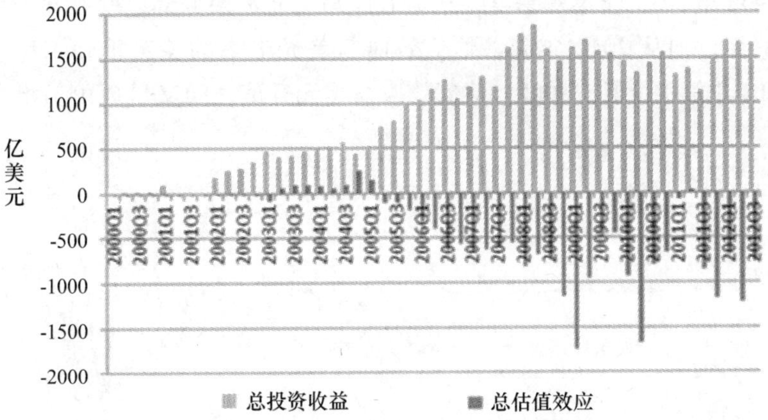

图 3—2　中国外汇储备的总投资收益与总估值效应

资料来源：CEIC 和作者的计算。

注：本图不考虑 1999 年及之前的中国外汇储备的投资收益和估值效应。

如图 3—2 所示，2000 年第 1 季度至 2012 年第 3 季度，中国外汇储备的累计投资收益为正，规模达到 1657 亿美元，但累计估值效应为负，规模约为 - 750 亿美元。鉴于估值效应主要考察汇率与资产价格变动等非交易性影响，以及中国外汇储备主要投资于美欧政府债券，中国外汇储备的估值效应主要来源于美元兑欧元汇率变动和美欧国债价格的变化。例如，美元兑欧元的汇率升值，将导致以美元计价的欧元资产缩水，即以美元计价的外汇储备市场价值将会下降，从而估值效应为负。同理，美元汇率下降导致欧元资产价值上升，估值效应为正。美国国债收益率的下降将致使美国国债的市场价格上升，对中国外汇储备产生正的估值效应，而美国国债收益率的上升将导致美国国债价格下跌，对中国外汇储备产生负的估值效应。按照这一思路，可将中国外汇储备负累计估值效应归结于美元升值和美国国债价格下跌（国债收益率上升）两个主要因素。

2003 年以来，中国外汇储备的估值效应与美元兑欧元汇率变动之间总体上存在着负向联系，且这种负向联系基本趋于稳定（见图 3—3）。2003 年第 1 季度至 2008 年第 1 季度，外汇储备的估值效应与美元兑欧元汇率之间不存在稳定的联系。尽管在大多数季度，美元兑欧元升值（贬值）能产生预期的负（正）估值效应，但在不少季度，也引起了正（负）的估值效应，如2003年第4季度、2004年第1季度和2005年第1季度等。2008年第2季度至2011年第4季度，估值效应与美元汇率变动之间存在着稳定的负向联系。但从2012年起，估值效应与美元汇率的关系重归不稳定，如在2012年第1、第3季度，估值效应与美元升值之间又呈现出正相关。

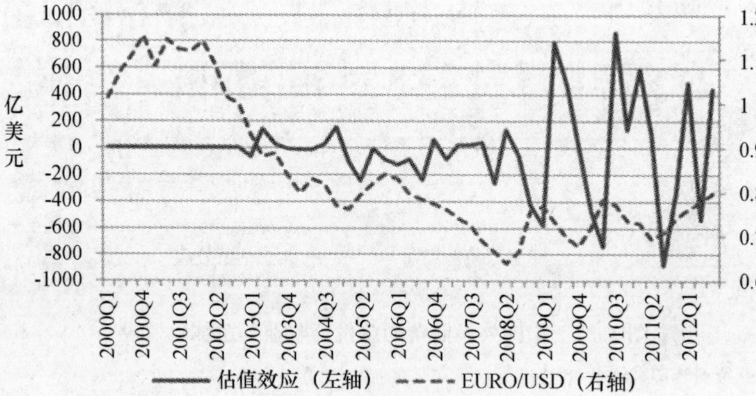

图3—3　中国外汇储备的估值效应与美元兑欧元汇率

资料来源：CEIC和作者的计算。

考虑到很大一部分中国外汇储备投资于美国国债，那么美国国债收益率的变化应对中国外汇储备的估值效应产生显著的负向影响。然而如图3—4所示，中国外汇储备的估值效应与美国国债收益率之间不存在稳定的关系，且方向也不确定。对此，一个可能的解释是，中国外汇储备资产的估值效应没有考虑到外国国债收益率变动对外国债券市场价值的影响。

综上所述，中国外汇储备数据包括历史成本、国际收支和市场价值三种统计口径。其中，历史成本口径近似度量央行外汇市场干预规模，国际收支口径衡量外汇干预量和外汇储备投资收益，市场价值口径涵盖外汇干预、外汇储备投资收益和估值效应。

自2000年以来，央行外汇市场干预是导致中国外汇储备市场价值变动的最重要因素。展望未来，随着人民币单边升值预期的减弱和人民币汇率弹性的增强，以及中国央行干预外汇市场意愿的显著削弱，投资收益和估值效应将逐步成为主导中国外汇储备资产市场价值变动的重要因素。

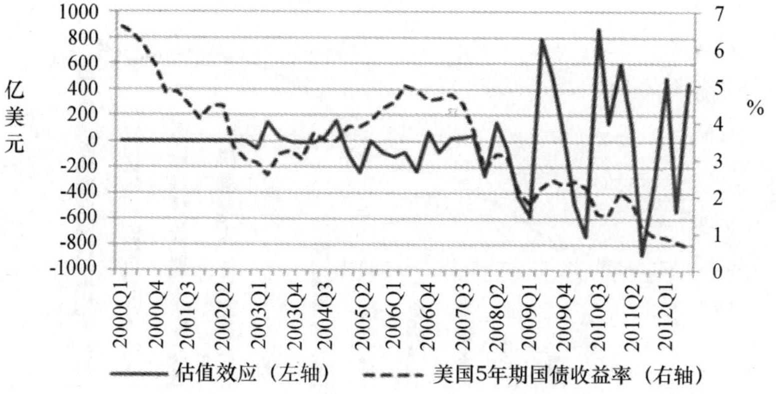

图 3—4　中国外汇储备的估值效应与美国国债收益率

资料来源：CEIC 和作者的计算。

我们通过对比研究发现，三种统计口径的外汇储备数据之间不能很好地相互衔接。这具体体现在两个方面：一是很多时期中国外汇储备的投资收益竟然为负，这与常理相悖；二是中国外汇储备估值效应与美元汇率变动之间的负向关系仅在部分时期成立，而中国外汇储备估值效应与美国国债收益率之间的负向关系基本上不存在，这在理论上难以解释。一个可能的解释是，中国当前的经济金融数据统计存在着一定缺陷。

三　中国外汇储备的规模与来源

（一）中国外汇储备的规模

中国自 2001 年加入 WTO，并逐渐成长为“世界工厂”以来，经常顺差规模大幅跃升，加之人民币升值预期鼓励了大量国际资本的持续流入，中国的外汇储备规模出现了飞速增长（见图 3—5）。2013 年年底，中国外汇储备规模达 3.81 万亿美元，占全球外汇储备总额的 32.7%，而 2001 年，中国的外汇储备规模仅为 2121 亿美元，占全球外汇储备总额的 10.3%。在过去的十余年间，中国外汇储备规模惊人的增长了 17 倍，年均增长率达 27.9%。

（二）中国外汇储备的来源

中国外汇储备的可能来源项目包括经常项目、直接投资、证券投资、

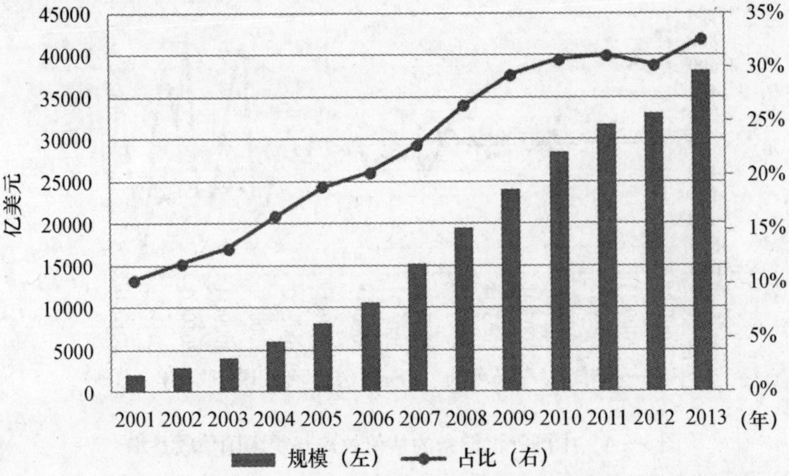

图 3—5　中国外汇储备的规模及占全球储备总额的比例

资料来源：PBOC 和 IMF。

其他投资、误差与遗漏等账户。经常顺差和直接投资是中国外汇储备的最主要来源。证券投资项目下的资本交易因受到严格管制，其规模通常很小。其他投资项目主要由贸易信贷和贷款组成，误差与遗漏项包括未登记资本的流动和外汇储备因汇率变化而引起的价值变动（估值效应）。根据以往的经验，其他投资项、误差与遗漏项的短期投机性资本，即所谓“热钱”的比重相对较高。值得指出的是，在中国经常账户交易完全放开的条件下，短期投机性资本可经由经常账户流入中国。许多学者认为，中国经常盈余不是完全真实的，迅速增加的经常项目盈余可部分归咎于进出口企业的转移定价策略（“出口高报、进口低报”）、外商投资企业的投资收益的推迟汇出和个人转移账户汇入款项迅速增加等（Ma 和 McCauley, 2007；余永定，2010）。

1994—2013 年，中国的经常项目、资本项目和证券投资项的累计顺差分别达 2.53 万亿、1.71 万亿、1749 亿美元，而其他投资项、误差和遗漏项的累计逆差为 2921 亿、2927 亿美元，占 3.81 万亿美元外汇储备累计增加额的比例依次为 66%、45%、5%、-8%、-8%。1994—2004 年，直接投资项资本流入是中国外汇储备增长的首要贡献因素，经常顺差为次要贡献因素。这一时期，直接投资项净流入总额为 4455 亿美元，为经常顺差

表 3—1　**中国外汇储备增量的来源结构**

年份	经常项目		直接投资		证券投资		其他投资		误差与遗漏	
	规模	比例	规模	比例	规模	比例	规模	比例	规模	比例
1994	69	23%	318	104%	35	12%	-27	-9%	-91	-30%
1995	16	7%	338	151%	8	4%	40	18%	-178	-79%
1996	72	23%	381	120%	17	6%	2	0%	-155	-49%
1997	370	103%	417	116%	69	19%	-276	-77%	-221	-62%
1998	315	504%	411	658%	-37	-60%	-437	-699%	-189	-303%
1999	211	244%	370	427%	-112	-130%	-205	-237%	-176	-204%
2000	205	192%	375	351%	-40	-37%	-315	-295%	-117	-110%
2001	174	37%	374	79%	-194	-41%	169	36%	-47	-10%
2002	354	47%	468	62%	-103	-14%	-41	-5%	75	10%
2003	459	33%	472	34%	114	8%	-59	-4%	389	28%
2004	687	36%	531	28%	197	10%	379	20%	105	6%
2005	1341	53%	1059	42%	-49	-2%	-40	-2%	158	6%
2006	2327	82%	1029	36%	-676	-24%	133	5%	-7	0%
2007	3540	77%	1431	31%	187	4%	-697	-15%	115	2%
2008	4124	86%	1217	25%	427	9%	-1211	-25%	209	4%
2009	2611	65%	703	18%	387	10%	678	17%	-414	-10%
2010	3054	65%	1249	26%	240	5%	724	15%	-598	-13%
2011	1361	35%	2317	60%	196	5%	87	2%	-138	-4%
2012	2154	218%	1763	179%	478	48%	-2601	-264%	-871	-88%
2013	1828	42%	1850	43%	605	14%	776	18%	-776	-18%
合计	24014	66%	14462	39%	1810	5%	-1702	-5%	-1800	-5%

资料来源：国家外汇管理局。

规模 2932 亿美元的 1.52 倍。2005—2013 年，经常顺差总额达 2.23 万亿美元，而直接投资资本净流入总额为 1.26 万亿美元，前者为后者的 1.77 倍。从而，经常顺差项超过直接投资项成为中国外汇储备增长的最为重要的贡献因素。

误差与遗漏账户呈现出明显的波动性，但其对中国国际收支账户的影响程度大幅下降。1994—2001 年，误差与遗漏账户流出的资本总规模为 1175 亿美元，占当时 1935 亿美元外汇储备增加额的 60.7%，从而，资本外逃问题是当时中国国际收支面临的一个重要问题。2002—2008 年，误差和遗漏账户总体上呈现持续流入状况，资本净流入总规模为1044亿美元，占同期外汇储备累计新增额的5.5%。这表明，中国的国际收支面临的挑战已由防范资本外逃变成了封堵热钱流入了。不过，热钱的进出规模对中国跨境资本流动的影响急剧下降。2009—2013年，误差和遗漏账户呈现持续流出状况，资本净流出总规模达2797亿美元，占当期外汇储备累计新增额的15.8%。这说明，热钱的跨境流动的规模及其对中国国际收支账户的影响均有了一定程度的上升。

总体上看，中国外汇储备的持续快速增长，与中国长期维持经常项目和资本项目的双顺差格局密切相关。基于亚洲金融危机的教训，大规模的外汇储备规模，通常被视为一国经济基本面强健的一个重要指标，并有助于该国主权债务信用评级的提升。但中国目前持有的外汇储备规模，已远远超出合理的范围，不仅给中国货币当局管理外汇储备资产的能力带来巨大挑战，而且对中国内部的货币供给和宏观经济稳定构成了严重冲击。

四　中国投资美元证券资产状况

（一）美元证券资产的规模与结构

为正确理解中国持有美国证券资产的信息，有必要对美国财政部TIC统计系统发布的外国对美国证券投资数据作一个简要的交代。TIC系统对美国的跨境证券资本流动状况进行监测和统计，并定期发布月度证券资产跨境交易、头寸数据和年度证券资产头寸数据。年度证券资产头寸数据的滞后期为8个月，TIC在当年的4月发布上年6月底的数据。月度证券资产头寸数据自2012年起开始推出，滞后期通常为3—4个月左右。月度证券头寸数据存在明显的“托管偏差”（custodies bias）问题，其准确性明显低于年度证券头寸数据。由于外国金融机构经常从事美国证券的托管或管理的业务，导致TIC系统难以充分地获取外国投资者的国别信息，从而它所公布的各国持有美国证券的数据是不完善的。[①] 由于外国金融机构经常

① 例如，一个德国投资者在购买一笔美国国债之后，可将这些国债委托给一家英国的银行管理。为便利国债的管理与结算，这家英国银行通常将这笔国债再委托给一家美国当地银行托管。美国财政部在调查统计国际资本流动规模时，只能从美国当地的金融机构获取相关信息。作为国债的再受托方，这家美国银行只知道自己替一家英国银行管理国债，从而，它将向财政部报告该国债为英国所有。这就产生了一个“托管偏差”问题。

从事美国证券的托管业务，导致TIC系统难以充分地获取月度外国投资者的国别信息（Bertaut、Griever和Tryon，2006）。考虑到国家外汇管理局经常委托国外金融机构代为买卖和保管美国证券，从而，“托管偏差”问题导致中国持有美国证券的规模被明显低估。

表3—2 **中国持有美国金融资产的种类及规模** 单位：亿美元

日期（月末）	存款	证券	股票	长期债券			短期债券		
				国债	机构债	公司债	国债	机构债	公司债
2003.06	147	2550	20	1470	910	120	0	30	0
2004.06	159	3410	30	1890	1150	160	50	130	0
2005.06	197	5270	30	2770	1720	360	210	180	10
2006.06	176	6990	40	3640	2550	590	80	80	10
2007.06	244	9220	290	4670	3760	280	110	110	10
2008.06	258	12050	1000	5220	5270	260	130	170	0
2009.06	302	14640	780	7570	4540	150	1590	0	10
2010.06	224	16110	1270	11080	3600	110	40	1	8
2011.06	298	17270	1590	13020	2450	160	49	0	3
2012.06	577	15922	2209	11385	2024	218	84	2	0
2013.06	384	17348	2605	12721	1740	234	46	2	1
2013.12	463	18037	3050	12642	2041	243	58	0	3
2014.01	437	18036	2957	12722	2078	244	34	0	1
2014.02	473	18202	3113	12709	2111	245	20	0	4
2014.03	446	18163	3127	12702	2065	244	19	0	6
2014.04	501			12606			26		

资料来源：美国财政部。

注：各年度6月末的数据为年度调查数据，2013年12月末和2014年3月末的数据为月度数据。相比较于年度数据，月度数据存在较明显的“托管偏误”问题，低估了中国持有美国证券资产的规模。

中国对外证券投资集中于美元资产。中国持有美国证券资产的规模在过去的10年中经历了爆炸性增长，从2003年6月底的2550亿美元急剧增长至2014年3月底的18163亿美元，累计增长了6.1倍，年均增长率达20.6%。中国持有的美国证券种类包括国债、机构债、股票和公司债四种类型，其中，美国长期国债和长期机构债券是两个最主要证券投资品种。中国持有的美国证券资产继续维持信用等级高、期限长的特征。根据美国财政部发布的年度数据，截至2013年6月底，中国持有的美国证券资产的规模达17348亿美元，其中，美国国债12767亿美元，机构债券1742亿美元，股票2605亿美元，企业债券235亿美元。另据美国财政部发布的月度数据，2014年3月，中国持有美国证券资产规模为16849亿美元，其中，美国国债12721亿美元，机构债券2065亿美元，股票3127亿美元，企业债券250亿美元。如表3—2和表3—3所示，中国持有的美国证券资产呈现出两个基本特征：一是信用等级高。从年度数据看，2013年6月底，中国持有AAA信用等级的美国国债和机构债券的价值高达14509亿美元，占证券持有总额的83.6%，而股票、企业债券等高收益的资产的比例

表3—3　　**中国持有的美元资产的结构及其占中国外汇储备的比例**

日期（月末）	美元资产占外储比例	美元资产的构成							
		存款	股票	长期债券			短期债券		
				国债	机构债	公司债	国债	机构债	公司债
2003.06	77.8%	5.5%	0.7%	54.5%	33.7%	4.4%	0.0%	1.1%	0.0%
2004.06	75.8%	4.5%	0.8%	53.0%	32.2%	4.5%	1.4%	3.6%	0.0%
2005.06	76.9%	3.6%	0.5%	50.7%	31.5%	6.6%	3.8%	3.3%	0.2%
2006.06	76.1%	2.5%	0.6%	50.8%	35.6%	8.2%	1.1%	1.1%	0.1%
2007.06	71.0%	2.6%	3.1%	49.3%	39.7%	3.0%	1.2%	1.2%	0.1%
2008.06	68.2%	2.3%	8.1%	42.3%	42.7%	2.1%	1.1%	1.4%	0.0%
2009.06	70.1%	2.0%	5.2%	50.6%	30.4%	1.0%	10.6%	0.0%	0.1%
2010.06	66.6%	1.4%	7.8%	67.8%	22.0%	0.7%	0.2%	0.0%	0.0%
2011.06	55.2%	2.1%	9.0%	73.8%	13.9%	0.9%	0.3%	0.0%	0.0%
2012.06	52.5%	6.5%	13.0%	66.9%	11.9%	1.3%	0.5%	0.0%	0.0%
2013.06	50.7%	2.2%	14.7%	71.7%	9.8%	1.3%	0.3%	0.0%	0.0%
2013.12	48.4%	2.5%	16.5%	68.3%	11.0%	1.3%	0.3%	0.0%	0.0%
2014.01	47.8%	2.4%	16.0%	68.9%	11.2%	1.3%	0.2%	0.0%	0.0%
2014.02	47.7%	2.5%	16.7%	68.1%	11.3%	1.3%	0.1%	0.0%	0.0%
2014.03	47.1%	2.4%	16.8%	68.3%	11.1%	1.3%	0.1%	0.0%	0.0%

资料来源：作者的计算。

仅分别为 15.0%、1.4%；从月度数据看，2014 年 3 月底，中国持有美国国债和机构债券的规模为 14786 亿美元，占证券资产的比例为 81.4%，而股票、企业债券的比例分别为 17.2%、1.4%；二是期限长。2013 年 6 月底，中国持有的美国长期债券资产规模达 14695 亿美元，占持有的美元资产总量的 84.7%，而短期美国国债的比重不到 0.3%；2014 年 3 月底，中国持有的美国长期债券的规模为 15011 亿美元，占持有的美元资产比例为 80.7%，而短期美国国债的投资比重仅为 0.1%。

这一期限结构使得中国持有的美元证券资产特别易遭受美国通货膨胀风险和利率风险的不利冲击。在证券资产的期限结构配置问题上，中国面临着追求投资收益与防范利率（通货膨胀）风险的两难选择。若中国增持短期债券品种，虽然可降低物价、利率波动对证券市场价值所产生的不利影响，但短期债券的收益率极低，几乎为零。若增持长期债券品种，虽收益率有所上升，但利率风险不容忽视。从理论上来说，中国可以增持通货膨胀保护类国债（TIPS）来缓解通货膨胀风险，但该类债券同样存在收益率过低的问题，且发行量有限。

（二）中国对美国国债的投资及外汇储备多元化

全球金融危机以来，中国对美国国债的投资规模先经历了较长时间的快速增长，后趋于稳定（见表 3—3）。2007 年 6 月—2011 年 6 月，中国持有美国国债的规模出现了快速增长，由前期的 4780 亿美元增长至后期的 13069 亿美元，占中国持有的美元资产、外汇储备的比例分别由 50.5%、35.9% 升至 74.1%、40.9%。自 2011 年 7 月以来，中国对美国国债的投资规模出现了暂时性下降，随后稳定在 1.27 万亿美元的水平上，呈微幅震荡的态势。在此期间，由于中国外汇储备的规模一直处于稳定增长的状况，中国持有的美国国债占中国外汇储备比例呈稳定下降的态势。这一比例先由 2012 年 6 月末的 35.6% 升至 2013 年 6 月末的 36.5%，后稳定降至 2013 年年底的 33.2% 和 2014 年 3 月末的 32.2%。在 2012 年 7 月至 2013 年 6 月期间，中国持有的美国国债占美元金融资产的比例出现明显上升，由前期的 69.9% 升至后期的 72.0%。但此后，美国国债占美元资产的比例大体呈下降的趋势，并降至 2014 年 3 月末的 68.4%。不过，由于近来中国投资美元资产的绝对规模的增长速度缓慢，中国购买的美国国债占中国投资的美元资产的比例的下降速度明显低于其相对于中国外汇储备的比例。

中国外汇储备币种多元化进程稳步推进，美元资产的比重持续小幅下降。如表3—3显示，2003年以来，美元资产占中国外汇储备的比重呈持续稳定下降的态势，由2003年6月的77.8%大幅降至2014年3月的47.1%，减少了30.7个百分点。不过，在2008年6月至2009年6月的全球金融危机期间，美元资产的比重出现了暂时性的上升，由前期的68.2%上升至70.1%。在2009年6月至2012年6月这三年期间，中国持有的美元资产占外汇储备的比例经历了快速下降，下降的幅度依次为3.5、11.4、2.7个百分点。此后，美元资产占中国外汇储备的比重下降的步伐明显趋缓。2012年6月末至2013年6月末，中国持有的美元资产的比重约微降0.2个百分点，由前期的50.9%降至后期的50.7%。在2013年下半年，美元资产的比重下降速度较快，跌了2.3个百分点。2014年第1季度，中国外汇储备币种多元化的推进速度趋于缓和，美元资产的比重由2013年年末的48.4%降至2014年3月末的47.1%。

（三）全球金融危机对中国对美国证券投资的影响

2008年全面爆发的全球金融危机对中国对美国证券资产的投资产生了显著影响。我们可以全球金融危机为界，将2003年7月以来中国对美国证券投资划分为三个阶段：前金融危机时期、金融危机时期和后金融危机时期。具体分析如下：

1. 前金融危机时期：2003年6月至2008年6月

尽管美国次贷危机在2007年7月便开始发生，但危机的规模偏小，主要局限于次级住房抵押贷款领域，与2008年10月全面爆发的全球性金融危机不可同日而语，且其对当时的中国外汇储备投资行为未产生明显影响，从而，我们将2007年7月至2008年6月这一时间段划分为前金融危机时期。

这一时期，与中国外汇储备规模的急剧增长相适应，中国对美国证券投资也持续快速增加。2008年6月底，中国持有美元资产规模达12333亿美元，是2003年6月底2697亿美元的4.6倍。在此期间，中国对美国风险性资产的投资力度显著加大。2008年6月底，中国投资的美国机构债券的规模高达5540亿美元，首度超过美国国债的持有量5230亿美元，占中国持有美元的比例高达44.1%，而美国国债的持有比例则降至43.4%的历史性低位。同时，中国还购买了1000亿美元的股票，占美元资产的比例高达8.1%。而在2003年6月底，中国持有的美国国债、机构债券和股票的规模占美元资产的比例则分别为54.5%、34.8%和0.7%。这表明，在全球金融危机之前，中国持有的美元资产内部已经实现了一定程度的多元化，机构债券和股票的投资比重大幅上升，而国债的持有比例显著下降。同时，中国持有的美元资产占中国外汇储备的比例也由2003年6月底的77.8%稳步降至2008年6月的68.2%。这表明，中国外汇储备的币种多元化在这一时期也取得了一定的进展。

2. 金融危机时期：2008年7月至2009年6月

在全球金融危机的过程中，中国外汇储备的投资行为呈现出明显的周期性特征，体现为安全资产的配置比例显著上升，风险性资产的投资比例明显下降。表现在：一是美元资产投资比重上升，非美元资产的持有比例下降。2009年6月底，中国持有美元资产的总规模达14640亿美元，相比较于2008年6月的水平增长了2590亿美元，增长率为21.5%，其占中国外汇储备的比例达70.1%，比上年同期大幅提高了1.9个百分点。二是在美元资产内部，国债等安全资产的持有比例急剧上升，而机构债券、股票和企业债等风险性资产的配置比例显著下降。

在这一时期，中国在增持3810亿美元国债的同时，分别减持了900亿美元的机构债券、220亿美元的股票（部分原因可能是股票市场价格下跌）和100亿美元的公司债。2009年6月，国债占美元资产的比例高达61.3%，比上年同期提高了17.9个百分点，而机构债券、股票和公司债的比例分别为30.4%、5.2%和1.1%，比上年同期依次下降了17.9、2.9和1.0个百分点。

在国债投资方面上，中国一个令人瞩目的变化是，大幅增持了短期国债。2009年6月末，中国持有了1590亿美元的短期国债，比2008年6月大幅增加了1460亿美元，其占国债的比重达17.4%，而此前短期国债的比例尚不足3%。中国之所以大手笔购进短期国债，原因可能有两点：一是在当时“逃向安全资产”效应和恐慌情绪的作用下，美国国债的供给远小于需求，中国外汇储备管理部门难以竞购到收益率相对较高的长期美国国债；二是在金融危机期间，金融市场异常混乱，难以对未来经济形势作出判断，因而，增持流动性强的短期国债不失为一种成本较小的选择，进可攻，退可守。在2010年经济形势基本明朗之后，中国几乎全部抛售了增持的短期国债。这从侧面证明了中国外汇储备管理者当时所持有的观望心态。

3. 后金融危机时期：2009 年 7 月至今

鉴于中国美元资产的 80% 以上投资于高信用等级的美国长期国债和机构债，全球金融危机对中国的外汇储备资产没有造成大的损失。但是，中国政府仍然是惊出了一身冷汗。如果美国政府没有向房地美、房利美提供明确的托管支持，而是听任“两房”破产倒闭，中国持有的 5440 亿美元的“两房”机构债券将会血本无归。全球金融危机使中国政府深刻认识到过度依赖美元资产的潜在严重风险。此后，中国外汇储备多元化的进程明显加快。具体表现在：

首先，美元资产占外汇储备的比重大幅下降。在此期间，中国仍持续增加对美国证券资产的投资，但增长速度明显趋缓。2014 年 3 月，中国持有的美元资产总额为 18609 亿美元，比 2009 年 6 月底的水平增加了 3667 亿美元，但其占中国外汇储备的比例却由前期的 70.1% 大幅下跌至 47.1%。

其次，“两房”机构债券的绝对持有量先急剧下降，后缓慢回升。2013 年 6 月底，中国持有美国机构债券的规模为 1740 亿美元，仅为 2009 年 6 月投资量 4540 亿美元的 38.3%。“两房”机构债券持有量之所以如此快速下降，原因可能在于，“两房”已严重资不抵债，且将被美国政府逐步关闭，其虽在美国政府的托管之下，但潜在信用风险不可忽视，从而，中国外汇储备管理部门加大了减持机构债的力度。不过，2013 年 7 月以来，中国开始增持两房机构债券。2014 年 3 月底，中国持有的“两房”机构债券的规模达 2065 亿美元，比 2009 年 6 月底的水平高出 325 亿美元。中国之所以增购机构债券，原因可能有三点：一是尽管“两房”将被逐步关闭，但其在美国政府托管之下，还本付息正常，并一直维持着 AAA 信用评级；二是机构债券的收益率较高；三是美国房地产市场的回暖，有助于修复“两房”的资产负债表。

再次，作为对大举退出机构债券市场的一个被动反应，国债持有量占美元资产比重显著上升。2014 年 3 月底，中国持有美国国债的规模为 12721 亿美元，比 2009 年 6 月的水平增加了 3561 亿美元，占外汇储备的比例由前期的 61.3% 升至 68.4%。国债的比例大幅上升实际上是对机构债券持有量急剧下降的一个被动反应。这是因为，中国外汇储备的体量巨大，难以在短期内找到一个替代美国机构债券的大容量投资场所，因此，从机构债券市场流出的外汇储备资金基本进入了美国国债市场。

最后，股票投资比重大幅攀升。2014 年 3 月，中国持有美国股票价值额达 3127 亿美元，为 2009 年 6 月 780 亿美元投资规模的 4.0 倍，其占外汇储备的比例也相应地由前期的 5.2% 大幅上升至 16.8%。金融危机以来，中国之所以较大幅度增持股票等风险性资产，应与美国经济复苏势头稳定、美国股票市场的强劲反弹密切相关。需要指出的是，中国增持美国股票的力度可能没有统计数据所显示的那么大。中国持有美国股票余额上升可能来源于两个因素：一是交易因素，中国在美国资本市场增持企业股票；二是估值因素，股票价格上涨导致持有的存量股票价值上升。鉴于美国股票市场出现了强劲反弹，中国持有的美国股票余额上升在一定程度上来源于估值效应而不是交易性的增持。如图 3—6 所示，美国股票价格指数自 2009 年以来已经翻了一番。这表明，中国主权财富管理者的投资行为偏于保守，没有充分利用好美国股市最近一轮的强劲反弹行情来提高境外投资收益。

图 3—6　美国标准普尔 100 股票价格指数（月平均）

资料来源：CEIC。

注：2009 年 1 月的标准普尔股票价格指数的均值为 100。

（四）中国在美国证券市场的地位

中国是美国证券资产市场最大的外国投资者，且中国的最大海外投资者地位有所巩固。2012 年 6 月末以来，中国对美国证券投资占外国对美证券投资的比重总体上呈小幅上升的势头。2013 年 6 月末，中国持有的美国证券资产规模占外国投资者投资总量的 12.0%。其中，美国国债的持有比例最高，达 21.6%，机构债其次，占 19.9%，股票的比例为 5.2%，企业债的份额仅为 0.8%。2014 年 3 月，中国购买的美国证券、国债、机构债券和股票的份额分别升至 12.4%、22.4%、21.2% 和 6.2%，而公司债的投资比例仍维持在 0.8% 的水平上。对于中国而言，成为美国国债的最大买家，非但未蒙其利（如利率优惠），反而先受其害。这是因为，中国持有的美国国债规模巨大，中国调整美国国债仓位的行为，将可能对美国国债的供需和价格产生影响。如果中国要减持一部分美国国债，必须要付出较大的价格折扣（资本损失）代价。从而，中国外汇储备已陷入了“规模不经济”的状态。

五　中国投资日元证券资产状况

（一）日元证券资产的规模与结构

2010 年以来，中国持有的日元证券资产规模经历了大幅波动。中国持有的日元资产在 2010—2012 年经历了快速增长，从 2009 年年末的 3.43 万亿日元（381 亿美元）急剧升至 2010 年年末的 13.84 万亿日元（1660 亿美元）、2011 年年末的 21.52 万亿日元（2767 亿美元）和 2012 年年末的 24.64 万亿日元（2941 亿美元），占中国外汇储备的比例相应由 1.6% 大幅攀升至 5.8%、8.7%、8.9%。中国在 2010—2012 年期间之所以大幅增加对日本证券资产的投资，原因可能主要有：一是日本是中国最大的贸易伙伴之一，增持日元资产是外汇储备多元化的题中应有之义；二是日本的金融系统和经济的基本面相对健康，日元在全球金融危机期间的表现非常坚挺。

2013 年，由于日元大幅下跌、中日政治关系严重恶化，中国对日本证券投资的规模大幅下跌。2013 年年底，中国持有了 17.54 万亿日元的日本证券资产，相比较于 2012 年年末的水平大幅下跌 28.8%。其中，债券

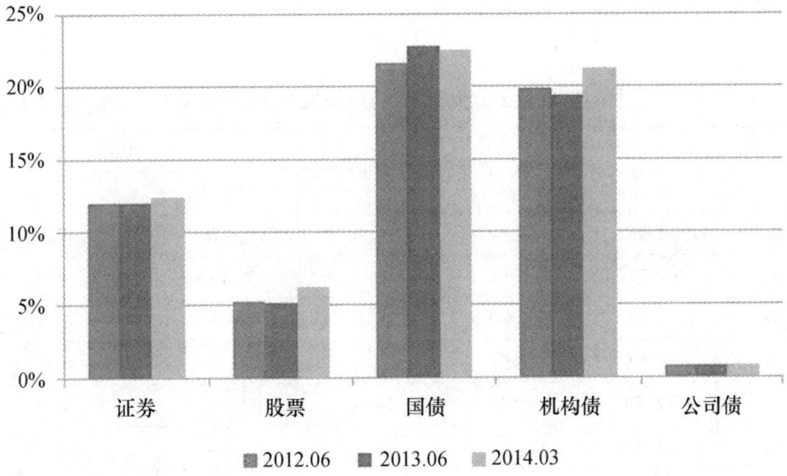

图3—7　中国持有的美国证券资产占外国投资者持有量的比例

资料来源：美国财政部。

（基本为政府债券）持有规模为14.34万亿日元，占81.8%，股票投资量为3.20万亿日元，占18.2%。若按美元计价，2013年年底，中国持有日元证券资产的规模为1695亿美元，比2012年的水平急剧下跌了42.4%。其中，政府债券为1386亿美元，下跌43.3%，股票投资量为309亿美元，增长了37.6%。2013年，中国投资的日元证券资产占中国外汇储备的比例仅为4.4%，比2012年下跌了4.5个百分点（见表3—4、表3—5）。

中国持有短期日元资产的比重显著高于美元资产，且日元资产的短期化有增强的趋势。2012年年底，中国持有日本股票和中长期国债的规模为10.75万亿日元，占持有的日元资产的比重为43.6%，而持有短期日本国债的规模为13.89万亿日元，其比重达56.4%。2013年年底，中国持有日本股票和中长期国债的规模为6.80万亿日元，占持有的日元资产的比重为38.8%，比去年同期下跌4.9个百分点，而持有短期日本国债的规模为10.74万亿日元，其比重达61.2%，比去年同期上升4.9个百分点。考虑到日本是一个长期通货紧缩的国家，中国持有大量的日本短期国债，其目的不应是规避通货膨胀风险和利率风险。究其原因，可能有三点：一是日本长期国债市场的流动性低于短期国债，抛售长期国债将招致较多的价格折扣损失；二是日本长期国债与短期国债的利差较小，而中国持有日本国债很可能具有获取日元升值收益的动机，对较小的国债利差不敏感；三是中国外汇管理部门对日本国债的信心不足，尚未形成长期稳定的投资计划。

表 3—4 中国持有日本证券资产的种类及规模（年末） 单位：万亿日元

	合计	股票	债券	期限	
				中长期	短期
2006	2.93	0.59	2.34	2.10	0.24
2007	4.77	1.90	2.87	2.84	0.03
2008	4.73	1.45	3.28	3.28	0.00
2009	3.43	0.01	3.42	3.34	0.07
2010	13.84	3.35	10.49	4.09	6.40
2011	21.52	3.57	17.95	5.66	12.29
2012	24.64	4.15	20.49	6.60	13.89
2013	17.54	3.20	14.34	3.60	10.74

资料来源：Bank of Japan。

表 3—5 中国持有日本证券资产的种类及规模（年末） 单位：亿美元

	合计		股票	债券	期限	
		外储占比			中长期	短期
2006	250	2.3%	50	200	179	21
2007	424	2.8%	169	255	253	2
2008	519	2.7%	159	360	359	1
2009	381	1.6%	1	380	372	8
2010	1660	5.8%	402	1258	490	768
2011	2767	8.7%	459	2308	728	1580
2012	2941	8.9%	495	2446	788	1658
2013	1695	4.4%	309	1386	348	1038

资料来源：Bank of Japan。

注：按每年 12 月的日元兑美元汇率的月均值将日元计价折算成美元计价。

（二）中国投资日元资产的损失估算

日元汇率的大幅贬值，导致中国对日证券资产投资遭受了严重损失。中国对日证券投资的一个严重失误是投资时机选择不当，在日元汇率高涨时期大规模买进日元资产。如表 3—6 所示，中国大手笔增持日元证券资产的2010—2012年，正是日元汇率处于高点的时期。相比较于当时的水平，日元兑美元的汇率已下跌了14.0%—21.9%。2013年，中国大举抛售日元资产，不失为一项止损之举。这是因为，2014年6月的日元汇率相比较于2013年平均水平，又下跌了4.4%，从而，中国大举减持日元资产而减少了32亿美元的投资损失。根据我们的粗略估计，日元汇率大幅贬值，导致中国在2010—2012年期间购入的日元证券资产的美元价值损失了462亿美元；2010—2013年，中国投资日元资产共损失了430亿美元。

日元大幅贬值导致日本的国外投资者不同程度的遭受投资损失。不过，欧美发达国家投资者的投资损失显著低于中国。这是因为，欧美发达国家的日元证券资产结构与中国存在巨大的差异，其股票的投资比重高，债券的投资比例低，其可较好地利用日本股票价格大幅上涨的收益来对冲日元贬值的损失。2013年，美国、英国和OECD国家持有的日本企业股票占日元证券资产的比重分别为86.4%、81.1%和71.0%，而其债券的比重依次为13.6%、19.9%和29.0%，而中国正好相反，债券的比重高达81.7%，而股票的比重仅为18.3%。中国的这一资产结构，使其成为日元贬值受损最为严重的日本海外投资者。

表3—6　**日元汇率波动对中国持有的日元资产的美元价值的影响**

	净买入额（万亿日元）	JPY/USD（年平均）	日元汇率变动率	净买入成本（亿美元）	净买入现值（亿美元）	交易浮亏额（亿美元）
2010	10.41	87.75	-14.0%	1186	1020	-166
2011	7.68	79.71	-21.9%	963	753	-210
2012	3.12	79.81	-21.8%	391	306	-85
2013	-7.1	97.56	-4.4%	-728	-696	32
合计	14.11	—	—	1813	1383	-430

资料来源：作者的计算。

注：2014年6月日元兑美元的平均汇率为102.04JPY/USD；日元汇率变动率指购买日元资产时的日元兑美元的汇率水平（年平均汇率）与2014年6月的日元兑美元的平均汇率的比较；净买入日元资产的现值按2014年6月的日元兑美元的平均汇率折算。

（三）中国在日本证券市场的地位

目前，中国是日本证券市场一个重要的海外投资者，但地位在下降。

2012 年，中国是日本证券市场上仅次于美国的第二大外国投资者，并且是日本政府债券第一大海外投资者。2012 年，中国持有的日本证券资产占外国投资者持有日本证券总量的 13.7%，其中，债券比重达 21.1%，中长期债券为 13.3%，短期债券比重为 29.3%，股票比重为 5.0%。这表明，日本证券市场的空间相对较小，难以有效分流中国的外汇储备。

2013 年，中国在日本证券市场的重要性显著下降，由 2012 年的第二大海外投资者，跌至位居美国、英国和卢森堡之后的第四大海外投资者。不过，中国仍是日本政府债券的第一大海外投资者。如图 3—8 显示，2013 年，中国持有的各类型日本证券资产的规模占日本证券海外投资者的比重全线下跌。中国持有的日本的证券、股票、政府债券的比重分别由 2012 年的 13.7%、5.4% 和 19.6%，大幅下跌至 2013 年的 7.0%、2.1% 和 14.2%。其中，日本的中长期政府债券、短期政府债券的投资比重分别由前期的 12.4%、26.8% 下降至 7.0%、21.7%。

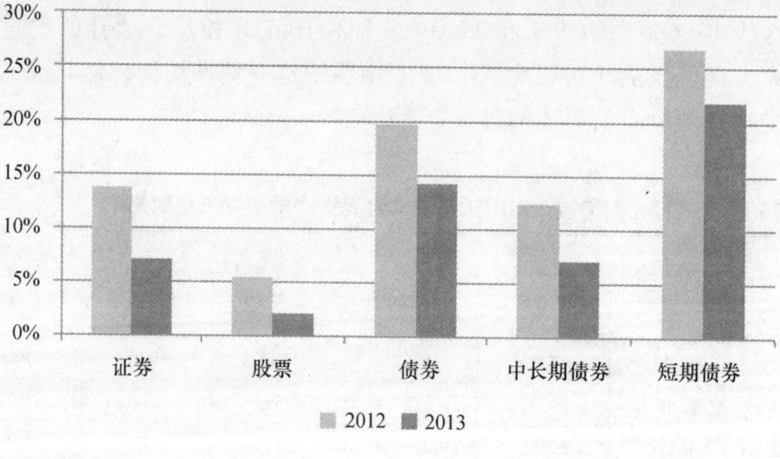

图 3—8　2012—2013 年中国持有的日本证券资产占外国持有总量的比重

资料来源：Bank of Japan。

六　中国外汇储备投资的新动向

近年来，随着美欧的金融系统和实体经济逐步趋于稳定，国家外汇管理局的风险偏好度有所提升，其在继续坚持外汇储备的“流动性”、“安全性”

目标的同时，更为重视外汇储备的“收益性”目标。目前，在外汇储备投资方式上，出现了两个新的动向：一是外汇储备委托贷款平台机制的建立和商业银行转贷款渠道的拓展；二是外汇储备对另类资产的投资明显提速。

（一）外汇储备的委托贷款和商业银行转贷款

委托贷款平台和商业银行转贷款是中国外汇储备运用的一项重要创新，将有利于加速外汇储备多元化进程，促进国内企业“走出去”开展国际经济活动。2012 年上半年，国家外汇管理局设立外汇储备委托贷款办公室（SAFE Co-Financing），负责外汇储备的创新运用工作，按商业条件提供外汇贷款，支持金融机构服务实体经济发展和“走出去”战略。外汇储备委托贷款的具体运作形式是，国家外汇管理局向银行提供外汇资金，银行根据外汇管理局确定的贷款对象、用途、金额、期限、利率等，代为发放、监督使用并协助收回，信贷风险一般由资金提供方也就是外汇管理局自行承担，主要贷款对象是走出去的中国企业。外汇管理局不具备贷前审查、贷后管理等商业银行的风险控制能力，贷款风险管控依赖被委托的商业银行。与一般委托贷款不同的是，获得外汇储备委托贷款的中资企业，只能将该外汇资金用于境外资金需求，不能用于境内资金需求，以防止二次结汇。外汇储备委托贷款办公室的建立，是中国外汇储备投资渠道的一项重要的开拓与创新。这也意味着，中国外汇储备的委托机构由先前的单一的外资机构转变为内外资金融机构并举，外汇储备投资也由单纯投资海外市场转为对外投资与支持国内企业“走出去”并举，是中国外汇储备投资手段的丰富与完善。

事实上，国家外汇管理局早在 2010 年 5 月起就开始开展外汇储备委托贷款业务。国家开发银行是最早也是最主要的外汇储备委托贷款银行。目前，中国进出口银行等政策性银行和部分商业银行相继开展了外汇储备委托贷款业务，外汇管理局发放的委托贷款规模约为 3500 亿—4000 亿美元，约占中国外汇储备的 10%。另据了解，国开行约 2500 亿美元的外汇贷款余额中，超过 2/3 来自外汇储备以各种形式有偿提供的资金。外汇储备委托贷款主要投向一些涉及政府间合作、政策性较强的海外投资项目，如中俄石油贸易贷款项目。外汇储备委托贷款的性质明显区别于一般性的商业银行委托贷款。一般性委托贷款属于商业银行的中间业务（表外业务），商业银行只收取佣金（代理费），风险一般由资金提供方自行承担。贷款是否记入商业银行的资产负债表，取决于贷款项目的性质。若海外投资项目是涉及国家战略的长期用汇项目，外汇储备委托贷款将作为表外业务，作为代理行的国开行收取1%—2%的手续费。若外汇储备贷款项目的商业性较强，属于商业银行表内业务，相当于国开行向央行发行了一笔等额债务证券。在实际操作中，外汇管理局采取类似竞标的方式确定外汇储备资金收益率的考核底线，目前水平在2.5%左右（张宇哲、李小晓和李箐，2013）。

在当前欧美发达国家近乎零利率的国际市场环境下，外汇储备委托贷款平台机制的正式确立，不仅有助于促进中国外汇储备资产的多元化，提高外汇储备的收益率，而且在当前人民币仍存在一定程度升值预期，居民和金融机构持有美元资产意愿较低的背景下，外汇储备委托贷款可有效增加国内商业银行的外汇资金供给，减少中资金融机构和企业的汇率风险，缓解国内企业“走出去”过程中面临的外汇资金约束。

2013年7月，在国务院办公厅发布的《关于金融支持经济结构调整和转型升级的指导意见》中，明确提出要创新外汇储备运用，拓展“商业银行转贷款渠道”。这是中国在外汇储备运用上一项新的尝试。商业银行转贷款多用于国际融资贷款领域，由商业银行根据协议转贷外国政府或国际金融组织贷款。商业银行转贷款通常指商业银行既作为债务人，对外签订贷款协议，借入资金，又作为债权人，将此资金转贷给国内企业。商业银行转贷款不仅有助于解决外汇储备投资渠道不足、投资收益过低的问题，而且可与中国经济内部结构调整、不同所有制经济的协调发展联系起来。长期以来，中国在外汇资金的配置上存在着一个令人尴尬的困境：宏观外汇资金过剩和微观外汇资金短缺并存。一方面，囿于投资能力的限制，中国积累的巨额外汇储备缺乏有效投资渠道，被迫大量投资于美国、欧洲和日本等发达国家低收益率的政府债券。另一方面，在人民币持续稳定升值的背景下，国内商业银行持有外汇资产的意愿低落，导致国内企业特别是中小型民营企业难以获取外汇信贷资金，阻碍了国内企业国际化程度的提高。商业银行转贷款机制的推出，将有助于提高国内企业特别是民营企业的外汇资金可获得性，鼓励更多的民营企业“走出去”，缓解欧美发达国家对中国国有企业对外直接投资所产生的疑虑和猜忌。

（二）另类资产投资加速

近年来，中国货币当局已不再满足于将外汇储备存放于低收益、低风险的发达国家政府债券，对风险性、收益性较高的另类资产的投资明显增加。体现在两个方面：一是继续注资主权财富基金公司，并调整了外汇储备管理机构。二是加大了对不动产、基础设施和公司股权等另类资产的投资力度。

为增强中国投资公司海外投资业务的资本金实力，央行于2011年年底向该公司注资500亿美元的外汇储备。2012年年初，国家外汇管理局向国资委旗下专门从事国有资产经营与管理的企业化操作平台——国新控股有限责任公司，注资100亿美元的外汇储备，用于支持中央企业海外投资发展。在外汇储备投资机构设置方面，央行也似乎有一些新的大动作。据媒体消息，央行拟新设一家初始资本规模约为3000亿美元的投资机构，旗下设立两只海外投资基金——“华美”基金和“华欧”基金，投资目的地分别为美洲和欧洲。另传，中央银行正考虑设立一个新的独立于外汇管理局的外汇储备管理机构，而外汇管理局的外汇储备资产管理职能则可能被剥离，转而专注于国际资本流动监管角色。

在另类投资方面，国家外汇管理局采取了一系列实质性举措。2008年3月，国家外汇管理局获批可将5%的外汇储备资金配置于另类投资项目，如私募投资和房地产。2009年，国家外汇管理局通过旗下的华安投资公司（SAFE Investment Company Limited）持有52家英国上市公司股票，持股市值约为50亿英镑，其在大部分公司的持股比例低于1%（张宇哲、李小晓和李箐，2013）。

2012年5月以来，国家外汇管理局在英国注册的全资子公司银杏树投资公司（Gingko Tree Investment Ltd.）已经作出至少四笔投资，投资对象包括水务公司、学生公寓、伦敦和曼彻斯特的写字楼，金额超过16亿美元。据了解，银杏树投资公司是国家外汇管理局在新加坡设立的投资机构中华人民共和国投资公司（新加坡）[Investment Company of the People's Republic of China（Singapore）]的子公司。另据《华尔街日报》的报道，国家外汇管理局承诺将分别向黑石集团（Blackstone Group L. P.，BX）管理的房地产私募股权投资基金、通用汽车退休金计划持有的私募股权基金投资5亿美元、15亿—20亿美元。

不过，国家外汇管理局的对外私募股权投资并非一帆风顺。2008年，国家外汇管理局曾向美国私募股权投资公司德太投资（TPG Capital）管理的一只基金投资了25亿美元。在获得国家外汇管理局的注资后，德太投资旗下基金对当时美国最大的储蓄和贷款机构Washington Mutual进行了投资。在美国金融危机中，Washington Mutual 被美国政府关闭，德太投资的该笔投资损失殆尽，国家外汇管理局也遭受了损失。

2013 年 5 月，国家外汇管理局在纽约第五大道设立了专门的投资部门，以方便在美国市场进行包括私募股权、房地产和其他另类资产类别在内的投资业务，而不仅仅只限于对美国国债的投资。这反映了中国外汇储备管理思路的转变。从目前的情况来看，国家外汇管理局更倾向于多元化组合投资，而不是低风险的美国国债。外汇管理局这一新动作所传递的信号是，中国外汇储备多元化进程将有可能进一步加速。中国将会继续减持美国国债，加大对其他领域的投资力度。

七 中国投资欧元等其他货币资产的状况

除美元、日元资产外，中国的外汇储备还投资欧元、英镑、澳元、瑞士法郎和新兴经济体的货币资产。显然，欧元资产是其中最为主要的部分。另外，其他货币资产中还包括外汇储备委托贷款。尽管外汇储备委托贷款很可能以美元计价，但本质上不属于投资于美国的美元资产，从而，我们将其计入非美元资产的范畴。国家外汇管理局早在 2010 年 5 月起就开始开展外汇储备委托贷款业务，并于 2012 年上半年设立外汇储备委托贷款办公室（SAFE Co-Financing），目前的委托贷款规模约为 2500 美元，约占中国外汇储备的 6%—7%。另外，英镑、澳元资产占中国外汇储备的比例可能分别约为 4%、3%。同时，考虑中国还可通过伦敦、卢森堡等国际离岸金融中心投资美元证券资产，因此，我们可合理的推定，美国 TIC 数据将中国外汇储备对美证券投资比重低估了 5 个百分点。而且，美国 TIC 的年度数据的截止期限是 6 月末，而不是 12 月末，我们取两个相邻年度数据值的数学平均值为上一年度年末值。

如图 3—9 所示，2010 年以来，中国外汇储备对其他货币资产的投资明显提速，其他货币资产的投资比重由 2009 年的 25.1% 迅速增长至 2010 年 28.3%，在 2011 年、2012 年继续升至 33.3%、35.3%，在 2013 年进一步攀升至 42.2% 的新高度。若剔除外汇储备委托贷款因素，其他货币资产占外汇储备的比重基本上呈稳定上升的态势。其他货币资产的投资比重由 2010 年的 26.6% 大幅升至 2011 年的 28.6%，2012 年小幅降至 27.8%，2013 年快速升至 32.2%。

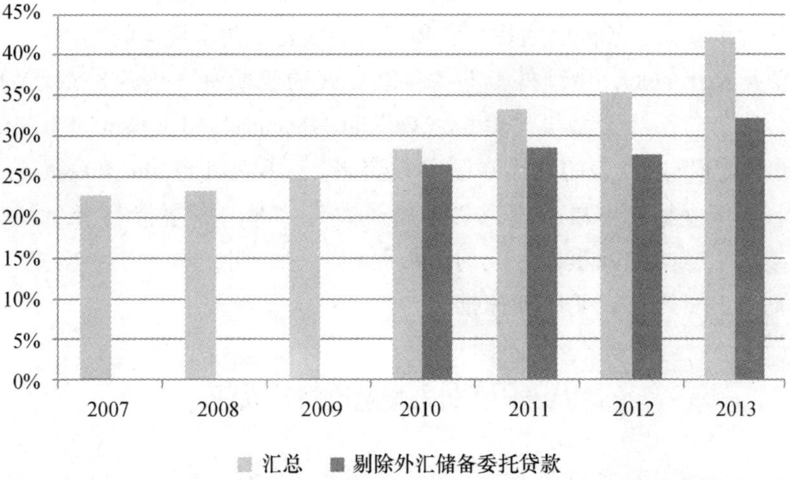

图 3—9　中国外汇储备对除美元、日元外其他货币资产的投资比例

资料来源：作者的计算。

注：综合可资利用的信息渠道，我们假定 2010—2013 年国家外汇管理局发放的外汇储备委托贷款的规模依次为 500 亿美元、1500 亿美元、2500 亿美元、3800 亿美元。

鉴于欧元资产是其他货币资产的最主要组成部分，因此，中国在 2013 年中对欧元的投资显著上升。当时，中国外汇储备之所以大幅增加对欧元资产的投资，主要出于三点战略考量：一是欧盟作为中国最大的贸易伙伴，中欧之间的经济联系密切，维护欧洲经济的稳定有助于保证中国进出口贸易的稳定；二是欧元是全球第二大货币，维护欧元的稳定有助于制衡美元的垄断实力，为提升人民币的国际地位创造空间；三是在经历主权债务危机打击之后，欧元资产估值较低，欧元汇率相对处于低位，欧元资产具有一定的投资价值。例如，2013 年以来，欧元对美元呈较稳定的升值态势，约升值 4% 左右。因此，从短期角度来看，中国从欧元投资中获得了一些汇率升值的收益。

不过，未来一段时间，欧元相对于美元将可能失去继续升值的动力，基本因素有两点：一是在美联储逐步退出量化宽松政策之际，欧洲中央银行的量化宽松政策却有加码的趋势。为缓解欧元区通货紧缩压力，欧洲央行于 2014 年 6 月 5 日将再融资利率削减至 0.15%，隔夜存款利率削减至 -0.1%，从而，欧洲央行成为全球首个实行负利率的主要央行。二是美国的经济复苏速度和经济弹性明显优于欧元区，这有利于美元汇率走强。但是，欧元汇率不会大幅下跌，因为欧元区的核心国家德国属于坚定的反通货膨胀者，过于宽松的货币政策、较高的通货膨胀和疲弱的欧元不符合德国的利益。

值得指出的是，中国外汇储备对欧元区的股票资产表现出浓厚的投资兴趣。官方货币与金融机构论坛（Official Monetary and Financial Institutions Forum，OMFIF）发表的《全球公共投资者》（Global Public Investor）报告声称，国家外汇管理局已成为“全球最大公共部门股票持有者”，其正尝试直接买入一些欧洲重要企业的少数股权。这表明，过去一年多来，中国外汇储备的资产多元化已加速推进。

八　中国外汇储备的投资收益

目前，中国外汇储备高达3.82万亿美元，对中国外汇储备的投资收益率状况进行全面评估显得非常必要。我们将基于TIC、日本银行以及其他可资利用的公开信息，对中国外汇储备的构成和收益率进行推测与估计。估算步骤包括：首先，推测中国外汇资产的币种结构和证券品种构成；其次，确定各证券资产的收益率；再次，以美元为计价单位，估算中国外汇储备的投资收益；最后，比较中国外汇储备、主权财富基金和一般外汇资产的投资收益状况。

根据国家外汇管理局的年报，可推测出中国外汇储备的货币资产主要包括美元、欧元、日元、英镑和澳元等货币。另外，外汇储备委托贷款也是中国外汇储备的一个重要组成部分。基于前文的分析，我们可以大致推算出中国外汇储备的币种结构。例如，2013年，美元、欧元、外汇储备委托贷款、日元、英镑、澳元占中国外汇储备的比重可能依次约为53.4%、28.6%、6.5%、4.4%、4.0%、3.0%。

关于中国外汇储备的资产品种结构，目前尚无公开披露的数据。从我们掌握的信息看，中国外汇储备的资产种类构成已趋于多元化，不仅包括传统的发达国家政府债券、机构债券、股票、企业债券和银行存款，而且包括风险性较大的另类股权投资等。事实上，国家外汇管理局已经拿出一部分外汇储备用于高风险、高收益的另类股权投资。我们可从中国外汇储备的实际管理机构——中央外汇业务中心的机构组成方面一窥端倪。目前，中央外汇业务中心已设立了华安公司、华新公司、纽约交易室、华欧公司和法兰克福交易室5家驻外机构，涉足另类主权投资领域。据主权财富基金研究所（SWF Institute）2014 年 1 月发布的数据，华安公司管理的外汇资产达 5680 亿美元，仅次于挪威政府全球养老基金、阿布扎比投资局、沙特 SAMA Foreign Holdings、中投公司，位居全球第 5 大主权财富基金。同时，国家外汇管理局还通过国家开发银行、中国进出口银行向从事对外贸易投资的国内大型企业发放委托贷款。

为便于测算外汇储备的收益率，我们基于可利用数据，作如下假定：首先，美元资产包括股票、长短期美国国债、机构债券、公司债券，其资产结构来源于 TIC 数据。我们用 3 月期、5 年期的美国国债收益率分别代表美国短期、长期国债的收益率；用标准普尔 100 指数的年度变动状况代表股票投资收益率；用美国 10 年期国债的收益率加上 100 个基点代表机构债券的收益率；用穆迪 Aaa 信用级别公司债的平均收益率代表美国公司债券的收益率。表 3—7 列示了美国证券资产的收益率。其次，日元资产包括股票、长短期政府债券，其资产结构来源于日本银行。我们用 Nikkei 225 股票指数的年度变动率代表股票投资收益率，用 6 月期、10 年期日本国债的收益率分别代表日本短期、长期国债的收益率。最后，欧元、英镑和澳元资产均全部为欧元区、英国和澳大利亚的长期政府债券，并用其长期国债的收益率来代表各币种的投资收益率。

表 3—7　　　　　　　　**美国证券资产的收益率**

	国债		股票	机构债券	公司债券
	3 月	5 年			
2005	3.17%	4.05%	-0.92%	5.29%	5.24%
2006	4.73%	4.75%	15.86%	5.79%	5.59%
2007	4.39%	4.43%	3.82%	5.63%	5.56%
2008	1.44%	2.80%	-37.06%	4.67%	5.64%
2009	0.16%	2.19%	19.13%	4.26%	5.31%
2010	0.14%	1.93%	10.08%	4.21%	4.94%
2011	0.06%	1.52%	0.86%	3.79%	4.64%
2012	0.09%	0.76%	13.28%	2.80%	3.67%
2013	0.06%	1.17%	27.40%	3.35%	4.24%

资料来源：CEIC。

注：美国机构债券的收益率为美国 10 年期国债的收益率加上 100 个基点。股票为标准普尔 100 股票，公司债券为穆迪 Aaa 信用级别公司债券。

2013 年，随着美国经济的稳定复苏和股票市场的强劲反弹，以及美国量化宽松政策逐步退出预期引发的美国证券资产收益率上升，导致中国外汇资产的收益率明显上升。2013 年，中国外汇储备中的美元资产投资收益率由 2012 年的 2.79% 大幅升至 5.63%，主要应归咎于股票收益率由 13.28% 飙升至 27.40%、较大幅度增持股票资产、债券资产收益率普遍上升（见表 3—7、表 3—8）。需要指出的是，表 3—8 中的各项外汇资产投资收益率未考虑市场利率变化对债券价格的估值影响。外汇储备中欧元资产收益率因欧洲主权债务危机的逐步趋于平复而出现下降，由 2012 年的 3.05% 降至 2013 年的 1.86%，但由于欧元相对于美元在 2013 年出现了明显的升值，以美元计价的欧元资产收益率相应由 2.78% 升至 6.34%。在极度宽松货币政策的作用下，尽管日元政府债券的收益率出现了明显下滑，不过，日本 Nikkei 225 股票价格指数在 2013 年飙涨了 56.7%，致使日元资产收益率上升至 10.54%。但由于日元兑美元汇率在 2013 年下降了 19%，导致以美元计价的 2013 年日元资产收益率大幅下跌至 -8.47%。这与欧元资产形成了鲜明对比。

需要指出的是，我们对中国外汇储备资产收益率的估计方法不尽完善，既有高估也有低估。具体表现在：一是将中国持有的美国的股票和企业债券以及日本的股票等高收益率资产全部算在中国外汇储备资产的名下，从而加大了外汇储备资产收益率估计的误差，在股票市场繁荣时期倾向于高估外汇储备收益率，在资本市场低迷时倾向于低估外汇储备收益率；二是中国外汇储备主要持有长期美国证券资产，存量的证券资产比例非常大，而存量证券资产收益率大幅高于新发行证券资产的收益率，而我们只计算当年美国长期债券的收益率，这倾向于低估外汇储备的收益率；三是近年来中国外汇储备管理思路出现明显转变，更为强调收益性目标，如在国外设立分支机构、加大另类股权投资力度、投资新兴经济体等，由于数据缺乏，我们仅假定中国外汇储备对美、日以外的投资全部配置于欧元区、英国和澳大利亚等发达国家的长期政府债券，这显然低估了中国外汇储备的投资收益；四是忽视了估值效应的影响。中国外汇储备资产绝大部分是长期债券资产，市场利率的变化会对长期债券的价格产生显著影响。在利率下降时，债券的估值效应为正，而在利率上升时，估值效应为负。不过，中国外汇储备投资的长期债券通常是

表 3—8　**中国、挪威主权财富对外投资的收益率**　单位:%

	中国外汇储备							中国境外资产	中投境外资产	挪威主权财富基金
	美元资产	欧元资产		日元资产		委托贷款	合计			
		欧元	美元	日元	美元					
2005	4.52	2.85	-8.68				2.31	2.94		11.1
2006	5.27	3.64	14.97	2.66	3.63		6.83	2.97		7.9
2007	4.95	4.20	14.45	-3.42	0.91		6.73	3.17		4.3
2008	0.38	3.99	-3.21	-11.86	11.34		-1.71	3.47	-2.1	-23.3
2009	3.55	2.88	10.79	1.38	2.85		6.50	2.88	11.7	25.6
2010	3.10	2.79	-6.52	-0.32	7.61		1.84	3.13	11.7	9.6
2011	1.81	4.36	3.86	-2.51	4.61		2.81	2.70	-4.3	-2.5
2012	2.79	3.05	2.78	4.15	-3.00	2.5	2.51	2.77	10.6	13.4
2013	5.63	1.86	6.34	10.54	-8.47	2.5	5.05	3.04	9.33	16.0
均值	3.56	3.29	3.86	0.08	2.44	2.5	3.65	3.01	5.70	6.9

资料来源:国家外汇管理局、中投公司、Norges Bank Investment Management (NBIM)和作者的计算。

注:中国境外资产年均收益率的计算方法为中国对外投资收益除以中国年度境外资产的均值。中国年度境外资产均值为中国上一年、当年的境外资产年末余额的数学平均值。中国对外投资收益数据源于国际收支平衡表经常账户下投资收益子账户的贷方,中国境外资产规模数据源于国际投资头寸表的资产方。

持有至期满，因而，从会计的角度看，利率变化对债券价格不产生估值效应。

表3—8 比较了中国不同类型境外资产的投资收益状况。2005—2013年，中国境外总资产投资收益较为稳定，介于2.7%—3.5%，年均收益率为3.01%。2005年以来，中国外汇储备资产的平均收益率为3.65%，高于中国境外总资产的收益率，反映了中国对外直接投资、对外贷款的回报率较低。2008—2013年，中国投资公司的年平均投资收益为5.70%，显著高于中国的外汇储备和境外总资产的收益水平。这表明，中国基本实现了通过设立主权财富基金来提高外汇资产收益率的目标。当然，中投的收益回报仍显著低于挪威主权财富基金——政府全球养老基金6.9%的收益水平。若排除2008年这一金融危机年份，中投公司与挪威政府全球养老基金之间的投资收益差距更大。这表明，在优化资产结构方面，中国主权财富的经营管理还有很大的改进余地。

九 中国外汇储备的充足性估计

从提高中国境外资产收益和中投公司的业绩角度，中国政府可考虑设立新的主权财富基金，或增加现有主权财富基金的资产规模。当然，作为一个大型发展中新兴经济体，中国需要保持足够的外汇储备，来维护人民币汇率的稳定运行，防范潜在的国际收支危机。因此，对于中国外汇储备的最优规模进行评估，大致确定外汇储备的过剩规模，并进而以此为基础，将外汇储备划分为流动性组合（最优规模）和投资性组合（过剩规模），流动性组合主要投资于流动性强、高信用等级发达国家政府债券，而投资性组合应主要投资于风险性较大、收益率较高的企业股权和债务证券。这既有助于防范货币和国际收支危机，又有助于适当提高外汇储备的投资收益。

我们可根据目前流行的拇指法则来估算中国外汇储备的最优规模。在衡量新兴经济体外汇储备的充足性或最优规模方面，有一些得到广泛认可的拇指法则。最为传统的拇指法是衡量一国外汇储备规模能否覆盖三个月的进口。运用最为广泛的Greenspan-Guidotti法则考察一国外汇储备能否完全覆盖其短期外债。Wijnholds 和 Kapteyn（2001）提议将M2的20%作为衡量外汇储备充足性的指标之一。他们认为，广义货币M2可被用于代表一国流动性资产的规模，而流动性资产在金融危机时易于兑换成外币资产而逃向境外。考虑到中国目前对资本项目仍能实行有效的资本管制，中国的金融系统是由银行部门主导的，且四大国有商业银行又主导着中国的商业银行系统，从而，中国发生资本外逃风险显著低于那些外汇储备规模较低、资本账户管制较松的新兴经济体。因此，在考察中国外汇储备的最优规模时，我们选择 M2 指标的权重是5%而不是流行的20%。

表3—9　**中国外汇储备的最优额及过剩额**　单位：亿美元

年份	短期外债	3个月进口额	5%×M2	储备最优额	储备过剩额
2005	1720	1650	1165	4535	3653
2006	1990	1980	1404	5374	5289
2007	2360	2390	1702	6452	8830
2008	2260	2830	2254	7344	12116
2009	2590	2510	2847	7947	16045
2010	3760	3490	3453	10703	17770
2011	5010	4360	4424	13794	18017
2012	5409	4543	5339	15291	17825
2013	6766	4873	6333	17972	20241

资料来源：CEIC 和作者的计算。

表3—9列示了中国外汇储备的最优额及过剩额。2005—2013年，随着中国经济开放度的快速提升和货币发行规模的迅速增长，中国对外汇储备的交易性需求和预防性需求的规模持续上升，年均增长率高达19.1%，但中国外汇储备的积累速度显著超过最优外汇储备规模的增长速度，其年均增速达21.2%，导致中国外汇储备实际规模均大幅超过了最优额，存在大量过剩，且过剩的外汇储备额基本呈连续增长的态势，其年均增长率达25.7%。2013年，中国外汇储备的最优规模为17972亿美元，而过剩的外汇储备额高达20241亿美元。显然，中国的外汇储备规模已远远超出由交易需求和预防需求所决定的最优水平。因此，中国外汇储备的管理思路应做适当调整，在继续坚持安全性、流动性原则的同时，要更为强调收益性。

十 政策建议

当前，中国应充分利用欧美发达国家企业资产估值较低，以及全球大宗商品已向下深幅调整的有利时机，转换外汇储备管理思路，将外汇储备的收益性目标置于优先地位，改革外汇储备管理体制，发挥外汇储备的国家财富功能，采取积极主动的外汇储备管理模式，减持长期政府债券，增加对企业的股权和债权、不动产与大宗商品的投资。

第一，将外汇储备收益性目标置于优先地位。在后金融危机时代，中国应顺应外汇储备管理的新趋势，适时调整外汇储备管理的原则和目标。中国应在继续强调外汇储备管理的“流动性”、“安全性”目标的同时，宜将“收益性”目标置于更为优先和重要的地位。在实际操作过程中，可考虑将中国的外汇储备分为流动性组合和投资性组合，流动性组合投资于高度流动性的欧美发达国家的政府债券，而投资性组合应适当增加对企业的债权和股权证券的投资。

第二，改革外汇储备管理体制，确立中央银行和财政部共同管理的“二元”模式。外汇储备是国家财富，对外汇储备的投资管理必须体现国家战略目标，单纯从央行角度进行战略决策和投资管理，缺乏实现国家战略目标的基础。需要在外汇储备管理体系中引入财政部门，从中央银行和财政部相结合这一更为综合和宏观的视角，来制定外汇储备的投资战略和管理策略。要逐步由中国人民银行单独管理的“一元”模式，向央行和财政部共同管理的“二元”模式转变。财政部在外汇储备投资战略方面提供导向性意见，中央银行及国家外汇管理局负责外汇市场干预、外汇储备投资管理。财政部下属的主权财富基金公司强调实行外汇储备资产的积极管理，追求“收益性”目标，而中国人民银行则对外汇储备实行消极被动管理，强调外汇储备的“安全性”和“流动性”目标。

第三，推进币种和证券品种的多元化，优化储备资产配置结构。中国应继续推进币种结构的多元化，适当减持美元资产，增持欧元资产和新兴经济体的资产。考虑到美国经济弹性及其发展前景明显优于欧洲、日本，在削减美元资产份额问题上，中国不宜操之过急。在未来一段时间，美元资产占中国外汇储备的比重应继续稳定在55%的水平上。目前，美国经济逐步向好，以及美联储逐步退出量化宽松政策，将对美国国债等无风险资产构成利空，而对企业股票和债券等风险资产构成利好，从而，美国国债价格将会稳步下跌，而美国的企业股票、债券和不动产的价格将会上涨。为降低美国国债的利率风险，中国货币当局宜适当增持2年期国债，减持10年期国债。未来，中国外汇储备多元化的重点，不是币种的多元化，而应是证券品种的多元化，即逐步降低国债的持有份额，加大对企业股票和债券的投资力度。

第四，完善外汇储备委托贷款和商业银行转贷款渠道，加大对“走出去”企业的资金支持力度。为充分利用当前后金融危机背景下难得的对外投资机遇，中国外汇储备应加大对开展境外直接投资的国内企业，特别是民营企业的资金支持力度。外汇储备管理部门应进一步完善向国有商业银行、国家开发银行发放委托贷款和转贷款的方式，向“走出去”寻求技术、资源和市场的企业提供信贷支持。这不仅能提高中国企业的国际经营能力，而且可提高外汇储备的收益率。

第五，适当增持黄金储备、战略物资储备和先进技术设备。黄金是一种有效的储备保值手段。目前，美国的黄金储备达7400吨，占其国际储备的比例高达76%，而德国、法国、意大利等欧元区国家的黄金储备均超过了60%，而中国人民银行持有的黄金储备仅为960吨，占中国国际储备的1.7%。目前，黄金价格已大幅下调，中国货币当局可考虑购置部分黄金。另外，中国可选择有利的价格时机，利用外汇储备来购买一些不可再生的资源，如石油、矿石资源、稀有金属等，满足国民经济建设对战略性物资的长远需求。同时，扩大进口先进技术、先进设备的免税范围，鼓励企业大量进行技术改造，提高国内企业的技术水平。

第六，研究设立新的主权财富基金或继续增资中投公司。当前，全球金融危机和欧洲主权债务危机为中国新设主权财富基金公司或增资中投公司提供了有利的时机。具体做法主要有：一是分别新设养老、能源主权财富基金，养老基金的资本金和投资收益用于弥补将来养老基金账户的亏空，缓解人口老龄化对中国政府未来的财政压力，而能源基金投资的海外能源资源权益主要用于保障中国能源供应的安全。养老基金、能源基金的资本金规模宜为2000亿美元。若资本金规模太小，对提高中国外汇储备资产的多元化和赢利能力不具实质性影响。这两家新设立的主权财富基金可借鉴中投的经验，由财政部单独注资，采取发行特别国债的方式通过间接途径购买中央银行的外汇储备资金。财政部应是养老基金、能源基金的唯一股东，行使出资人的职责权限。二是增资中国投资公司，将一部分外汇储备资产划拨给中投公司，追求风险可控条件下的储备资产收益最大化。另外，在中国主权财富管理的现有体制模式不变的条件下，国家外汇管理局应继续兼顾流动性投资和风险性投资，但显著增加风险性投资组合的资产规模。

第四章

中国外汇储备的经济成本

一　问题提出与文献综述

目前，中国外汇储备的规模高达 3.3 万亿美元，约占全球外汇储备总量的 30%。中国持有巨额外汇储备，虽可有效维持人民币汇率稳定，防范货币和债务危机，维护出口需求和国内就业的稳定，但亦为此付出了高昂的经济成本，如机会成本、冲销成本、经济扭曲成本、金融压制与金融不稳定风险等。特别是全球金融危机和欧美主权债务危机，以及发达国家频频推出的竞争性量化宽松货币政策，引发了社会各界对中国外汇储备资产损失风险问题的广泛关注。因此，对中国持有外汇储备的经济成本和潜在风险进行系统分析与客观评估，对于我们理性审视并适时调整中国现行的汇率制度和外汇储备管理制度，具有重要的理论价值与实践意义。

中国和一些东亚新兴经济体迅速增长的外汇储备触发了理论界关于外汇储备经济成本问题的研究兴趣。Greenwood（2008）全面分析了外汇储备的成本，主要有：经济结构扭曲，出口部门过度扩张，非出口部门发展受限；压制金融部门的发展，扭曲市场利率水平和商业银行的资产组合，商业银行被迫持有大量低收益的央行资产而不是高收益的商业贷款；央行代替了企业和消费者集中持有外汇资产，妨碍了投资者持有高收益、多样化的国外资产组合；急剧上升的外汇储备，导致其主要投资对象——美国国债的收益率大幅下降。Rodrik（2006）对来源于国际信贷的外汇储备的机会成本作了细致分析。首先，在强制结售汇制度下，私人部门的外债增加导致了中央银行的国外资产一对一的上升，国外资源向国内的净转移量为零。其次，私人部门最终追加持有的政府债券或央行债券量等于其对外借款金额，短期国外借款并未提高国内私人部门的投资能力。最后，若将国内私人部门和公共部门的资产负债表合并，净效应是发展中国家的国内私人部门以支付高利息成本为代价（包括风险溢价），在国际金融市场上借入短期资金后，由该国的中央银行投资于低收益率的外国政府债券。

基于对中国外汇储备规模的预测，张曙光、张斌（2007）不仅分析了中国积累外汇储备对央行资产负债表的影响，而且测算了其机会成本和经济扭曲成本。外汇储备的持续积累，将导致货币当局的外汇资产（国外资产）和国内债务（央行票据）的持续上升，加剧央行资产负债的货币错配程度。在机会成本的测算方面，他们将美国国债利率和国外银行存款利率作为外汇储备的收益率，并分别选取央行票据收益率、工业资金利税率和全部资本收益率为国内投资收益率，其预测结果显示，2005—2010 年，中国货币当局的直接损益为正，但其他方面福利损益均为负。他们还指出，中国外汇储备的持续积累，导致可贸易部门的工资收入相对于资本收入的比例下降，促进了出口部门的投资进一步增长，致使资源配置偏向可贸易品部门，从而国内经济出现结构失衡。

冲销成本是学术界关注的重点。对冲销成本的研究主要关注两个方面：一是准财政成本。大量研究认为，在中央银行通过发行高收益率国内债券的方式来购买低收益外国政府债券的条件下，外汇冲销操作将带来准财政成本。Calvo、Leiderman 和 Reinhart（1993）发现，拉美国家外汇冲销的准财政成本占 GDP 的比重介于 0.25%—0.5%。根据 Kletzer 和 Spiegel（1998）的测算，太平洋地区国家（地区）外汇冲销的准财政成本占 GDP 的比例基本相同，新加坡、中国台湾的季度冲销成本最高可达 GDP 的 1%。Hauner（2006）发现，多数国家在 1990—2001 年期间持有外汇储备而赢利，但在 2002—2004 年出现了大面积亏损。二是金融抑制成本。Mohanty 和 Turner（2006）分析了外汇冲销对中央银行资产负债表、银行部门和私人部门的影响，认为冲销操作将导致货币失衡和金融失衡。一些学者认为，法定准备金率的提高致使商业银行的赢利能力下降，银行部门在与非银行金融机构的竞争中处于劣势地位，可能导致“脱媒”现象出现（Spiegel，1995；Lavigne，2008）。

中国外汇冲销成本是学术界关注的焦点。张曙光、张斌（2007）认为，冲销操作导致央行票据和准备金存款在金融机构总资金运用中的比例上升，对金融机构的赢利能力带来严峻挑战，而且，央行票据的大规模发行，将使得期限较短的央行票据成为债券市场的主导产品，从而，市场对中长期债券的需求将会增加，债券市场收益率曲线将呈扁平化特征，债券市场在合理定价、优化资源配置上的功能将弱化。Aizenman 和 Glick（2008）的研究显示，中国及其他一些新兴经济体的外汇冲销的相对收益显著下降，意味着冲销可持续性存在着明显的限制。Christer、Yi 和 Zou（2009）指出，中国外汇冲销的成本之所以处于可控制的范围，主要是因为货币当局主要采取了市场扭曲型冲销措施，如提高准备金率、利率管制和信贷规模控制，而不是国债回购和发行央行票据等成本较高的公开市场操作方式，但随着外汇储备规模的继续增加，外汇冲销成本将会急剧上升，这显然将危及货币当局控制物价的能力。Zhang（2012）认为，通过双重金融抑制机制，中国在中央银行、商业银行和家庭部门之间建立了冲销成本的分担机制。商业银行通过被迫购买低收益率的央行票据和维持高法定存款准备金率的方式，承担了部分冲销成本。中国居民通过被迫接受负实际存款利率而承担部分的外汇冲销成本。

然而，目前学术界对于中国外汇储备成本的研究仍处于较浅的层次，不仅没有一个清晰的理论分析框架，也缺乏具体的数值测算。基于这一考虑，本章试图构建一个简明的外汇储备经济成本的分析框架，系统测算中国持有外汇储备的机会成本和冲销成本，深入剖析中国积累外汇储备的经济扭曲成本、资产损失风险和金融稳定风险。相比较于张曙光、张斌（2007）等前期研究，我们测算方法的特点在于：一是在估算外汇储备的机会成本时，考察了中国外汇储备的动态来源结构，分别测算了“挣”、“借”两种外汇储备来源方式的国际融资利息成本、放弃国内投资回报的机会成本；二是充分利用央行票据和法定准备金存款的规模、利率等数据信息，对中国货币当局的主要冲销工具（央行票据和法定准备金存款）的加权平均利率和冲销利息成本的绝对规模作了细致的测算。本章结构安排如下：第二部分提出一个简明的外汇储备成本分析框架；第三部分从国际融资利息成本和放弃国内固定资产投资回报的角度，测算中国持有外汇储备的机会成本；第四部分估算央行票据和法定准备金存款等中国两大冲销工具的加权平均利率，并测算2003年以来中国货币当局冲销操作的利息成本；第五部分剖析中国积累外汇储备所面临的经济扭曲成本、资产损失风险和金融稳定风险；最后，总结全章并提出政策建议。

二 一个简明的外汇储备成本分析框架

本部分遵循 Hauner（2006）的分析思路，构建一个简明的外汇储备成本分析框架，探讨外汇储备成本的决定因素。现将一国财政和货币当局的合并预算约束式表示为：

$$\frac{MB_t - MB_{t-1}}{P_t} + \frac{B_t - B_{t-1}}{P_t} + \frac{E_t(D_t - FR_t) - E_{t-1}(D_{t-1} - FR_{t-1})}{P_t} + T_t + J_t =$$

$$C_t + I_t + \frac{r_t B_{t-1}}{P_t} + E_t \frac{r_t^f D_{t-1} - r_t^* FR_{t-1}}{P_t} \tag{4.1}$$

其中，MB_t 为基础货币，B_t 为以本币计价的国内债务，E_t 为用间接法度量的名义外汇汇率（一单位外币等于多少单位本币），C_t 为政府消费，D_t 为政府外债，FR_t 为外汇储备，I_t 为政府固定资产投资，J_t 为政府存量资本的投资收益，r_t、r_t^f 分别为国内债务、国外债务的收益率，r_t^* 为外汇储备的收益率，P_t 为物价水平。同时，令 τ_t 为税率，Y_t 为产出水平，K_t 为总资本存量，K_t^G 为政府资本存量，δ 为折旧率，r_t^k 为政府投资项目的私人回报率，则有 $T_t = \tau_t Y_t = \tau_t r_t^k K_t$，$I_t = \Delta K_t^G + \delta K_{t-1}^G$，$J_t = r_t^k K_t^G$。显然，上式左边表示财政货币当局的收入，包括货币发行、国内外债务发行、税收和投资收益，而等式右边为财政货币当局的支出，包括政府消费、固定资产投资、国内债务利息、国外净债务利息（外债利息与外汇储备投资收益的差额）。

鉴于一国财政货币当局在国内债务、国外债务上支付的利息成本与其外汇储备投资收益和公共资本投资的收益率存在着明显的差别，该国积累外汇储备将不可避免地产生一系列成本。具体而言，一国持有外汇储备的成本可分解为下述四种类型：

首先，一国因积累外汇储备放弃了其他途径的投资而形成的机会成本。一国政府可将外汇储备用于偿还外债或投资于固定资产。偿还外债方式的机会成本决定于外债的利息成本 r_t^f，而固定资产投资方式的机会成本等于政府投资项目的私人回报率 r_t^k。为简便起见，政府投资项目的私人回报率与国内私人投资项目的回报率相等。因此，持有外汇储备的机会成本取决于偿还外债所节省的利息成本和固定资产投资的收益孰大孰小。从而，积累外汇储备的机会成本可表示为：

$$C_t^1(FR_t) = \max(r_t^f, r_t^k)\ FR_t \tag{4.2}$$

其次，持有外汇储备的一项重要成本是外汇冲销操作所引发的冲销成本及准财政成本。为抵消外汇储备积累对国内货币供给的影响，货币当局通常通过回购国债和发行央行债券的方式来对冲资本流入，并需要为所回购的国债和发行的央行债券支付利息。在国内利率明显高于国际利率的情况下，货币当局持有的外汇储备的收益率将明显低于冲销债券的利息率，从而，中央银行持有外汇储备将产生准财政成本。考虑到货币当局发行的冲销债券均有一定的时间期限，为确保新增外汇储备得到永久性的冲销，冲销债券的发行需采取滚动的方式，即在旧冲销债券到期后需立即发行新的债券。根据 Kletzer 和 Spiegel（2004），t 期新增外汇储备 ΔFR_t 的未来预期冲销成本的现值可表示为：

$$C_t^2(\Delta FR_t) = E_t \sum_{j=1}^{\infty} I_{t,t+j}(r_{t+j} E_t \Delta FR_t) \tag{4.3}$$

其中，$I_{t,t+j} = \prod_{i=t+1}^{t+j}\left(\frac{1}{1+r}\right)$ 为未来各期冲销成本的折现因子。

再次，外汇储备投资于外国政府债券可获得一定的投资收益，但也很可能因所投资货币相对于本币贬值和外国政府违约而遭受投资损失。在 t 期末，以本币计价的外汇储备因汇率变动而引起的外汇储备的价值变动额可表示为 $FR_t(E_t - E_{t-1}) + (FR_t - FR_{t-1})(E_t^a - E_t)$，其中，$E_t^a$ 为 t 期本币汇率的平均水平。从而，以本币衡量的外汇储备投资收益取决于外币资产的收益率 r_t^* 和本币相对于外币的升值幅度 $d_t = -\Delta E_t / E_{t-1} = 1 - E_t / E_{t-1}$。令 $\theta(0 \leqslant \theta \leqslant 1)$ 为主权债务违约风险系数，主权违约风险越小，违约风险系数值 θ 越低，从而，主权债务违约所导致的外汇储备损失为 θFR_t。因此，可将因储备货币贬值和主权债务违约所带来的外汇储备损失表示为：

$$C_t^3(FR_t) = (d_t r_t^* + d_t + \theta) FR_t \tag{4.4}$$

最后，货币当局积累外汇储备及其冲销操作所引发的另一个不容忽视的成本是经济扭曲。主要体现在：一是外汇储备积累缓解了本币升值压力，导致出口部门过度扩张，非出口部门发展受限。二是货币当局代替了企业和消费者集中持有外汇资产，妨碍了投资者持有高收益、多样化的国外资产组合。三是外汇冲销操作抑制了金融部门的发展，扭曲了市场利率水平和商业银行的资产组合，商业银行被迫持有大量低收益的央行资产而不是高收益的商业贷款，降低了资源配置效率。经济结构扭曲、金融压制和资源配置效率扭曲将导致资本的边际产出 r_t^k 和产出水平 Y_t 下降。令

$\varphi(0<\varphi<1)$ 为资源配置扭曲系数，经济扭曲程度越严重，φ 越大。从而，经济效率扭曲成本体现为政府固定资产投资收益和税收收入的下降，具体可表示为：

$$C_t^4(FR_t)=\varphi(J_t+T_t) \tag{4.5}$$

除成本之外，一国积累外汇储备也能带来好处。其中，一个重要好处是可降低该国政府和企业在国际市场上筹资的风险升水水平，从而其对外融资成本下降。假定一国政府和企业的国际融资成本 r_t^f 与其外汇储备占GDP的比例负相关，即有 $r_t^f(FR_t)=\propto-\rho FR_t/Y_t+\gamma X_t$，其中，$\rho(\rho>0)$ 为对外融资利率对外汇储备水平的弹性系数，X_t 为影响一国对外融资利率水平的控制变量向量。相对于零储备，持有外汇储备所带来的成本贡献（利差）为 $r_t^f(FR_t)-r_t^f(0)=\rho FR_t/Y_t$。从而，持有外汇储备在降低一国对外融资成本上的收益（负成本）可表示为：

$$C_t^5(FR_t)=-\rho(FR_t/Y_t)D_t \tag{4.6}$$

将上述四项成本和一项收益汇总起来，可得出一国持有外汇储备的总成本为：

$$C_t(FR_t)=[\max(r_t^f,r_t^k)+d_t r_t^*+d_t+\theta-\rho(D_t/Y_t)]FR_t+\varphi(J_t+T_t)$$
$$+E_t\sum_{j=1}^{\infty}\prod_{i=t+1}^{t+j}\left(\frac{1}{1+r}\right)(r_{t+j}E_t\Delta FR_t) \tag{4.7}$$

式（4.7）显示，一国持有外汇储备的成本为放弃偿还外债所减轻的利息负担或放弃国内固定资产所减少的投资收益（机会成本），加上储备货币贬值和主权债务违约所带来的资本损失（剔除储备资产收益率）、外汇冲销成本的预期现值与经济扭曲成本，减去因持有外汇储备而引起的对外融资成本下降所节省的成本。

三 机会成本

外汇储备的机会成本是一个宏观经济概念，它指一个经济体为持有外汇储备而放弃偿还外债或国内固定资产投资所付出的经济代价，而不考虑外汇储备来源结构及其持有者。外汇储备的资金来源主要有两个渠道：一是“挣”。一国可以不通过国际借贷，而是通过扩大出口和减少进口以获取经常盈余的方式来积累外汇储备。二是“借”。通过“借”的方式积累外汇储备是一个很宽泛的概念。“借”外汇储备不仅包括一国中央银行或中央政府在国际市场上发行主权债券，也包括该国资本账户流入的资金，如 FDI、证券资产和银行贷款等资金（见图 4—1）。需要指出的是，外汇储备是由官方抑或私人部门借入，对于国内货币供给和汇率风险有着重要影响。中央银行在国际金融市场上举借外债，外汇储备规模将上升，但不会引发国内货币扩张和相应货币冲销操作，而私人部门借入的 FDI 资金确实对国内货币供给产生影响。FDI 和证券资本的流入国不必承担汇率风险，而政府和私人部门在国际市场的借贷行为，不仅必须支付利息成本，而且需承担因外币价值波动引起的汇率风险（贷款以外币计价）。

一国持有外汇储备机会成本的计算方法，在很大程度上取决于其外汇储备的资金来源结构。对于"借"入的外汇储备而言，机会成本为偿还外债的利息成本，等于储备持有国的政府和企业在国际金融市场上的融资成本（以美元计价）与其外汇储备的投资回报率之间的利差。对于"挣"得的外汇储备来说，机会成本为该国政府和企业放弃国内固定资产投资所损失的投资回报与外汇储备收益率之间的利差。这种方法对数据的依赖度相对较低，与主要依靠经常账户盈余而不是国际借贷方式积累外汇储备的国家的情形较为一致。考虑到新兴经济体的低人均收入水平，其推迟投资或消费的边际成本应远高于发达经济体，因此，新兴经济体应逐步削减外汇储备的持有规模。

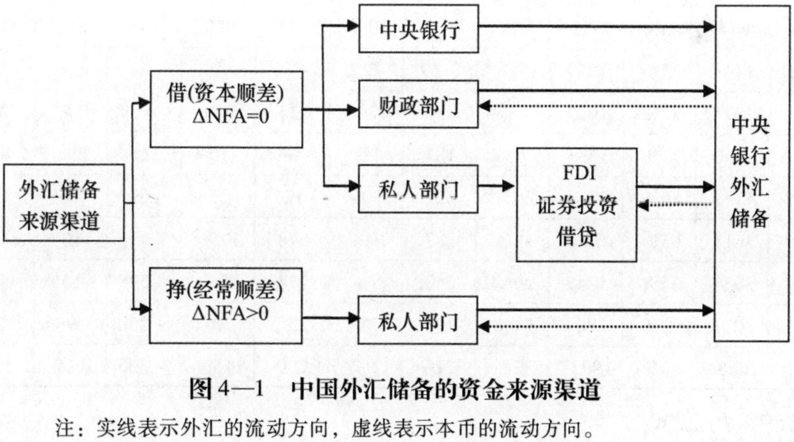

图 4—1　中国外汇储备的资金来源渠道

注：实线表示外汇的流动方向，虚线表示本币的流动方向。

表 4—1 显示了中国 2001—2011 年外汇储备的资金来源结构，其中，通过出口方式"挣"得的外汇储备占主体地位，通过国际债务方式获取外

汇储备占次要地位。2001—2011年，在中国新增的3.18万亿美元外汇储备中，通过经常顺差方式“挣”得的外汇储备达2.07万亿美元，占65%，而通过国际债务方式“借”取的外汇储备资产达1.11万亿美元，约占35%。在以国际债务方式筹集的外汇储备资产中，流动性较低的FDI流入占据了绝大部分份额，达1.02万亿美元，占国际债务总额的91.8%，证券资本流入规模约为726亿美元，占国际债务总额的6.5%，而遗漏与误差账户存在着相对小规模资本的净流出。2001—2003年，FDI资本流入是中国外汇储备最重要的资金来源，年均FDI净流入规模达438亿美元，为年均经常顺差额329亿美元的1.3倍。2004年以来，经常账户资本流入额持续超过FDI，成为中国外汇储备最为重要的资本来源。2004—2011年，年均经常顺差规模达2463亿美元，为年均FDI流入量1115亿美元的2.2倍。

表4—1 **中国外汇储备的来源结构** 单位：亿美元

	经常账户		FDI		证券投资		其他投资		遗漏与误差		外汇储备
	规模	比例	规模	比例	规模	比例	规模	比例	规模	比例	
2001	174	37%	374	79%	-194	-41%	169	36%	-47	-10%	474
2002	354	47%	468	62%	-103	-14%	-41	-5%	75	10%	752
2003	459	33%	472	34%	114	8%	-59	-4%	389	28%	1375
2004	687	36%	531	28%	197	10%	379	20%	105	6%	1898
2005	1341	53%	1059	42%	-49	-2%	-40	-2%	158	6%	2510
2006	2327	82%	1029	36%	-676	-24%	133	5%	-7	0%	2847
2007	3540	77%	1431	31%	187	4%	-697	-15%	115	2%	4607
2008	4124	86%	1217	25%	427	9%	-1211	-25%	209	4%	4796
2009	2611	65%	703	18%	387	10%	678	17%	-414	-10%	4005
2010	3054	65%	1249	26%	240	5%	724	15%	-598	-13%	4717
2011	2017	52%	1704	44%	196	5%	255	7%	-350	-9%	3848
合计	20688	65%	10237	32%	726	2%	290	1%	-365	-1%	31829

资料来源：CEIC。

下面，我们从国际融资利息成本和国内投资回报两个视角，测算中国持有外汇储备的机会成本。外债部分的机会成本是国际借贷利息成本，经常顺差部分的机会成本为放弃的国内固定资产投资收益。出于计算方便的考虑，我们假定2001年以来中国各年度的外债（包括FDI、证券投资和贷款等）比例等于外债增量的累计额占外汇储备增量的累计额的比例，经常顺差比例等于经常顺差的累计额占外汇储备增量的累计额的比例。

根据Wijnholds和Sondergaard（2007）的思路，我们假定中国企业在国际资本市场上的短期（期限6个月）融资成本为10年期美国国债收益率加上国别风险溢价，中国外汇储备于6个月期美国国债和机构债券，外汇储备的收益率为美国6个月国债收益率加上50个基点。另据他们的数据，我们换算出中国2007年3月在国际金融市场融资的风险溢价为110个基点。鉴于中国风险溢价数据的不可获得性，我们假定中国的风险溢价均为110个基点。这与中国主权债务信用评级长期稳定的状况较为吻合。

如表4—2所示，2001年以来，随着中国外汇储备规模的持续增长和美国短期国债收益率的大幅下降，中国因持有外汇储备而放弃偿还外债的机会成本绝对额及其占GDP的比例均迅猛上升。2001—2011年，中国外汇储备的外债部分年均国际融资利息机会成本为129亿美元，占GDP的比例为0.34%。2008年以来，受美联储量化宽松货币政策的影响，美国短期国债利率大幅下挫，接近于零利率，导致中国外汇储备中的外债部分的机会成本大幅上升。2011年，中国外汇储备中的外债部分的机会成本达342亿美元，占GDP的比例为0.47%。这一数据远远高于一些新兴经济体的水平，如波兰的0.03%、委内瑞拉的0.48%（Wijnholds和Sondergaard, 2007）。这表明，中国的外汇储备已远超合理的水平。

表4—2也列出了中国2001—2011年因持有外汇储备而放弃国内固定资产投资而产生的机会成本。我们用国内固定资产投资的收益率作为积累外汇储备的机会成本。一些学者将外汇储备积累国的国债收益率作为该国的固定资产投资收益率（Jeanne和Ranciere, 2007），这一做法明显低估了发展中国家的资本边际生产力。主要原因在于：一是发展中国家的资本相对稀缺，资本边际生产力较高，固定投资收益率应显著高于其国债利率；二是发展中国家均存在不同程度的金融压制，利率受到人为管制，其国债等债务证券的利率水平不能准确反映资本的稀缺程度。不过，固定资产投资边际生产力数据非常难以获取。据世界银行的一项固定资产投资收益率的调查，各国的资本边际生产力介于10%—20%（Wijnholds和Sondergaard, 2007）。另据一项研究所提供的信息，外国投资企业在中国的投资

表4—2　　**中国持有外汇储备的机会成本**　　单位：亿美元

	借贷成本	外储收益	借贷机会成本		投资机会成本		总机会成本	
			规模	GDP占比	规模	GDP占比	规模	GDP占比
2001	6.12%	3.94%	26	0.20%	77	0.58%	103	0.78%
2002	5.71%	2.22%	50	0.34%	137	0.94%	187	1.28%
2003	5.11%	1.58%	76	0.46%	176	1.06%	252	1.52%
2004	5.37%	2.11%	104	0.54%	243	1.25%	347	1.79%
2005	5.39%	4.00%	57	0.25%	338	1.48%	395	1.73%
2006	5.89%	5.49%	17	0.06%	486	1.75%	503	1.81%
2007	5.73%	5.11%	31	0.09%	788	2.26%	819	2.35%
2008	4.77%	2.16%	147	0.33%	1506	3.33%	1653	3.66%
2009	4.36%	0.78%	256	0.51%	2074	4.09%	2330	4.60%
2010	4.31%	0.70%	315	0.53%	2503	4.30%	2818	4.83%
2011	3.89%	0.65%	342	0.47%	2811	3.86%	3153	4.33%

资料来源：CEIC和作者的计算。

注：中国企业短期（6个月）国际借贷成本为10年期美国国债收益率加上中国风险溢价(110个基点)，中国外汇储备投资收益为6个月美国国债收益率加50个基点，中国国内固定资产投资的平均收益率为15%，外汇储备规模为年均外汇储备规模（年首年尾外汇储备规模的数学平均值）。

回报率可能高达30%（Yu, 2008）。考虑到中国国内企业在生产技术、经营管理水平、人力资本素质和品牌知名度等方面与外商投资企业均有一定的差距，因此，中国国内投资的资本投资回报可能明显低于外商投资企业。据此，我们假定中国国内固定资产投资的平均收益率为15%。①

2001—2011年，中国外汇储备的经常顺差部分放弃国内投资的机会成本的平均规模达1013亿美元，占GDP的平均比例为2.26%。全球金融危机以来，由于美联储大幅削减市场利率，6个月期国债收益率几乎接近零，导致国内固定资产投资收益率与国债收益率的利差明显拉大。2011年，中国外汇储备的经常顺差部分的机会成本达2811亿美元，占GDP的比例为3.86%。

---

① 目前，中国的银行贷款的年利率约为7%，投资信托公司的贷款年利率约为10%。从而，中国国内固定资产的年平均回报率为15%是一个较为保守的假定。

表4—2显示，2001年以来，随着外汇储备规模的大幅攀升，中国持有外汇储备的机会成本急剧上升，由2001年的103亿美元升至2011年的3153亿美元，占GDP的比例也由0.78%升至4.33%。2008年全球金融危机和欧洲主权债务危机以来，欧美发达国家持续的量化宽松货币政策，导致中国外汇储备的投资收益率急剧下降，外汇储备的机会成本迅速上升。2008—2011年，中国外汇储备的机会成本达2488亿美元，占GDP的比例为4.36%，远高于2007年的819亿美元、2.35%的水平。

四　冲销成本

冲销成本是中央银行持有外汇储备的一项主要成本。中央银行干预外汇市场的行为，如卖出本币买入美元，不可避免地对本国的基础货币和货币供给总量产生影响。在通常情况下，中央银行会采取一些冲销措施，如发行央行票据、提高准备金率和银行贷款配额等，来部分或全部抵消外汇储备增加对国内货币供给的影响。中央银行需要为发行的央行票据和商业银行增加的法定准备金存款支付利息。这构成了央行持有外汇储备的冲销成本。

中国货币当局采取了多种冲销工具来对冲外汇储备上升对国内货币供给的影响，如回收再贷款再贴现、国债回购、发行央行票据、提高法定存款准备金率、银行信贷配额等。2002年以来，随着中国外汇储备和外汇占款规模的迅速上升，中国人民银行持有的国债规模显然远不能应付外汇冲销的需要，中央银行被迫于2002年6月开始发行央行票据，并于2003年9月开始提高法定准备金率。目前，发行央行票据和提高法定存款准备金率是两种最主要的冲销工具。

中国人民银行发行4种期限的央行票据：3月期、6月期、1年期和3年期。其中，3月期和1年期是主要的央行票据品种。2002—2008年，央行票据发行量增长迅速，但随后便稳步下降。2011年年底，央行票据存量为2.3万亿元，仅相当于2008年4.3万亿元峰值水平的53%。与央行票据的地位稳步下降形成鲜明对比的是，银行法定存款准备金率工具的冲销作用急剧上升。银行法定存款准备金率已由2003年9月的6%升至2012年5月的20%。近年来，中国人民银行之所以更偏好运用法定准备金率、银行信贷配额等行政性色彩较浓的冲销工具，可能是出于降低冲销成本的考虑。这是因为，法定准备金存款的利率远低于央行票据，并且，银行信贷配额根本不需要支付任何利息。

表 4—3　　**中国货币当局持有外汇储备的成本**　　单位：%

	央行票据利率				法定准备金存款利率	央票和法定准备金的利率均值
	3 月期	6 月期	1 年期	3 年期		
2002	2. 20	2. 11	2. 08	—	1. 91	0. 97
2003	2. 38	2. 45	2. 36	—	1. 89	2. 03
2004	2. 66	2. 45	3. 02	4. 14	1. 89	2. 28
2005	1. 47	2. 31	2. 12	3. 42	1. 89	1. 98
2006	2. 13	2. 25	2. 30	—	1. 89	2. 05
2007	2. 81	—	3. 19	3. 64	1. 89	2. 38
2008	3. 15	3. 69	4. 05	4. 56	1. 85	2. 57
2009	1. 03	—	1. 72	—	1. 62	1. 50
2010	1. 56	—	2. 07	2. 73	1. 62	1. 70
2011	2. 97	—	3. 37	3. 90	1. 62	1. 47

资料来源：中国债券网、CEIC 和作者的计算。

考虑到中国外汇冲销总体上是有效性的，以及央行票据和法定存款准备金率工具的启用时间，我们可作如下假定：一是 2002 年冲销程度不完全，2003 年以来外汇冲销程度是完全的；二是 2002 年的冲销成本为央行票据利率与央行票据净发行规模占当前外汇储备增量的比例的乘积；三是 2003 年以来冲销成本为央票利率与法定准备金存款利率的加权平均数，权重分别为央票净发行规模、调整后的法定准备金存款的增量占 2002 年以来外汇储备增量累计额的比例。

2002—2008 年，央行票据发行规模的迅速增加，以及央行票据的平均利率由 2002 年的 2. 13% 升至 2008 年的 3. 86%，导致中国货币当局的冲销成本稳步上升，央行票据和法定准备金存款的加权平均利率相应的由 0. 97% 升至 2. 57%。2009—2010 年，中国的政策性利率和准备金存款利率的下跌，以及央行票据发行规模占新增外汇储备比例的大幅下降，导致中央银行的冲销成本显著降至 1. 60%。2011 年，在央行票据的绝对发行规模急剧下降和货币当局高度依赖法定准备金率工具的情形下，尽管央行票据的收益率由上年的 2. 1% 升至当年的 3. 4%，但冲销成本仍由 1. 70%

降至1.47%。从总体上看，中国货币当局的冲销成本是可控的，但付出了金融压制的代价。

同时，我们可以利用现有数据测算中国货币当局外汇冲销的利息成本支出的绝对规模。目前，中国人民银行外汇冲销的利息成本支出主要包括：一是准备金存款利息；二是央行票据利息；三是国债正回购利息。计算方法如下：一是央行票据发行和国债回购的规模、期限与利率等信息均可通过公开途径获得，从而，对各期央行票据和国债的利息进行加总，便可得出央票发行与国债回购的利息总额；二是计算2003年9月以来各月度的央行准备金存款与2003年8月的准备金存款之间的差额，并将其视为因外汇冲销操作而增加的准备金存款；三是考虑到法定准备金存款利率高于超额准备金存款利率，我们对准备金存款利率作出上限、下限两种假定，上限利率为法定准备金存款利率，下限利率为法定准备金存款利率与超额准备金存款利率的加权均值，其权重依次为75%、25%。[①] 如表4—4所示，2003—2011年，中国人民银行发行央行票据的利息成本为7334亿元，国债回购的利息支出为33亿元，提高法定准备金率产生的利息成本介于6758亿元与7775亿元之间，总利息成本支出介于14125亿元和15142亿元之间，约占2011年中国GDP的3.0%—3.2%。

表4—4　**2003年4月—2011年12月的中国外汇冲销的利息成本总额**　单位：亿元

项目	央行票据	国债回购	准备金存款		合计	
			上限	下限	上限	下限
金额	7334	33	7775	6758	15142	14125

注：法定准备金存款利率明显高于超额准备金存款利率。上限假定准备金存款全部为法定准备金存款，下限假定准备金存款中的1/4为超额准备金存款。

五　其他潜在成本与风险

（一）经济扭曲成本

中国积累外汇储备的经济扭曲成本包括经济结构扭曲、资源配置效率

① 在中国货币当局连续提高法定准备金率的情况下，商业银行在中国人民银行的超额准备金率存款水平应很低，因而，超额准备金存款占准备金存款的比例为25%的假设，应是一个较为合理而保守的假定。商业银行持有的超额准备金存款的比例非常有可能低于准备金存款的25%。

扭曲、外汇资产结构扭曲和经济福利损失。具体分析如下：

首先，经济结构扭曲。中国持有巨额外汇储备及其冲销操作，虽有助于维持人民币名义汇率和国内物价水平的稳定，但在客观上拖延了人民币实际汇率的必要升值和调整的进程，从而倾向于促进出口部门的过度扩张，抑制房地产、医疗、教育和娱乐等国内产业部门的发展。这加剧了中国经济结构不平衡程度，延缓了中国经济增长方式战略调整的进程。

其次，资源配置效率扭曲。中国人民银行的存款准备金率政策对各商业银行流动性的影响是不对称的。绝大部分的外汇交易业务集中于大型商业银行，中小型银行基本没有什么外汇业务，流入的跨境资本所形成的流动性集中于大型银行。从而，中国人民银行频繁提高存款准备金率的一个后果是，导致外汇业务较多的大型银行的资金充裕和无外汇业务的小型银行的资金短缺并存，而中小银行的主要客户是中小企业，导致中小企业融资难问题加剧。鉴于中小企业的资源配置效率高于国有企业，这势必会降低银行信贷资金的配置效率。

再次，外汇资产结构扭曲。中国人民银行所持有的巨额外汇储备实际上替代了中国企业和居民持有的分散化、高收益的资产组合，如商业、工厂、地产和自然资源等，而不是仅集中于低收益的美国政府债券和美国机构债券。而且，中国急剧上升的外汇储备规模及对美国国债的巨大投资需求，导致美国国债及类似证券资产的收益率大幅下跌。

最后，经济福利损失。中国过度积累外汇储备与国内居民的消费偏低和储蓄过剩密切相关，不利于提高中国的经济利益和居民福利。过度积累外汇储备所形成的一个经济福利后果是：中国拿用辛勤的劳动和宝贵的资源生产出来的产品，换取不断贬值的美元纸币；中国人出于预防性动机，不敢充分消费自己生产的产品，提高自己的消费效用；而美国人通过开动印钞机，便轻易地坐享了中国人的劳动成果，维持其畸高的消费水平。

（二）资产损失风险

中国外汇储备面临着巨大的潜在资产损失风险。鉴于中国外汇储备资产绝大部分为高信用等级的发达国家长期政府债券，最近的全球金融危机并未对中国外汇储备资产造成明显损失。相反，在全球金融危机期间，中国可能因美国国债的收益率大幅下降所引发的价格显著上涨而获利。但是，旷日持久的欧美主权债务危机将会对中国外汇储备资产的安全构成严重威胁。目前，中国外汇储备面临的资产损失风险主要有：

首先，主权违约风险。中国外汇储备的主权违约风险主要集中于两个领域：一是希腊、爱尔兰和葡萄牙等欧元区的重债务国的政府债券。希腊政府已对私人投资者违约，其对公共债权人违约的风险仍然很高。这势必对中国持有的欧元区政府债券的市场价值产生负面影响。二是房地美和房利美发行的机构债券。房地美和房利美被逐步关闭，将对中国持有的美国长期机构债券的安全带来不确定影响。尽管美国财政部明确承诺，将确保“两房”拥有足够的资本履行其所作出的担保承诺和债务合约，但在美国财政风险居高不下的背景下，美国政府能否向“两房”提供足够的财政资金支持，是一个巨大的问号。另外，考虑到美国民主、共和两党在债务上限和财政悬崖问题上争论不休，美国国债也可能出现短暂的技术性违约。

其次，通货膨胀风险。中国外汇储备面临的主要风险不是显性的主权违约风险，而是隐性的债务（赤字）货币化风险，即通货膨胀风险。全球金融危机以来，美国、欧洲和日本等主要发达国家已实施多轮量化宽松货币政策，这势必将导致全球各主要货币的实际购买力下降，从而对中国外汇储备资产的实际购买力形成严重的负面冲击。近年来，欧元区痛苦的财政紧缩经历表明，在处理政府公共债务存量问题上，债务货币化是政治和社会阻力最小的一种解决方式。考虑到欧元区特别是德国坚定的反通货膨胀立场，中国持有美元资产的通货膨胀风险应显著高于欧元资产。事实上，美国已经实行了财政赤字货币化政策，如美联储连续推出的三轮量化宽松货币政策。美联储的量化宽松政策必将引起以美元计价的石油、天然气、铁矿石等大宗资源商品的价格大幅上涨，进而导致中国持有的美元资产的实际购买力大幅缩水。

再次，利率风险。欧美发达国家的量化宽松货币政策，导致其利率处于历史性低位。但是，这种零利率状况是不可持续的。随着全球金融经济系统逐步恢复稳定，对美国国债的需求将会下降，美国国债收益率将上升。同时，美国通货膨胀率的上升，将引起美国国债的名义收益率进一步上升。这将导致美国国债价格下跌，而美国长期国债价格的下跌将更为剧烈。在中国所持有的美国证券资产中，主要为长期固定收益证券资产（长期国债和长期机构债），股权资产和短期债券资产的比例过低。这一期限结构致使中国外汇储备易遭受利率风险的冲击。

最后，汇率风险。鉴于中国外汇储备主要投资于美国政府债券，其汇率风险主要表现为美元长期贬值风险。美国政府在解决财政问题上的低政治意愿和美联储事实上的债务（赤字）货币化政策，导致美元在中长期存在着稳定的贬值趋势。同时，考虑到欧洲主权债务危机很难在短期内得到解决，甚至还有可能出现恶化，欧元汇率的短期波动风险不容忽视。另外，日元通常是套利交易的融资货币，波动幅度大，对日元资产的汇率风险应保持警惕。事实上，安倍新政府近来实施日元贬值政策，已致使中国货币当局持有的日元证券资产价值遭受明显损失。

（三）金融稳定风险

中国外汇储备的持续快速增长必然伴随着大规模的外汇冲销操作。中国货币当局针对银行部门所采取的冲销措施，如大量发行央行票据、频繁提高存款准备金率和实施信贷规模控制，实质上是对银行部门的一种征税行为，迫使商业银行将大量资金提供给中央银行，而不是贷给其传统上的商业客户，如公司和个人消费者等。毫无疑问，央行票据的发行、准备金率的大幅提高和银行信贷规模控制将降低银行部门的利润率，导致银行对储户和借款人的吸引力下降，从而，银行信贷资产占社会金融资产的比重下降。

商业银行部门针对中央银行的冲销操作所作出的反应（即“冲销博弈”），将对中国金融系统的稳定产生重要影响。若银行可将冲销成本完全转嫁给借款人，将导致贷款利率上升和贷款规模下降（金融脱媒），银行的利润率将下降；若银行将冲销成本完全转嫁给储户，存款利率将下降，将导致银行存款规模下降，银行利润减少。在金融脱媒过程中，银行部门面临着巨大的赢利压力，为维持原有的利润率水平，银行部门在选择资产组合时倾向于承担更高的风险。

对于银行部门而言，为弥补持有低收益率的冲销债券和准备金存款所产生的利润损失，最优行为是提高私人部门资产的风险和利润水平。在高准备金率和信贷配额阻碍了信贷增长的条件下，银行倾向于降低贷款标准而发放风险较高的贷款，以获取较高利息率收入的补偿。在存贷款利差由政府决定的情形下，银行或者被迫完全吸收冲销成本，或通过向受信企业收取融资顾问费、财务服务费等方式变相提高贷款利率，或大力开展风险较高的表外业务，如委托贷款、发售理财产品和直接投资于资本市场。而且，金融脱媒很可能导致一些监管力度较大的金融中介业务的比重下降，而一些监管力度较低或处于监管真空地带的借贷交易量上升。随着中国连续提高法定存款准备金率和实施信贷规模控制，迫使企业转向非银行部门和非正规的民间高利贷资金市场寻求资金。这将加剧中国金融系统的不确定性风险。

因此，中国货币当局大规模的数量型冲销措施，将导致商业银行的金融中介地位下降，引发金融脱媒，刺激商业银行实施冒险行为，鼓励其过度追逐高收益高风险的投资项目，将信贷资产由资产负债表内移向表外，以规避信贷配额和法定准备金的缴存要求，增大了金融系统的不稳定风险。同时，在不完全冲销和资本管制缺乏效率的情形下，外汇储备积累将引发通货膨胀和资产泡沫，导致宏观经济不确定性风险上升。

六　结论与政策建议

本章构建了一个简明的外汇储备经济成本的分析框架，测算了中国持有外汇储备的机会成本和冲销成本，剖析了中国积累巨额外汇储备所面临的经济扭曲成本、资产损失风险和金融稳定风险。机会成本包含放弃偿还外债而节省的利息成本，以及国内固定资产投资而获取的较高投资收益。冲销成本来源于中国货币当局为发行央行票据、回购国债和强制增加的商业银行法定准备金存款而支付的利息成本。经济扭曲成本包括经济结构扭曲、资源配置效率扭曲、外汇资产结构扭曲和经济福利损失。资产损失风险主要包含主权违约风险、通货膨胀风险、利率风险和汇率风险。金融稳定风险指中国货币当局大规模冲销操作对商业银行的金融压制和商业银行的“冲销博弈”行为对国内金融系统稳定的潜在负面影响。

2001—2011 年，中国因持有外汇储备而放弃偿还外债、国内投资的年均机会成本分别为 129 亿美元、1013 亿美元，占 GDP 的比例依次为 0.34%、2.26%，而 2011 年这两项机会成本规模分别达 342 亿美元、2811 亿美元，占 GDP 的比例依次达 0.47%、3.86%。在全球金融危机之前，央行票据发行规模及其利率的上升，导致中国货币当局的冲销成本（央行票据和法定准备金存款的加权平均利率）由 2002 年的 0.93% 升至 2008 年的 2.57%。2009—2011 年，中国的政策性利率和准备金存款利率的下跌，以及央行票据发行规模的大幅下降，导致中央银行的平均冲销成本显著降至1.57%。2003—2011年，中国货币当局为发行央行票据、回购国债和强制增加的商业银行法定准备金存款而支付的总利息成本介于1.4万亿元和1.5万亿元之间，约占2011年中国GDP的3.0%—3.2%。从总体上看，中国货币当局的冲销成本是可控的，但付出了金融压制的代价。

上述研究结论表明，近年来，随着中国外汇储备规模的快速增长、外汇冲销操作规模急剧上升和美国国债收益率的大幅走低，中国持有外汇储备的机会成本和冲销成本显著上升，中国外汇储备已处于高度规模不经济的状态。为抑制外汇储备持有成本不断上涨的状况，中国目前宜采取两方面措施：一是遏制外汇储备规模的上升势头，降低持有外汇储备的总成本；二是加快实施外汇储备多元化战略，提高外汇储备投资收益率，降低持有外汇储备的机会成本。

在遏制外汇储备的增长势头方面，中国可采取下述四条措施：一是增加进口，特别是高科技产品和资源类产品的进口，减少贸易顺差。二是尽量减少外汇市场干预力度，增加人民币汇率弹性，以缓解外汇储备的增长势头。三是放松资本流出管制，放宽居民持有外汇的限制，鼓励国内企业和居民开展对外投资，实现从“藏汇于国”向“藏汇于民”的方向转变。四是加快调整出口导向型经济增长模式，实行内需推动型发展战略，提高居民在收入初次分配中的份额，遏制收入分配差距继续恶化势头，促进社会收入分配公平正义，完善居民社会保障体系，让全体国民分享经济增长的成果。

关于加快实施中国外汇储备多元化战略，具体建议如下：一是改革外汇储备管理体制，在外汇储备管理体系中引入财政部门，逐步由中国人民银行单独管理的“一元”模式，向央行、财政部协同管理的“二元”模式转变。二是将中国的外汇储备分为流动性组合和投资性组合，流动性组合投资于高度流动性的欧美发达国家的政府债券，投资性组合投资于企业的债权和股权证券。三是建设委托贷款平台，加大对“走出去”企业的资金支持力度。四是优化外汇储备资产配置结构，适当减持美元资产，增持欧元资产。五是逐步增持黄金储备，促进外汇储备保值增值。六是购置战略物资储备和先进技术设备，满足国民经济建设对战略性物资的长远需求。七是研究设立养老基金、能源基金两家新的主权财富基金公司，实质性推动中国外汇储备多元化进程。

第五章

美国金融稳定计划的实施状况与财政效应

——略论中国外汇储备投资

一 引言

为应对2008年爆发的金融危机及其引发的大萧条以来最为严重的经济衰退，美国政府推出了一系列史无前例、决定性的金融稳定计划，如问题资产纾困计划、房利美和房地美（简称“两房”）的接管计划、量化宽松货币政策等，来缓解金融危机对美国金融系统和实体经济的打击，提高信贷的可获得性，巩固金融机构的资产负债表，恢复美国金融市场信心和稳定住房部门的市场价格。这些金融稳定计划有力地促进了美国金融系统的稳定、房地产市场和实体经济的复苏，避免了美国金融和经济系统的毁灭性崩溃。在2008—2009年实施初期，问题资产纾困计划和“两房”接管计划显著加重了美国政府的财政负担，导致联邦财政赤字和政府债务大幅攀升。近年来，随着美国实体经济和房地产市场的稳定复苏，美国的金融稳定计划基本停止了财政资金支出，进入了财政投资的资金回收阶段，甚至一些投资项目获得了丰厚的投资回报。而且，量化宽松政策不仅为美联储带来可观的利息收入，还通过利率效应显著降低了美国财政部门的国债利息成本。这两个因素的共同作用，导致美国联邦财政赤字在最近两年明显下降。不过，美联储大举购买住房抵押支持证券（MBS），美国政府接管房地美和房利美，以及美联储持有的长期债券价值可能因退出量化宽松而出现大幅下跌，显著增加了美国政府的或有负债，加剧了美国主权债务的不可持续风险。未来数年，美国房地产市场和实体经济的稳定复苏料将得以延续，随着TARP计划投资的资产陆续清盘、美联储资产购买计划的有序退出、“两房”的逐步关闭及其资产负债规模的不断压缩，美国金融稳定计划对美国政府债务造成的负面影响将会持续稳步下降。

二　问题资产纾困计划的实施状况①

问题资产纾困计划（The Troubled Asset Relief Program，TARP）是根据“2008 年紧急经济稳定法案”授权设立的。根据该法案，美国财政部拥有购买或担保 7000 亿美元问题资产的权限。2010 年 7 月，多德—弗兰克华尔街改革和消费者保护法案将 TARP 计划的总购买权限降至 4750 亿美元。2010 年 10 月 3 日，TARP 计划到期，财政部不能再利用 TARP 计划购买新的不良资产。目前，TARP 计划已处于尾声，当初投入的绝大部分财政资金已顺利回收。TARP 计划，对于促进美国金融系统的稳定，稳固美国银行体系的资产负债表发挥了重要作用。

（一）资本购买计划

为确保银行系统有充足的资本来应对潜在的资产损失，并向信誉好的借款人提供资金支持，财政部于 2008 年 10 月创立了资本购买计划（Capital Purchase Program，CPP），计划到 2009 年年末，所有合格的银行机构均接受财政部的注资。在 CPP 计划下，财政部购买了 700 余家银行机构的 2455 亿美元的优先股。截至 2013 年 9 月底，美国财政部通过出售资产、回收贷款、收取股息和利息等方式收回 2734 亿美元，其中，财政部在 2013 财政年度回收了 64 亿美元资金。2013 年 9 月，美国财政部通过 CPP 计划持有的银行资产余额为 36 亿美元，基本上配置于规模较小的社区银行。未来，美国财政部将继续通过股权回购、资产出售和资产重组等方式减持银行资产。在 CPP 银行资产投资方面，美国财政部已至少实现盈利 315 亿美元（OFS，2014）。

（二）目标投资计划

目标投资计划（Targeted Investment Program，TIP）的目的是对具有系

---

① 除特别指出外，本部分绝大部分的数据来源于美国总统预算管理办公室（Office of Management and Budget，OMB）。

统特殊重要性的金融机构进行投资，以稳定金融系统，避免一个金融机构的资产负债表恶化对金融市场产生显著的破坏性影响。根据 TIP 计划，财政部不仅分别购买了 200 亿美元花旗银行、美国银行的优先股，而且为这两家银行的普通股提供了担保。2009 年 12 月，花旗银行、美国银行全部偿还了 TIP 投资，并支付了约 30 亿美元的股息。2010 年 3 月，财政部以 12 亿美元出售了其对美国银行的担保。2011 年 1 月，财政部以 1.9 亿美元的价格出售了对花旗银行的担保。TIP 计划已终止，且无任何剩余资产。

（三）资产担保计划

资产担保计划（Asset Guarantee Program，AGP）的目标是对美国具有系统重要性的金融机构的资产提供财政担保。2009 年 1 月，财政部、美联储和联邦存款保险公司（FDIC）协商了一个潜在的损失共担方案，对美国银行总额为 1180 亿美元的金融资产提供了担保。2009 年 9 月，在美国银行向联邦政府方面支付 4.25 亿元的保费后协议终止，其中，2.76 亿美元支付给 TARP 计划。2009 年 1 月 15 日，财政部、美联储和联邦存款保险公司与花旗银行达成了损失共担协议，财政部承诺对花旗银行持有的 3010 亿美元资产提供不完全担保，其承担的资产损失上限为 50 亿美元。2009 年 12 月 23 日，该协议终止。根据协议，美国政府方面获得了 52 亿美元花旗银行发行的信托优先证券（Trust Preferred Securities），其中，TARP 计划持有了 22 亿美元的信托优先证券。2010 年 9 月底，财政部卖出了所持有的花旗银行的信托优先证券。2012 年 8 月底，财政部基于损失共担协议，从 FDIC 处获得了 8 亿美元的花旗银行信托优先证券。美国政府和纳税人从 AGP 计划中获得了正的投资回报。

（四）公私合作投资计划

为重新启动问题抵押支持证券（Legacy Mortgagebacked Securities）或“有毒证券”市场，美国财政部于 2009 年 3 月 23 日宣布实施公私合作投资计划（Public Private Investment Program，PPIF），以帮助金融机构将问题证券资产从其资产负债表中剥离出去，改善消费者和小企业的信贷可获得性。美国财政部主导建立了公私合作投资基金，从商业银行、保险公司、共同基金、养老基金和其他合格金融机构处，购买经紧急经济稳定方案认可的问题证券资产。PPIF 自 2010 年 6 月底起停止筹集新的资金，并从 2012 年 12 月起不再投资新项目。不过，该基金仍有 5 年的存续期来管理其已投资的资产。2012 年年末，PPIP 计划从 219 亿美元初始投资资金中回收了 186 亿美元，并偿还了财政部 150 亿美元。另外，PPIP 计划设立的 9 家基金公司中的 5 家已经关闭，其资金已归还财政部，私人投资者也获得了正的投资回报。2013 年 9 月底，美国财政部已完全处置了 PPIP 计划的资产，获得了约 40 亿美元的赢利。

（五）美国国际集团投资计划

为缓解美国国际集团（AIG）的无序破产风险及其对美国金融系统产生的系统性影响，纽约联储银行和美国财政部向 AIG 提供了财政援助。2008 年 9 月，纽约储备银行向 AIG 提供了 850 亿美元的资金支持，获取了 79.8% 的普通股权。2008 年年底，美国财政部通过 TARP 计划购买了 AIG 公司 400 亿美元的优先股。2011 年 5 月，经过资产重组之后，美国财政部拥有了 AIG 77% 的股权（14.5 亿股）。2012 年 12 月，美国财政部全部卖出了其所持有 AIG 股份。在 AIG 投资计划上，美国财政部和纽约储备银行不仅完全收回了本金，而且实现了 227 亿美元的投资回报。2013 年 3 月，财政部以 2520 万美元的价格卖出了向 AIG 提供的 270 万份资产担保。至此，美国财政部全部退出了对 AIG 的投资。

（六）汽车产业融资计划

为阻止美国国内汽车产业的崩溃，缓解其对美国经济和数以万计的汽车产业工人就业产生的系统性威胁，财政部于 2008 年 12 月推出了汽车产业融资计划（Automotive Industry Financing Program，AIFP）。美国财政部承诺通过紧急贷款和股权投资的方式，向美国的汽车企业、汽车财务公司、汽车零部件制造商和供应商提供总额为 848 亿美元的资金支持。具体包括：一是持有总额为 71 亿美元的新克莱斯勒公司的债务证券和 9.9% 的股份，并向老克莱斯勒公司发放 40 亿美元的贷款；二是获得通用汽车公司 60.8% 的普通股和 21 亿美元的优先股；三是向 Ally 金融公司（通用汽车金融服务公司的前身）提供 163 亿美元的资金。

美国政府分别在 2011 年 6 月、2013 年年底分别全部退出了对克莱斯勒公司、通用汽车公司的投资，目前尚持有 57.2 万 Ally 金融公司的普通股。美国政府在 AIFP 计划上的投资虽遭受一定的投资损失，但其损失规模远低于 2008 年 TARP 政策设计时的预期水平。截至 2013 年 9 月底，美国财政部通过出售资产、回收贷款、获取股息和利息收入等方式从汽车产业融资计划中获取了 533 亿美元的收入，而该计划的财政支出规模为 797 亿美元，财政资金回收率达 66.9%（OFS，2014）。

（七）TARP 住房计划

2009 年 2 月，美国政府宣布了一项总额为 500 亿美元的综合性住房 TARP 计划。TARP 住房计划的目标是向住房抵押贷款偿还信誉好、负责任的房屋所有人提供可持续、可承受的住房抵押贷款，以缓解房屋止赎对邻居、社区、金融系统和美国经济产生的负面影响。TARP 住房计划有三个具体目标：一是使房屋可承担计划。财政部与中介服务机构修改了住房抵押贷款合同，以在借款人、中介贷款公司和投资者之间达成利益平衡。2009 年 4 月至 2012 年年底，超过 600 万家政府和私人企业的贷款合同作了修改。二是住房金融局设立受损最严重者救济基金。美国财政部拿出 76 亿美元的财政资金，在美国 18 个州和哥伦比亚特区设计与实施了创新性救济计划。目前，该计划的 70% 的资金用于资助购买房屋的失业者，30% 用于本金减计。三是启动联邦住房局再融资计划。该计划拨出 30 亿美元资金用于发放经联邦住房局担保的住房抵押贷款，另拨 81 亿美元用于弥补住房抵押贷款损失和联邦住房局的行政开支。

三　“两房”接管计划的实施状况

2008 年 3 月，随着次贷危机的深化，投资者对房利美和房地美的财务状况与债券担保能力提出了强烈质疑。为避免住房金融市场的崩溃及其风险传递到其他金融市场，2008 年 9 月 6 日，联邦住房金融局依据“住房和经济复兴法案”，接管（Conservatorship）了房利美和房地美。美国财政部采取三项措施向“两房”提供临时性金融支持。第一，财政部通过优先股购买协议（Preferred Stock Purchase Agreements，PSPA）向“两房”注资，以确保其净资产为正。2008 年 9 月，在“两房”被接管时，美国财政部承诺购买房利美、房地美优先股的上限各为 1000 亿美元。2009 年 5 月，美国财政部将承诺购买优先股的上限均提高至 2000 亿美元

(U. S. Government Printing Office, 2013)。截至2012年年底，美国财政部通过PSPA计划向房利美、房地美分别注资1171亿美元、713亿美元。第二，财政部曾计划向“两房”、联邦住房贷款银行提供信贷支持，以保证其拥有足够的短期资金。不过，这一信贷计划没有实施。第三，出于提高住房抵押贷款二级市场流动性的初衷，美国财政部也曾在公开市场购买了“两房”担保的抵押支持证券（与美联储的MBS购买计划是相互独立的）。

优先股购买协议计划PSPA要求“两房”每季度向财政部支付红利（股息）。根据2012年8月17日生效的优先股购买协议计划修正案，房地美、房利美在2013年的资本金规模被设定为30亿美元，其资本金规模将每年下降6亿美元，直至为0。截至2012年年底，财政部通过PSPA计划向“两房”注资1875亿美元，而“两房”向美国财政部支付的股息为552亿美元。根据OMB（2013）的预测，2013—2023年，美国财政部获得的净红利收入约为1833亿美元。

另外，2011年12月生效的“收益税连续削减临时法案”（The Temporary Payroll Tax Cut Continuation Act）要求，“两房”应提高承保费率，承保费率在2011年平均水平的基础上提高0.1个百分点，而且，“两房”因承保费率上升而增加的承保费收入将直接上缴给美国财政部，以部分弥补美国财政部因注资“两房”而增加的预算赤字。这将导致2012—2023年美国财政赤字总规模减少210亿美元（OMB, 2013）。

四　美联储量化宽松政策的实施状况

为支持住房抵押贷款和房地产市场的稳定，促进美国劳动力市场和实体经济的恢复，美联储先后推出了三轮量化宽松货币政策。2008年11月下旬，美联储宣布实施第一轮量化宽松政策（QE1），开始购买“两房”发行的机构债券及其担保的住房抵押贷款支持证券MBS。2009年，为降低美国住房抵押贷款市场和其他信贷市场的长期利率，美联储购买了3000亿美元的长期美国国债。2010年3月，美联储完成了1.25万亿美元“两房”担保的住房抵押支持证券的购买任务，这为美国住房抵押贷款市场提供了大量流动性，有助于住房抵押贷款利率降至美国家庭部门可承受的水平。在第一轮量化宽松政策执行期间，美国共购买了1.725万亿美元的长期住房抵押贷款支持证券、机构债券和美国国债。

虽然第一轮量化宽松政策帮助美国经济从衰退中逐步走了出来，然而疲弱的就业市场和房地产市场继续制约着美国经济复苏，美国的通货紧缩风险仍然居高不下。为加快美国经济复苏的步伐，2010 年 11 月，美联储宣布实施第二轮量化宽松政策（QE2），在 2011 年 6 月底购买总额为 6000 亿美元的美国国债。美联储购买长期国债，有助于降低美国的长期证券资产的收益率和长期住房抵押贷款的利率。

2011 年下半年，欧洲主权债务危机加剧了投资者对于美国经济下行风险的担忧。为稳定市场预期，2011 年 9 月，美联储公开市场委员会宣布实行“扭曲操作”，计划延长美联储资产组合的时间期限，用 4000 亿美元的到期期限较短的美国国债来置换到期期限较长的美国国债，购入国债的剩余到期时间为 6 年至 30 年，而出售国债的剩余到期时间为 3 年以下，以保持美国长期利率处于低水平。扭曲操作通过压低长期利率而不是注入流动性的方式，来刺激美国住房市场和经济的复苏。

2012 年，在美国住房和劳动力市场依旧低迷、长短期国债置换效果有限和长期资金融资利率压力上升的背景下，美联储于 9 月 13 日宣布实施第三轮量化宽松政策（QE3）。美联储决定启动一项新的开放式的“两房”担保的 MBS 购买计划，每月的 MBS 购买规模为 400 亿美元。同时，美联储公开市场委员会还指令公开市场操作台在 2012 年年底前继续实施 6 月份宣布的计划，即延长所持有证券的到期期限，并把美联储持有的到期证券的回笼资金继续用于购买 MBS。2012 年 12 月 12 日，美联储公开市场委员会宣布每月增加购买 450 亿美元的中长期国债，以使长期利率维持在足够低的水平，直至满足特定的门槛条件，如失业率降至 6.5% 或通货膨胀率超过 2.5%。这对美国住房抵押贷款市场构成了强力支撑，并有助于美国金融机构修复资产负债表，促进美国经济的稳定复苏。

2013 年 12 月，在美国的房地产市场和实体经济实现了稳定复苏的背景下，美联储宣布从 2014 年 1 月起每月各削减 50 亿美元的 MBS 和美国长期国债的购买量。2014 年 1 月底，美联储再度宣布，从当年 2 月起将每月的证券资产购买规模再削减 100 亿美元，至每个月 650 亿美元。2014 年 3 月，美联储的议息会议决定继续推进缩减刺激规模的计划，宣布从 2014 年 4 月起每月各减少 50 亿美元的 MBS 和长期国债的购买量，从而，美联储的月度证券资产购买规模削减至 550 亿美元。

自量化宽松政策实施以来，美联储的资产负债表的规模急剧膨胀，资产结构也发生了显著变化。美联储的总资产规模由2008年11月26日的2.11万亿美元增长至2013年12月25日的4.03万亿美元，增长了0.9倍。其中，国债持有量由0.48万亿美元增长至2.21万亿美元，增长了3.6倍；MBS的持有量由0增长至1.50万亿美元；机构债券的持有量由120亿美元增长至570亿美元，增长了3.8倍。

五　问题资产纾困计划的财政效应

问题资产纾困计划不仅稳定了美国金融市场，为美国经济的复苏奠定了较为坚实的基础，而且该计划本身的成本也远低于当初计划制订时的预期水平。目前，美国财政部已出售了大部分在危机期间购入的金融机构的问题资产，基本实现了财政收支相抵。在降低美国金融机构对紧急援助的依赖度以及用私人资本替代公共资本方面，美国财政部取得了显著进展。截至2013年9月底，TARP计划共投入财政资金4216亿美元和政府担保承诺350亿美元，美国政府通过资产出售、本金偿还、红利、利息和其他收入等形式回收了4054亿美元的财政资金，资金回收率为96.2%；TARP计划的资产余额为235亿美元（OFS，2014）。从而，美国财政部从TARP计划中获得了73亿美元的投资回报（见表5—1）。另外，美国财政部还从非TARP的美国国际集团投资中获取了175亿美元的收入（United States Department of the Treasury，2013）。

如表5—1所示，美国财政部不仅从资本购买计划、目标投资计划和公私合作投资计划中收回了全部的财政投资成本，而且还实现了一定的投资盈余。其中，资产购买计划的财政支出2049亿美元，回收资金2247亿美元，资金余额31亿美元，实现投资盈余229亿美元；公私合作投资计划的财政支出186亿美元，财政担保10亿美元，回收财政资金224亿美元，投资盈余38亿元；目标投资计划的财政投资不仅全数回收，还获得盈利44亿美元。美国财政部在汽车产业融资计划、美国国际集团投资计划方面的财政投资虽未能全部收回，但其财政亏损显著低于预期水平。美国政府对汽车产业融资计划的财政支出规模为797亿美元，回收财政资金533亿美元，资产余额199亿美元，投资亏损65亿美元。在对美国国际集团投资计划方面，美国政府的财政支出678亿美元，回收财政资金553亿美元，财政亏损125亿美元。

表 5—1　**截至 2013 年 9 月底 TARP 计划的财政收支状况**　单位：亿美元

	资产购买和担保	财政支出	资产出售和贷款偿还	资产减计和损失	资产余额	投资收入	投资盈余
资本购买计划	2049	2049	1979	39	31	268	229
目标投资计划	400	400	400			44	44
资产担保计划	50					41	41
公私合作投资计划	196	186	186			38	38
汽车产业融资计划	797	797	471	127	199	62	-65
美国国际集团投资计划	678	678	543	135		10	-125
TARP 住房计划	385	95					-95
其他计划	11	11	6		5	6	6
合计	4566	4216	3585	301	235	469	73

资料来源：OFS（2014）和作者的计算。

注：投资收入（received from investments）包括美国政府财政支出（资产购买或提供贷款）所获得的红利和利息收入，以及投资的资本利得（所投资资产的销售或回购的价格与购买成本之差）。投资盈余等于资产出售和贷款偿还、投资收入和资产余额三项之和，减去财政支出项之后的差额。投资盈余项未考虑政府担保所引起的或有负债增加。

TARP 住房计划具有较强的公益性质，用于救助美国受失业和房价下跌冲击损失最为严重的人群，美国政府在该项目上的财政支出规模为 95 亿美元，提供的财政担保 290 亿美元，财政资金回收规模为 0。

六　“两房”接管计划的财政效应

美国政府接管“两房”计划的财政效应主要体现在：一是财政部注资“两房”（优先股购买协议），导致美国政府的财政赤字和债务上升；二是“两房”向美国财政部支付的优先股股息和缴纳的承保费增加额，将有助于部分弥补注资“两房”所增加的财政赤字；三是美国政府接管“两房”的资产债务导致其政府或有债务大幅上升。

表 5—2 显示，2008—2011 年，美国财政部向房利美、房地美的注资总规模为 1884 亿美元。此后，美国财政基本上停止了注资“两房”的计划。2008—2013 年，房利美、房地美累计向美国财政部缴纳的优先股股息

规模分别为1211亿美元、713亿美元，合计1924亿美元（Fannie Mae，2014；Freddie Mac，2013）。若不考虑对“两房”的债务担保责任，仅从现金流角度看，截至2013年年底，美国财政部对“两房”的投资共获利40亿美元。值得指出的是，2013年“两房”向美国财政部缴纳的股息规模高达1300亿美元，显著改善了美国当年的财政状况。未来数年，预计“两房”的股息支付将会继续拉低美国的财政赤字。根据CBO的一项预测，在2014财政年度，“两房”向美国财政部支付的股息规模预期为810亿美元（CBO，2014）。

表5—2　　**美国财政部注资“两房”以及“两房”支付财政部股息的规模**　　单位：亿美元

	2008	2009	2010	2011	2012	2013	合计
财政部注资							
房利美	152	600	150	259			1171
房地美	446	61	130	76	0.2	0.0	713
支付财政部股息							
房利美	0.3	25	77	96	116	824	1211
房地美	2	41	57	65	72	476	713

资料来源：Freddie Mac（2013）和Fannie Mae（2014）。

尽管如此，“两房”给美国财政部带来的或有负债规模仍远远大于其所缴纳的政府优先股股息和增加的承保费收入。2013年年底，两房发行的债券证券规模高达5.16万亿美元，而其资本金仅为224亿美元，从而，“两房”的资本金仅能覆盖其0.4%的债务。以目前美国住房市场状况，“两房”不可能依靠自身能力来履行债务的本息偿还责任。“两房”能够偿还其债务的唯一先决条件是，美国房地产市场实现了强劲复苏，MBS市场价格大幅反弹，从而，“两房”所投资的住房抵押贷款和MBS的市场价值实现大幅回升，并超越其债务方的价值。否则，美国财政部将会承担“两房”的债务负担。随着美国的实体经济和住房市场较为稳定的复苏，“两房”购买的住房抵押贷款和MBS的市场价格将很可能会稳定上升，但不可能反弹至美国次贷危机前的水平，因此，美国财政部将不可避免地承担“两房”所造成的或有债务，但其最终规模可能会远远低于“两房”现有的债务规模。

七　量化宽松政策的财政效应

为支持住房抵押贷款和房地产市场的稳定，促进美国劳动力市场和实体经济的恢复，美联储先后推出了三轮量化宽松货币政策。目前，美联储已实施资产购买缩减计划，预计量化宽松退出可能在2014年年末2015年年初正式启动。美联储大举购买“两房”担保的MBS、长期美国国债和长期机构债券，对美国财政部门的资产负债表的影响主要体现在：一是美联储购买长期债券所获取的利息收入（利润）须上缴美国财政部，可弥补部分的财政赤字；二是美联储购买长期国债的行为有利于降低其利率，减轻美国财政部的债务利息负担；三是美国国债的历史性低收益率导致美国社会保障信托基金的利息收益下降；四是量化宽松政策实际上是债务货币政策，将有助于提高美国的通货膨胀水平，侵蚀美国政府存量债务的实际价值，减轻美国政府的存量债务负担；五是美联储实际上是美国广义上的一个政府部门，美联储大规模购买MBS、机构债券的行为，实际上是将大量的MBS违约风险由私人部门转移至美国公共部门，提高了美国政府的或有负债。六是美联储持有的美国长期国债和长期MBS的市场价格易受市场利率上升的负面冲击，未来随着退出量化宽松政策的逐步实施，美国长期国债收益率将上升，这将导致美联储持有的长期债券价格缩水。

（一）美联储的利息收入

美联储通过大规模购买长期的美国国债、MBS和机构债券，获取了大量的长期债券利息收益。我们现估算美联储购债的利息收入。具体测算公式可表示为：

$$I = i_T\bar{B}_T + i_M\bar{B}_M + i_A\bar{B}_A$$

其中，I为利息收入，$\bar{B}_T$、$\bar{B}_M$和$\bar{B}_A$分别为美联储实施量化宽松政策以来持有国债、MBS和机构债券的累计增量的年度均值（上年、本年末余额的数学平均），i_T、i_M和i_A分别为美国长期国债、MBS和机构债券的年均收益率。为方便起见，我们用10年期国债年均收益率代表美国长期国债收益率，用10年期国债收益率加上100个基点来表示长期机构债券收益率，用30年期住房抵押贷款利率来代表MBS收益率。

美联储从量化宽松政策中获取了可观的利息收入。如表5—3所示，随着资产购买规模的不断上升，美联储从实施量化宽松政策中获得的利息收入由2009年的471亿美元大幅升至2011年的830亿美元。2012年，美国市场利率的下降，导致美联储获取的利息收入降至648亿美元。不过，美国债券市场利率的反弹和购债规模的持续增加，又将美联储的利息收入推高至2013年的947亿美元。但与此同时，美联储的利息支出成本却未出现明显变化，这是因为，美联储主要通过货币发行方式来为其长期债券购买行为融资，而货币发行的利息成本为0。从而，美联储近年来的利润水平大幅上升。这有助于降低美国政府的财政赤字。2012年、2013年，美联储上缴给美国财政部的利润规模分别为820亿美元、758亿美元，而美联储2011年缴纳的利润水平略高于2012年。根据OMB（2014）的预测，在2014年、2015年，美联储上缴给美国财政部的利润将分别为904亿美元、883亿美元（OMB，2014）。未来，随着美联储逐步退出量化宽松政策，美联储的利润规模将逐渐回落至正常水平。

表5—3　**量化宽松对美联储和美国财政部的利息收支的影响**　单位：亿美元

	美联储利息收入	财政部利息支出节省额	社保信托基金利息收入减少额	量化宽松利息效应	利息效应占比	
					财政支出	财政赤字
2008	15	96	72	39	0.1%	0.8%
2009	471	1423	882	1012	2.9%	7.2%
2010	799	1726	913	1612	4.7%	12.5%
2011	830	1990	940	1880	5.2%	14.5%
2012	648	2209	962	1895	5.4%	17.4%
2013	947	2359	984	2322	6.3%	23.9%

注：量化宽松的利息效应 = 美联储的利息收入 + 财政部利息支出节省额 - 社保信托基金利息收入减少额。

资料来源：作者的计算。

（二）美国政府债务的利息负担

美联储大规模购买美国长期国债对美国财政的一个更为重要的效应，体现在压低美国长期国债的收益率，降低美国政府的利息偿还负担。鉴于美国国债是以5年期为主要组成部分，我们可以5年期国债为代表，大致测算美联储量化宽松政策对美国财政部利息负担的影响。美国5年期国债的平均收益率在2012年、2013年分别为0.8%、1.17%，而在2014年，随着美联储开始减少债券的购买规模甚至逐步退出量化宽松政策，其收益率可能升至2.5%。[①] 若美联储不实施量化宽松政策，美国5年期国债的收益率在2012—2013年期间很可能上升至3.5%左右，在2014年将可能进一步攀升至4.0%的水平。

为简单起见，我们假定量化宽松政策导致美国5年期国债的收益率平均降低2个百分点。从而，美国财政部在各年度所节省的国债利息等于公众当年持有的美国政府债务余额的均值乘以2%，而美国政府债务余额均值等于本年度和上一年度末的美国政府债务余额的数学平均值。表5—3显示，随着美国国债规模的不断上涨，美国财政部因量化宽松政策所节省的利息成本由2009年的1423亿美元升至2013年的2359亿美元。

（三）美国社会保障信托基金的利息收入

美联储量化宽松政策引致的低利率环境对美国社会保障信托基金的利息收入构成不利冲击，加大了美国社会保障信托基金账户的不可持续风险。2013年年底，美国社会保障信托基金的规模高达5万亿美元。根据美国法律规定，美国社会保障信托基金账户上的资金必须全数投资于美国国债。美联储的量化宽松政策，导致美国国债的收益率处于人为低水平，而美国国债的低收益率导致社会保障信托基金的投资收益下降，这将加大美国社会保障基金的收支压力，对美国财政产生不利影响（Bourne和Knox，2013）。

同理，我们也假定美国社会保障信托基金全部投资于期限为5—10年期的美国国债，且量化宽松导致社会保障信托基金的投资收益率下降2个百分点。如表5—3所示，2009—2013年，由于美国国债收益率一直处于历史性低位，导致美国社会保障信托基金的利息收入平均约减少了950亿

---

① 美联储退出量化宽松政策及其预期对美国国债收益率产生了显著影响。美国5年期国债收益率、10年期收益率从2013年6月底的1.4%、2.5%升至2013年年底2014年年初的1.7%、2.9%。另据CBO（2014）的预测，美国10年期国债的收益率在在2014年、2015年将很可能分别升至3.1%、3.7%。因此，美国5年期国债的平均收益率在2014年升至2.5%是一个较为保守的假设。

美元。未来，随着美联储逐步退出量化宽松政策，美国国债收益率将会逐步上升，美国社会保障信托基金的利息收入预期会有所增加。

若合并计算美联储的利息收入、美国财政部节省的债务利息负担和美国社会保障信托基金减少的利息收入，美联储量化宽松政策的财政效应非常显著，且呈不断增强的态势。量化宽松政策的利息效应规模从 2009 年的 1012 亿美元快速升至 2013 年的 2322 亿美元，占美国当年联邦财政支出规模、财政赤字的比例分别由前期的 2.9%、7.2%，大幅升至后期的 6.3%、23.9%。

（四）通货膨胀的债务侵蚀效应

美联储的量化宽松实质上是美国财政赤字或政府债务的货币化政策。国际经验表明，温和的通货膨胀率是各国政府解决存量公共债务问题一条非常有效的途径。例如，美国在第二次世界大战后不到 10 年的时间内利用通货膨胀将政府债务占 GDP 的比率削减了 40%（Azienman 和 Marion，2009）。目前，美国联邦政府债务约一半左右为外国居民持有，且基本以美元计价，从而，美国政府有很强的激励通过温和通货膨胀的方式来缩减其债务的实际价值，向外国居民转嫁债务负担。在当前美国经济复苏势头尚不稳定的情形下，美联储的量化宽松政策暂时未显著改变美国居民和企业的通货膨胀预期，美国的通货膨胀率仍低于 2%。不过，随着美国经济逐步恢复至常态，货币流通速度将会加快，量化宽松政策所沉淀的大量流动性将会释放出来，这将导致美国居民的通货膨胀预期和实际通货膨胀率大幅上升。而且，在美国财政赤字和政府债务居高不下的情况下，美国通货膨胀率上升的可能性更大。

鉴于难以有效识别出量化宽松对美国通货膨胀的影响，出于方便起见，我们假定有三种情形：量化宽松因素导致通货膨胀率分别上升 0.25%、0.5% 和 1.0%。表 5—4 显示，通货膨胀率上升所引致的美国政府债务缩减规模能弥补相当一部分的美国联邦财政赤字。若美国 CPI 上升 0.5%，美国政府债务的实际价值在 2013 年、2016 年将分别减少 596 亿美元、690 亿美元，占当年美国联邦财政赤字的比例依次为 8.8%、12.8%；若 CPI 上升 1.0%，美国政府债务在上述两个年度将分别减少 1186 亿美元、1372 亿美元，占联邦财政赤字的比例分别为 17.4%、25.5%。

表 5—4　　**量化宽松对美国的 CPI 和政府债务价值的影响**　　单位：亿美元

	CPI = 0.25%		CPI = 0.5%		CPI = 1.0%	
	债务变动	赤字占比	债务变动	赤字占比	债务变动	赤字占比
2008	-159	3.5%	-318	6.9%	-633	13.8%
2009	-195	1.4%	-390	2.8%	-776	5.5%
2010	-235	1.8%	-469	3.6%	-933	7.2%
2011	-261	2.0%	-521	4.0%	-1037	8.0%
2012	-289	2.7%	-578	5.3%	-1150	10.6%
2013	-298	4.4%	-596	8.8%	-1186	17.4%
2014	-317	6.2%	-633	12.3%	-1259	24.5%
2015	-330	6.9%	-660	13.8%	-1313	27.5%
2016	-345	6.4%	-690	12.8%	-1372	25.5%

注：2014—2016 年公众持有的美国政府债务和美国联邦财政赤字规模为 CBO（2014）的预测数。

资料来源：作者的计算。

（五）或有债务

美联储大举购买长期 MBS 和机构债券的行为显著加重了美国财政部的或有债务负担。2013 年年底，美联储持有了 1.497 万亿美元的 MBS 和 570 亿美元的机构债券。这意味着，美国财政部的或有负债增加了 1.55 万亿美元。若 MBS 和机构债券违约，美联储可采取两种方式来弥补资产亏损：一是发行货币，即债务货币化；二是请求美国财政部注资，让财政部承担美联储的购债损失。这不仅使美联储有丧失货币政策独立性的风险，而且加大了美国政府债务的不可持续性。从美国房地产市场的现状及其发展趋势来看，MBS 的信用违约风险有所降低，但将难以避免部分的 MBS 出现违约。

（六）退出量宽对美联储债券资产价格的影响

美联储退出量化宽松政策所引致的美国长期市场利率的上升，将对其购买的长期国债、MBS 和机构债券的市场价格形成较严重的负面冲击。截至 2014 年 6 月 11 日，美联储购买的证券资产的总规模高达 4.08 万亿美元，资产类型主要为国债、MBS，其规模分别为 2.86 万亿美元、1.65 万亿美元，其比重分别为58.5%、40.4%，而机构债券的规模仅为441亿美元，其比重仅为1.1%。美联储持有国债的剩余存续期几乎完全为1年以上，其中，1—5年、5—10年、10年以上的比重分别为39%、34%、27%，而其持有的MBS的剩余存续期几乎完全为10年以上（表5—5）。美联储持有的债券资产的这一期限结构，使其资产价值进而资产负债表易遭受长期市场利率上升的不利冲击。

表5—5　　**美联储持有的证券资产的剩余存续期结构**

（2014年6月11日）

单位：亿美元

	1年以内		1—5年		5—10年		10年以上		合计
	规模	比例	规模	比例	规模	比例	规模	比例	
国债	20	0%	9292	39%	8168	34%	6377	27%	23858
机构债	82	19%	335	76%	0	0%	23	5%	441
MBS	0	0%	0	0%	37	0%	16443	100%	16480
合计	102	0%	9627	24%	8205	20%	22844	56%	40779

资料来源：美联储。

现在，我们估算美联储退出量化宽松政策对于其持有的债券资产价值的影响。具体步骤有四步：首先，厘清美联储购买的债券资产的种类及其剩余存续期期限结构；其次，分析美联储退出量宽对美国的国债、MBS等债券的收益率的可能影响；再次，基于美联储持有债券的期限结构信息，测算债券的收益率变化对其市场价格的影响；最后，根据债券持有规模信息，估算美联储退出量宽对其债券市场价格的负面冲击。

根据美联储所购买债券资产的规模及其剩余存续期限结构等信息，我们作如下假定：一是鉴于美联储持有的机构债券规模很小，不予考虑美国长期市场利率的变动对机构债券的价格影响；二是美联储持有的美国国债的到期期限有10年期、20年期两种类型，其中，10年期国债的剩余存续期有3年期、8年期两种情形，规模分别为9292亿美元、8168亿美元，而20年期国债的剩余存续期为15年，规模为6377亿美元；三是美联储购买的MBS的到期期限为30年，剩余存续期为20年，规模为16443亿美元。

鉴于美国10年期国债收益率是美国长期债券的基准利率，且美国的机构债券和MBS的收益率演变趋势基本与长期国债一致，我们作如下假定：一是美国的 20 年期国债、30 年期 MBS 与 10 年期国债的收益率之间存在着稳定的利差关系。基于历史数据，我们可简单假定美国 20 年期国债、30 年期 MBS 的收益率分别比美国 10 年期国债高 60 个、200 个基点。二是以 2014 年 1—4 月的美国 10 年期国债的平均收益率 2.8% 为当前长期国债的基准收益率，则美国 20 年期国债、30 年 MBS 的当前平均收益率分别为 3.4%、4.8%。三是美国 10 年期国债的收益率的区间为 2.8%—5.5%，[①] 从而，美国 20 年期国债、30 年 MBS 的收益率区间分别为 3.4%—6.1%、4.8%—7.5%。

关于长期市场利率上升对于美国的国债、MBS 价格的量化影响，我们可利用债券的现价、收益率和期限的关系表达式进行分析。该关系式可表示为：

$$PV = \sum_{t=1}^{n} \frac{C}{(1+i)^{t}} + \frac{FV}{(1+i)^{n}} = C\frac{1-(1+i)^{-n}}{i} + \frac{FV}{(1+i)^{n}}$$

其中，PV 为债券现值，C 为每期支付的利息，i 为债券收益率，t 为债券到期期限，n 为债券的剩余存续期限，FV 为债券的面值。上式表明，美国债券收益率的上升将导致存量债券价格下跌，而且存量债券的期限越长，债券价格下降的幅度越大。

美国长期国债的收益率与美国国债和 MBS 的剩余存续期限、市场价格变动率以及资本损失之间的对应关系反映在表 5—6 中。当美国 10 年期国债收益率由 2.8% 升至 3.0% 时，剩余存续期为 3 年期、8 年期的 10 年期美国国债的价格将分别下降 0.6%、1.4%，剩余存续期为 15 年期 20 年期的美国国债的价格将下跌 2.3%，而剩余存续期为 20 年期 30 年期 MBS 的价格将下降 2.5%，并且，美联储上述四种类型债券资产的市场价值损失规模依次为 53 亿美元、115 亿美元、146 亿美元和 410 亿美元，从而，美联储的债券资产损失总规模为 723 亿美元。当美国 10 年期国债的收益率升至 5.0% 时，剩余存续期为 3 年、8 年、15 年的国债和 20 年期 MBS 的价格将分别下跌 6.0%、14.2%、21.9% 和 23.3%，其市场价值损失规模相应达 557 亿美元、1161 亿美元、1399 亿美元和 3832 亿美元，从而，美联储的总资产损失规模高达 6949 亿美元。因此，美联储退出量宽将可能

① 从美国国会预算办公室（CBO）2014 年关于美国国债收益率的预测来看，未来 5 年，美国 10 年期国债收益率的区间为 2.5%—5.5% 是一个非常保守的估计。

表5—6　　美联储退出量宽对美国长期国债收益率及其持有债券价值的影响　　单位：亿美元

10年期国债收益率	国债（3年）		国债（8年）		国债（15年）		MBS（20年）		合计
	价格变动率	损失规模	价格变动率	损失规模	价格变动率	损失规模	价格变动率	损失规模	损失规模
3.0%	-0.6%	-53	-1.4%	-115	-2.3%	-146	-2.5%	-410	-723
3.2%	-1.1%	-105	-2.8%	-227	-4.5%	-288	-4.9%	-806	-1426
3.5%	-2.0%	-182	-4.8%	-393	-7.7%	-493	-8.4%	-1376	-2444
4.0%	-3.3%	-309	-8.1%	-660	-12.8%	-816	-13.8%	-2263	-4049
4.5%	-4.7%	-434	-11.2%	-916	-17.5%	-1118	-18.7%	-3080	-5548
5.0%	-6.0%	-557	-14.2%	-1161	-21.9%	-1399	-23.3%	-3832	-6949
5.5%	-7.3%	-677	-17.1%	-1397	-26.1%	-1661	-27.5%	-4526	-8261

注：我们假定：（1）美国10年期国债、20年期国债和30年期MBS的当前收益率分别为2.8%、3.4%、4.8%，美联储持有的国债、MBS当前的现值为100；（2）美国20年期国债与10年期国债之间的收益率利差为60个基点；（3）房利美和房地美承保的30年期MBS与美国10年期国债之间的收益率利差为200个基点；（4）美联储持有的美国国债的剩余存续期限有3年期、8年期和15年期三种情形，其持有的MBS的剩余存续期限为20年。

资料来源：作者的计算。

对其资产负债表造成较严重的冲击。

八　美国金融稳定计划的总财政效应

现综合分析2008—2013年问题资产纾困计划、“两房”接管计划和量化宽松政策的总财政效应。如表5—7所示，TARP计划基本实现了财政收支平衡，其财政成本支出4216亿美元，财政担保额350亿美元，而财政资金回收额为4289亿美元，从而，政府或有债务净增加277亿美元，仅占2013年年末美国政府债务的0.2%。从现金流角度看，“两房”接管计划也基本实现了财政收支平衡，财政成本支出1884亿美元，优先股股息收入1924亿美元，从而财政投资盈余40亿美元，但接管计划致使“两房”发行的5.175万亿美元的债务证券成为美国政府的或有负债。

表 5—7　**截至 2013 年年底美国金融稳定计划的财政效应**　单位：亿美元

	（准）财政收支		政府或有债务	对政府（或有）债务的净影响	
	支出	收入		规模	公众持有债务占比
量化宽松政策		11632	22365	10733	9.0%
TRAP 计划	4216	4289	350	277	0.2%
“两房”接管计划	1884	1924	51752	51712	43.2%
间接税收效应		1432		-1432	-1.2%
合计	6100	19277	74467	61290	51.2%

注：量化宽松政策的准财政收入包括美联储的利息收入、美国财政部节省的利息支出、美国社会保障信托基金减少的利息收入和通货膨胀对美国政府存量的侵蚀效应四项，而其对美国政府或有债务的影响体现在其持有的“两房”发行的机构债券和“两房”担保的 MBS、量化宽松退出对美联储持有的国债与 MBS 等债券资产价格的潜在影响。“两房”接管计划所产生的或有负债规模是“两房”2013 年年底所发行和担保的债务证券总规模。假定量化宽松因素单独导致美国通货膨胀率年均上涨 0.5%（见表 5—4）；假定量化宽松退出将导致美国 10 年期国债的收益率将从 2014 年年初的 2.8% 上升至 5.0%（见表 5—6）。

资料来源：作者的计算。

美联储量化宽松政策的财政效应最为复杂，既有正面效应，又有负面冲击。正面效应体现为美联储的利息收入增加、节省国债利息成本和政府债务存量价值下降，负面冲击表现在美国社会保障信托基金的利息收入下降、政府或有负债大幅上升和美联储持有的长期债券资产价格将因量宽退出而显著下跌。截至 2013 年年末，美联储从购债中获得的利息收入规模为 3710 亿美元，美国财政部因利率下降而节省的国债利息成本为 9803 亿美元，美国政府因通货膨胀率上升而减少的公共债务价值为 2872 亿美元，从而，量化宽松政策为美国政府带来了准财政收入 16385 亿美元；但与此同时，美国社会保障信托基金因国债利率下降而损失了 4753 亿美元的利息收入，美联储购买的 15416 亿美元的 MBS 和机构债券构成了美国政府的或有负债，美联储持有长期债券市场价格可能因量宽退出而缩水 6949 亿美元。从净财政效应角度，截至 2013 年年底，美联储量化宽松政策导致美国政府或有负债增加了 10733 亿美元，占美国 2013 年年末公众持有政府债务余额的 9.0%。考虑到美联储未来数年将继续从所购入的债券资产中获得利息收入，且量化宽松对美国金融市场的影响将会持续一段较长的时间，美国财政部门将会继续从量化宽松政策中获利。若美国的房地产市场和实体经济能实现稳定复苏，且美国长期市场利率不出现过快上涨的情况，美联储的量化宽松政策有望在未来数年后实现总体上的准财政收支平衡。

除直接效应之外，量化宽松政策、TARP 计划和“两房”接管计划还对美国财政产生间接效应。如前所述，这三大金融稳定计划对于促进美国的金融市场、房地产市场和实体经济的稳定复苏，发挥了至关重要的作用。显然，美国金融系统的稳定和实体经济的增长，将对美国财政状况产生积极的影响，如税收收入增加、失业保险支出减少等。由于难以识别出金融稳定计划对美国经济复苏的独立贡献，我们可方便地假定其对美国经济增长的贡献为 1 个百分点，从而，其对美国税收收入贡献度也可近似视为 1 个百分点。表 5—7 显示，2008—2013 年，三大金融稳定计划通过促进经济增长的途径使美国政府税收收入增加了 1432 亿美元，约占 2013 年年底政府债务余额的 1.2%。

从总体上看，2008—2013 年，美国政府用于金融稳定计划的财政支出总成本为 6100 亿美元，其获取的准财政收入规模为 1.93 万亿美元，实现了 1.32 万亿美元的准财政盈余，但美联储的大举购债行为和美国财政部向“两房”提供的担保，以及量宽退出后可能发生的债券价格跳水，将可能导致美国政府或有负债增加 7.45 万亿美元。从而，金融稳定计划可能给美国政府带来 6.13 万亿美元的净或有债务，占美国 2013 年年末政府债务余额的 51.2%。因此，美国的金融稳定计划虽在实施初期加重了政府的财政负担，但近年来其向美国政府提供了可观的利息和股息收入，显著改善了美国政府的财政状况。不过，美国金融稳定计划所带来的巨额或有负债，加大了美国长期政府债务不可持续的风险。未来数年，美国房地产市场和实体经济的稳定复苏料将得以延续，随着 TARP 计划投资的资产陆续清盘、美联储资产购买计划的有序退出、“两房”的逐步关闭及其资产负债规模的不断压缩，美国金融稳定计划对美国政府债务造成的负面影响将会稳步下降。

九　中国外汇储备投资的政策建议

综上所述，美国的金融稳定计划主要由问题资产纾困计划、“两房”接管计划和美联储量化宽松货币政策组成。依目前情形看，可以认为美国三大金融稳定计划总体上取得了成功，特别是问题资产纾困计划的成功远超预期。这些计划不仅有力地促进了美国金融系统的稳定、房地产市场和实体经济的复苏，而且成功地将财政支出负担限制在美国政府可承受的范围内，避免了欧洲主权债务危机在美国的重演。当然，美国金融稳定计划也为美国政府留下了巨额隐性的或有债务，加大了美国主权债务不可持续的风险。不过，鉴于美国房地产和住房抵押贷款市场的持续稳定复苏、美联储逐步退出量化宽松政策不会在短期内对美国长期市场利率及长期债券的价格构成大的冲击，美国金融稳定计划所造成的巨额或有债务不会大规模地转化为现实的政府债务。未来数年，随着美联储逐步减持 MBS 和“两房”渐进压缩资产负债规模，美国金融稳定计划的或有债务负担将会稳定下降。

作为中国庞大外汇储备的最主要投资对象，美国主权债务的可持续性或者说美国国债的安全性，是中国社会各界密切关注的一个重要问题。目前，尽管我们难以判断美国政府能否毫发无损的，或付出较小的财政代价从金融稳定计划中退出，但美国金融稳定计划已有的成绩表明，美国政府具有较强的经济治理和债务管理能力，美国主权债务风险不会发展演变为难以收拾的主权债务危机。而且，美联储正在实施的缩减资产购买计划也显示，美国政府清晰地认识到，币值稳定的美元和负责任的货币政策是美国的根本利益所在，美国不太可能采取大规模债务货币化和放任美元贬值的方式来向别国转嫁其债务负担。当然，美国政府会在一定限度内实施财政赤字或债务的货币化策略，以获取铸币税收益，向外转嫁债务负担。从总体上看，美国政府债券的显性信用风险应很小，其汇率风险和通货膨胀风险总体上应处于可控的范围内。

同时，考虑到美国经济基本面优于其他发达国家，美国财政状况已逐步得到改善，且美国是率先逐步退出量化宽松政策的主要发达经济体，①从而，未来一段时间，美元相对于其他主要货币将很可能呈现较为强势地位。因此，中国在短期内不宜大幅降低外汇储备的美元资产份额。目前，美国经济逐步向好，以及美联储逐步退出量化宽松政策，将对美国国债等

① 欧洲中央银行的量化宽松政策却有加码的趋势。为缓解欧元区通货紧缩压力，欧洲央行于 2014 年 6 月 5 日将再融资利率削减至 0.15%，隔夜存款利率削减至 -0.1%，从而，欧洲央行成为全球首个实行负利率的主要央行。

无风险资产构成利空，而对股票、企业债券和不动产等风险资产形成利好，从而，美国国债价格将会稳步下跌，而美国的股票和不动产的价格将可能继续上涨。因此，未来中国外汇储备多元化的重点，不是币种的多元化，而应是证券品种的多元化，即逐步降低美国国债的持有份额，缩短所持美国国债的剩余存续期限，加大对股票、企业债券和不动产的投资力度。

第六章

美联储进入和退出量化宽松的节奏与效应

——兼论中国外汇储备的投资策略

一 引言

当前，举世瞩目的美联储削减资产购买规模计划已付诸实施。而且，美联储很可能在2014年秋季结束资产购买计划，并在2015年上半年启动升息进程。美联储削减资产购买计划和投资者关于退出量化宽松政策的预期，引发了国际金融市场的激烈反应甚至是震荡，不仅表现为美国债券收益率的明显上升、股市价格的大幅波动和美元汇率的迅速走强，而且体现在许多新兴经济体的资本外逃、资产价格急剧下跌和本币汇率大幅贬值。目前，全球各国关注的焦点是量化宽松政策退出的次序、节奏和影响。作为美国国债的最大海外投资者和持续的经常项目顺差国，中国关注的重点不是跨境资本外流和人民币汇率贬值，而是量化宽松退出对于美国国债的收益率和市场价格，进而对中国持有的美元资产价值的影响。显然，在评估量化宽松退出对于中国外汇储备美元资产的影响之前，须做好两件工作：一是分析概括量化宽松政策影响美国债券收益率的具体机制；二是预测量化宽松退出的具体步骤和次序。基于这一考虑，论文在回顾分析量化宽松政策的目标与进入阶段的基础上，系统概括了量化宽松作用于债券收益率的机制，分析预测了量化宽松退出的具体步骤和时间次序安排，全面评估了量化宽松退出对于美元资产和中国外汇储备资产安全的影响，提出了中国外汇储备资产多元化的政策建议。

二 量化宽松政策的目标

量化宽松（Quantative Easing，QE）是指在流动性陷阱等常规货币政策不能发挥作用的条件下，中央银行为稳定金融系统和刺激经济所采取的一种非常规货币政策措施。在量化宽松政策实施过程中，中央银行通过其公开市场账户在二级资本市场购买长期证券资产，以改善金融市场流动性状况和银行信贷条件。这将导致中央银行资产负债表的规模和结构出现显著变化。美联储2008年年底推出量化宽松政策的一个时代背景是，美国遭遇了严重的金融危机和大萧条以来最为惨重的经济衰退，联邦基金利率基本降至零的水平上。为抵御经济衰退和金融市场流动性紧缩，美联储几乎穷尽了所有常规性货币政策工具，然而其实施效果一直不彰。

量化宽松政策的目标正是克服流动性陷阱这种极端状况。在正常情况下，中央银行的常规性货币政策工具，如联邦基金利率的效果，要比量化宽松政策更为有效和可靠，但在流动性陷阱这一极端不利的条件下，中央银行的利率政策失去效用。在极端不利的情况下，中央银行虽可将名义利率降至零，但仍不能刺激经济。对于一国总需求而言，实际利率而非名义利率是主要的决定因素。在经济深度衰退和通货紧缩的情形下，货币政策制定者通常希望将实际利率降至负数，以刺激国内低迷的消费需求。但是，一旦名义利率降至零，中央银行再也不能降低名义利率了，从而，实际利率可能处于一个正的水平上。因此，一旦名义利率为零，常规货币政策便失效。具体而言，美联储的量化宽松政策主要有下述两个目标：

第一，拉平美国国债收益率曲线，降低美国长期国债的收益率。相对于美国短期国债，美国长期国债的利率对美国住房贷款利率、美国居民消费的影响更大。美联储在QE1、QE3阶段直接购买美国长期国债的行为将会直接导致其收益率下降。美联储扭曲操作的目标也是降低美国国债的期限风险溢价。扭曲操作通过卖出短期国债买入长期国债的方式来降低美国长期国债的利率。如果美国的长期国债和短期国债之间的套利交易是不充分的，扭曲操作可通过压缩期限风险溢价来降低长期国债利率。不过，由于美国的长期国债和短期国债的替代性强，从而，美联储扭曲操作的效果并非很成功。

第二，缩小风险资产与无风险的美国国债之间的风险或流动性利差。

住房抵押贷款支持证券（MBS）、银行存款和AAA级债券等私人债务工具，均与无风险的美国国债之间存在着一定的利差。私人部门的借贷和消费活动均决定于风险利率（非国债利率）。在无风险利率不变化的情况下，降低风险资产与美国国债之间的利差，对于促进美国实体经济也非常重要。要达到降低风险和流动性利差的目标，美联储可通过出售美国国债（资产置换）或货币发行的方式，来购买其他的风险资产和流动性较差的资产，如MBS等。前者将导致中央银行资产负债表的构成发生变化，而后者则导致央行资产负债表的规模出现增长（Blinder，2010）。在实际操作过程中，美联储主要通过发行货币的方式来购买房地美、房利美担保的MBS，以降低风险资产与美国国债之间的利差。

三　量化宽松进入的阶段

在促成量化宽松政策的推出方面，2008年9月雷曼兄弟倒闭是一个分水岭。此前，美联储应对金融危机的政策反应显得有些滞缓，其资产负债表基本没有变化。尽管美联储自2007年8月开始推出了一系列措施来向金融机构提供流动性支持，来改善美国金融市场的流动性紧缩状况，如大幅降低联邦基金利率、通过传统的贴现窗口向银行和其他金融机构发放再贴现贷款、直接向关键信贷市场上的借款人和投资者提供流动性等。此后，美联储开始高速扩张其资产负债表，其持有的长期美国国债和MBS，以及向商业银行提供的贴现贷款出现了急剧增长。与此相对应，商业银行在美联储的准备金存款的规模也呈迅猛增长的态势。从美联储资产负债表的规模和结构变动的角度看，量化宽松政策的进入或实施可大体划分为五个阶段：QE前、QE1、QE2、扭曲操作和QE3。

（一）QE前阶段

QE前阶段的时间跨度为2008年9月至2008年11月。雷曼破产导致美国金融危机急剧恶化，为缓解金融市场流动枯竭的状况，阻止银行间借贷活动的直线下跌，维持金融系统的稳定性，美联储主要通过各种信贷工具向金融机构注入大量流动性。美联储的资产规模从2008年9月3日的9067亿美元上升至2008年11月26日的21076亿美元，增长了1.32倍。美联储资产增长主要体现在：期限竞价信贷工具（Term Auction Facility，

TAF）由期初的1500亿美元升至4065亿美元；向商业银行等金融机构的再贴现贷款由190亿美元飙升至2590亿美元。另外，为缓解国际金融市场上的美元流动性短缺问题，美联储与其他中央银行的货币互换规模也由期初的620亿美元急剧升至4750亿美元。

同时，为增强美联储的贴现贷款发放能力，美国财政部开始提前借款，并将剩余资金存入其在美联储的存款账户。这导致美联储资产负债表负债方的“政府存款”账户的规模上升。从而，美联储可以在不增加银行法定准备金存款的情况下增加资产，向商业银行发放更多的再贴现贷款。这就有助于缓解美联储的短期国债持有量不足和经济刺激能力较弱的问题。美联储的“财政部存款”账户的规模从2008年9月3日的56亿美元大幅升至2008年11月19日的685亿美元。不过，这一操作初步打破了美国财政政策和货币政策之间的防火墙。

（二）QE1阶段

QE1阶段的时间区间为2008年11月底至2010年3月底。2008年11月下旬，美联储宣布实施第一轮量化宽松政策（QE1），开始购买美国政府支持企业房地美、房利美发行的机构债券及其担保的住房抵押贷款支持证券MBS。2008年12月起，为支持美国的住房抵押贷款市场，美联储开始购买总额为1750亿美元的机构债券和规模为1.25万亿美元“两房”担保的MBS。2009年，为降低美国住房抵押贷款市场和其他信贷市场的长期利率，美联储购买了3000亿美元的长期美国国债。2010年3月，美联储完成了1.25万亿美元“两房”担保的住房抵押支持证券的购买任务，这为美国住房抵押贷款市场提供了大量流动性，有助于住房抵押贷款利率降至美国家庭部门可承受的水平。在第一轮量化宽松政策执行期间，美国共购买了1.725万亿美元的长期住房抵押贷款支持证券、机构债券和美国国债。总体上看，美联储在QE1阶段购买主要是MBS这一问题资产或“有毒资产”，其目的在于巩固金融机构的资产负债表，向住房信贷市场注入流动性，稳定美国信贷市场。

（三）QE2阶段

QE2阶段的时间跨度为2010年11月至2011年6月，时间长度为8个月。虽然第一轮量化宽松政策帮助美国经济从衰退中逐步走了出来，然而疲弱的就业市场和房地产市场继续制约着美国的经济复苏，美国的通货紧缩风险仍然居高不下。2010 年 4 月开始，美国经济数据持续低迷不振。为加快美国经济复苏的步伐，2010 年 11 月，美联储宣布实施第二轮量化宽松政策（QE2），在 2011 年 6 月底购买总额为 6000 亿美元的美国国债。美联储购买长期国债，有助于降低美国的长期证券资产的收益率和长期住房抵押贷款的利率。

（四）扭曲操作阶段

扭曲操作的时间期限为 2011 年 9 月至 2012 年 12 月。扭曲操作通过压低长期利率而不是注入流动性的方式，来刺激美国住房市场和经济的复苏。2011 年下半年，欧洲主权债务危机加剧了投资者对于美国经济下行风险的担忧。为稳定市场预期，2011 年 9 月，美联储公开市场委员会宣布实行“扭曲操作”，计划延长美联储资产组合的剩余存续期限，用 4000 亿美元剩余存续期较短的国债来置换剩余存续期限较长的国债，购入国债的剩余存续期为 6 年至 30 年，而出售国债的剩余存续期为 3 年以下，以保持美国长期利率处于低水平。

美联储用剩余存续期较短的国债来置换剩余存续期较长的国债的行为，将有助于降低美国长期国债的期限风险溢价，从而压低美国长期国债的收益率。鉴于美国住房抵押贷款等长期融资利率一般以美国长期国债收益率为基准，因此，美国长期国债收益率的下降将有助于降低长期贷款利率，从而起到加快美国住房市场的复苏步伐、刺激企业投资和鼓励居民消费的作用。从本质上看，美联储的扭转操作与 QE2 基本相同，均通过降低美国长期国债收益率的方式，来提振美国的住房市场和经济。二者区别在于，QE2 是美联储通过货币增发方式购买美国长期国债，而扭曲操作则是美联储通过卖出剩余存续期较短的国债的方式筹集资金，再购入剩余存续期较长的长期国债，但操作力度较 QE2 更为温和（李青、赵文利和谢亚轩，2013）。

（五）QE3 阶段

QE3 阶段始于 2012 年 9 月。在美国住房和劳动力市场依旧低迷、长短剩余存续期国债置换效果有限和长期资金融资利率压力上升的背景下，美联储于 9 月 13 日宣布实施第三轮量化宽松政策（QE3）。在 11 票赞成、1

票反对的情况下，美联储决定启动一项新的开放式的“两房”担保的住房抵押贷款支持证券 MBS 购买计划，每月的 MBS 购买规模为 400 亿美元。同时，美联储公开市场委员会还指令公开市场操作台在 2012 年底前继续实施 6 月份宣布的计划，即延长所持有证券的到期期限，并把美联储持有的到期证券的回笼资金继续用于购买 MBS。2012 年 12 月 12 日，美联储公开市场委员会宣布每月增加购买 450 亿美元的中长期国债，以使长期利率维持在足够低的水平，直至满足特定的门槛条件，如失业率降至 6.5% 或通货膨胀率超过 2.5%。这对美国住房抵押贷款市场构成了强力支撑，并有助于美国金融机构修复资产负债表，促进美国经济的稳定复苏。

自第三轮量化宽松政策实施以来，美联储的资产负债表的规模和结构发生了显著变化，表现为资产负债总规模大幅上升，其中，资产增加主要来源于国债和 MBS，而负债上升主要体现在商业银行的准备金存款和货币发行。美联储的总资产规模由 2012 年 9 月 12 日的 2.82 万亿美元增长至 2014 年 3 月 19 日的 4.22 万亿美元，增长了 49.6%。其中，国债持有量由 QE3 实施前的 1.65 万亿美元增长至 2014 年 3 月的 2.31 万亿美元，增长了 40.0%；MBS 的持有量由 8400 亿美元增长至 1.60 万亿美元，增长了 90.5%。在美联储的债务方面，商业银行在中央银行的准备金存款由 QE3 实施前的 1.50 万亿美元增至 2014 年 3 月的 2.76 万亿美元，增长了 84.0%；货币发行量由 1.08 万亿美元增长至 1.22 万亿美元，增长了 13.0%。

四　量化宽松对美国债券收益率的影响渠道

美联储的大规模购买美国长期国债和住房抵押支持证券 MBS 的行为，通过资本约束渠道、资产稀缺渠道、流动性渠道和安全溢价渠道等机制，显著改善了金融机构的资产负债表，提高了投资者的风险承担能力，稳定了美国住房抵押贷款市场，导致美国长期国债、机构债券和 MBS 的名义收益率大幅下降。关于量化宽松对美国债券资产收益率的影响机制，Krishnamurthy 和 Vissing-Jorgensen（2011，2013）作了系统的概括。具体来说，有以下九个具体的影响渠道：

（一）资本约束渠道（Capital Constraints Channel）

量化宽松可缓解因金融机构的资金不足而引致的债券需求短缺问题，

有助于债券收益率维持在较低的水平上。在全球金融危机期间，美国金融市场的流动性极度缺乏，证券资产价格大幅下跌，而金融机构又被迫低价大量抛售所持有的证券资产，以满足资本金比率和债务偿还要求，从而导致投资者对证券资产的需求急剧下降，以至于债券价格陷入螺旋下跌的困境，债券收益率大幅上升。加之，大量 MBS 的基础资产次级住房抵押贷款的违约风险急剧上升，致使 MBS 的风险溢价和收益率大幅上升，市场价格急速跌落。因此，美联储大量购买 MBS，可有效弥补金融机构因资本短缺而引发的 MBS 需求不足问题，有助于尽快稳定美国的住房信贷市场。

（二）资产稀缺渠道（Scarcity Channel）

美联储购买大量 MBS 将会有效降低 MBS 的市场供给量，压低 MBS 的风险溢价，从而压缩了 MBS 与美国国债之间的利差。MBS 供应的稀缺性，将促使商业银行有更大的激励去发放更多的住房抵押贷款，以缓解 MBS 供给的相对短缺性。资产稀缺渠道是美联储购买 MBS 发挥作用的一个主导渠道。2011 年以来，随着美国的金融市场趋于稳定和房地产市场的明显复苏，MBS 的风险溢价大幅下降。经验研究也表明，美联储购买 MBS 有助于其收益率的下降。这就是通过“资产稀缺渠道”发挥作用（Krishnamurthy 和 Vissing-Jorgensen，2013）。

（三）久期风险渠道（Duration Risk Channel）

美联储通过购买长期的美国国债、机构债券和住房抵押支持证券 MBS，以及剩余存续期限长短两种国债置换的扭曲操作，可降低投资者持有美国长期债券资产的久期风险，特别是导致长期债券收益率的下降幅度大于短期债券，改变了债券资产的收益率曲线。关于量化宽松对美国债券收益率的影响，久期风险渠道有两个主要的预测结论：一是 QE 降低了长期债券资产的名义收益率，如国债、公司债和 MBS；二是 QE 对债券收益率的影响与债券的久期成正比，债券的久期越长，QE 对债券收益率的影响越大。

（四）流动性渠道（Liquidity Channel）

美联储通过货币发行的方式来购买美国长期证券资产，将不可避免地导致商业银行在美联储的准备金存款大幅上升。相比较于长期证券资产，商业银行准备金存款无疑是一种流动性非常强的资产。从而，量化宽松显著增强了投资者和金融机构的流动性，进而导致绝大多数流动性较好的债券资产的流动性溢价下降。关于量化宽松政策的影响，流动性渠道的预测结论主要有：一是 QE 有助于提高而不是降低美国国债的收益率。美国国债是流动性最高的债券资产，在通常情况下，美国国债有流动性价格溢价。这一溢价在金融危机时通常较高。美联储的量化宽松政策显然会导致美国金融市场流动性扩张，而流动性的扩张将会降低美国金融市场的流动性溢价，压缩其他债券资产与美国国债之间的流动性利差，从而相对提高美国国债的收益率。二是量化宽松对流动性证券资产的影响大，而对流动性差的资产基本不产生影响。

（五）安全溢价渠道（Safety Premium Channel）

从名义利息支付和本金偿还的确定性角度看，美国的国债和机构债券是安全资产。投资者对于长期安全资产的旺盛需求导致了美国国债存在安全溢价。美国国债的安全溢价体现在其高质量的担保物和长期安全的价值储藏工具（对于名义价值而言）。美联储购买长期美国国债将会增加其有效需求，减少其市场供给，从而可提高其安全溢价，降低其收益率。相对于美国国债，低信用等级的 MBS 显然是非安全资产，其风险主要来源于两方面：一是违约风险，住房抵押贷款人不能按期偿还贷款和 MBS 发行机构的资不抵债将可能导致 MBS 的本金与利息不能按时足额偿付；二是提前偿还风险，长期性住房抵押贷款利率的下降，将鼓励住房抵押贷款人借新债偿旧债的行为，从而 MBS 的提前偿还风险将显著提升。

投资者对安全资产的需求增加将会降低这些资产的收益率。一项经验研究显示，当美国长期国债的供给量减少，从而满足投资者安全需求的长期安全资产供应量减少时，BBB 级债券与 AAA 级债券的利差扩大。例如，在 1925—2008 年期间，上述两种债券的利差与美国长期国债的供给负相关（Krishnamurthy 和 Vissing-Jorgensen，2011）。关于量化宽松政策对美国债券资产收益率的影响，安全溢价渠道有两点预测结论：一是美联储购买美国的国债和机构债券降低了安全资产的收益率；二是量化宽松政策对安全资产的收益率影响最大，而对 BBB 级等低信用等级的债券，以及具有提前偿还风险的 MBS 等债券的收益率几乎不产生影响。

（六）信号显示渠道（Signalling Channel）

量化宽松政策在降低美国长期债券收益率的同时，也是借机向美国的金融机构和投资者发出信号，美联储将金融市场利率维持在低水平的政策承诺是可信的。美联储购买大量的美国长期债券将有助于维持这一承诺。如果美联储提高利率，其购买的证券资产价格将会下跌，其资产负债表将会遭受损失。并且，如果美联储将资产赢利状况作为其货币政策的一项目标，则购买长期资产是美联储维持低利率政策的一个可信承诺。而且，美联储的一些政策声明也对未来联邦基金利率产生影响。作为基准利率，联邦基金利率能对美国所有债券市场利率产生影响。显然，美联储的货币政策具有周期性特征，它会随着美国经济形势的演变而变化。例如，当美国的房地产市场和总体经济实现强劲复苏，甚至出现经济过热苗头时，美联储不可能再继续维持低利率政策，其将可能选择卖出所持有的证券资产，或者提高联邦基金利率等方式来平抑通货膨胀风险。因此，量化宽松政策信号显示渠道的影响力，主要体现在降低短期债券而不是长期债券的收益率。

（七）提前偿还风险溢价渠道（Prepayment Risk Premium Channel）

提前偿还风险指因为借款人提前偿还贷款，导致放款人提前收回本金和降低资金回报的可能性。就住房抵押贷款的借款人而言，提前还款通常是因为市场利率下降，以较低的利率重新安排一个住房抵押贷款比维持现状合算，因此，当住房抵押贷款利率下降时，提前还款将会趋于活跃。住房抵押贷款借款人的提前偿还行为，将会压低 MBS 及其基础资产的回报率，进而导致 MBS 的价格下跌。

住房抵押贷款提前偿还风险溢价取决于住房抵押贷款和 MBS 的投资人所承担的提前偿还风险的规模。提前偿还风险溢价渠道与 MBS 的收益率高度相关。美联储在第一轮、第三轮量化宽松操作过程中购买了大量 MBS，导致 MBS 相对于其他债券的市场收益率出现明显下降。第二轮量化宽松政策没有涉及 MBS 资产的购买，对 MBS 的收益率不产生影响。

（八）违约风险渠道（Default Risk Channel）

信用等级低的债券的违约风险通常高于国债等高信用等级的债券资产。美联储的量化宽松影响着美国债券资产违约风险的规模和价格（如风险溢价）。

如果量化宽松政策能成功地促进美国经济的复苏，美国企业的违约风险将会下降，从而美国企业债券的收益率也将会下降。而且，根据标准的资产定价模型的预测结论，在经济复苏的情形下，投资者的风险回避度出现下降，从而违约风险的溢价下降。另外，MBS 提前偿还风险的下降，意味着商业银行的资产质量改善和资本金更为稳固，从而可进一步降低违约风险。

（九）通货膨胀渠道

量化宽松属于扩张性货币政策，能显著强化公众对于通货膨胀的预期，从而对债券的收益率产生影响。在投资者对量化宽松政策的通货膨胀效应不确定的环境下，其将加剧利率的不确定性和波动性。但与此同时，量化宽松这种极端货币政策能有效地打破通货紧缩的下降螺旋，从而可降低利率不确定性。关于量化宽松政策对于债券收益率的影响，通货膨胀渠道有两点预测结论：一是强化通货膨胀的预期，从而美国国债的名义收益率与 TIPS 收益率之间的利差将扩大；二是对利率的影响是不确定的，既可能增大也有可能降低利率的不确定性。

五　量化宽松政策退出的机制与次序

美联储退出量化宽松政策或其资产负债表正常化的长期目标，不仅要削减资产和债务的规模，出售美国长期 MBS、机构债券和国债，将资产负债规模恢复至金融危机前 1 万亿美元左右，而且要调整资产负债表的结构，形成以短期美国国债为主的资产组合。鉴于当前美联储的资产规模高达 4. 2 万亿美元之巨，其退出量化宽松的过程将是漫长的，可能长达 5—6 年之久。为尽量减少退出量化宽松对美国住房信贷市场和美国经济造成的负面冲击，美联储货币政策正常化过程可遵循如下步骤：

（一）缩小乃至停止资产购买计划

美联储退出量化宽松政策的第一步是削减资产购买规模，并最终停止资产购买计划。2013 年 12 月，在美国的房地产市场和实体经济实现了稳定复苏的背景下，美联储宣布从 2014 年 1 月起每月各削减 50 亿美元的 MBS、长期国债的购买规模，即其月购买量分别降至 350 亿美元、400 亿美元。2014 年 1 月底，美联储再度宣布，从 2014 年 2 月起，将每月的

MBS、美国长期国债的购买规模各再削减50亿美元，即美联储的月度资产购买量降至650亿美元。2014年3月，美联储的议息会议决定继续推进缩减刺激规模的计划，宣布从2014年4月起每月各减少50亿美元的MBS和长期国债的购买量，从而，美联储的月度证券资产购买规模削减至550亿美元。根据美联储主席耶伦提供的信息，如果美国实体经济和就业状况持续显著改善，通货膨胀率回到长期均衡水平，美联储很可能在2014年秋季结束购买证券资产。需要指出的是，美联储削减资产购买计划的步骤不是预先设定的，而是取决于美国的劳动力市场和通货膨胀状况，以及资产购买计划本身的效果和成本。

（二）停止到期债券本金再投资计划

如果美国经济维持稳定的复苏态势，美联储将可能在2015年年初开始停止到期债券本金的再投资计划，尝试逐步削减其资产负债表的规模。如果美联储选择持有所购入的长期美国国债、机构债和MBS等债券资产直至到期，美联储的资产负债表正常化将是一个非常漫长的过程。在过去近5年中，美联储通过购入长期债券和扭曲操作，其资产结构已高度长期化，主要以长期的美国国债、机构债和MBS为主，短期债券的规模几乎可以忽略不计。2014年3月中旬，美联储持有的美国国债的剩余存续期限几乎全部为1年以上，其中5年以上的占64%，而持有的MBS的剩余存续期几乎全部在10年以上。显然，如果美联储持有其购买的长期债券直至到期，就意味着美国金融市场上缺乏长期债券的投资者，这将引发投资者的不确定情绪，对美国债券市场的发展显然不利。因此，美联储需要采取反向扭曲操作和出售债券等方式来加快其资产负债表正常化进程。

（三）反向扭曲操作和资产置换

如果美国经济维持良好的复苏势头，美联储退出量化宽松政策的第三步是反向扭曲操作，即卖出剩余存续期较长的国债，购入剩余存续期较短的国债。美联储的反向扭曲操作很可能出现于2015年上半年，与其资产购买削减计划同时进行。在2011年9月至2012年12月的扭曲操作期间，美联储共购入了约6670亿美元剩余存续期为6—30年的美国国债，卖出了等额剩余存续期较短（2—3年）的美国国债。鉴于2013年9月美联储持有的长期国债规模高达约2万亿美元，反向扭曲操作的总规模将很可能超过1万亿美元，这将导致美国长期国债的收益率上升，拉大美国长短期国债之间的收益率利差，并进一步抬升美国长期信贷市场的利率，以逐步降低美国金融市场的流动性。

从优化美国货币政策的角度看，美联储和美国财政部可考虑进行资产置换，即前者用相同面额、剩余存续期限的MBS换取后者发行的美国国债。这一交易不存在着风险从私人部门向公共部门转移的问题。因为，美联储其实是一个广义上的美国政府部门，美国政府面临的总财务风险没有发生变化。这一方案的优点是，美联储可更为有效地实施货币政策。美联储可以通过出售美国国债而不是MBS的方式来回收流动性，以限制信贷增长和通货膨胀率的上升。当然，美国财政部从而美国将会承担MBS价格波动的风险，但如果财政部持有MBS直至其到期，或者到美国住房市场充分恢复后再逐步卖出MBS，将可减少美联储因调控国内市场利率而被迫卖出MBS所遭受的价格损失。总之，美联储与美国财政部之间的国债和MBS互换，对于美国纳税人总体上是有利的。原因在于：一是有助于维护MBS的市场价格稳定；二是为美联储提供了一个温和退出量化宽松的方式，有助于维持美国经济的稳定（Steil，2013）。美联储与美国财政部之间的MBS和国债的置换，实际上是将MBS从美国财政部的资产负债表外划入表内，将不可避免地导致美国政府债务上限的上升。在目前美国两党政治生态环境下，MBS和国债置换的难度很大。

（四）回收流动性和出售国债

美联储退出量化宽松政策的第四步是从商业银行和金融市场回收流动性。这一措施可能在2015年上半年开始实施。美联储削减商业银行系统流动性规模的工具主要有：第一，针对商业银行在美联储的超额准备金存款，发行“定期存款凭证（Term Deposits Certificate）”，以在一个固定时间内（通常为1年）冻结商业银行的超额准备金存款；第二，国债回购操作。美联储向商业银行不断卖出美国国债，并承诺在一个较短的固定时期后（通常为3个月）购回。从功能上看，这两种工具是相同的，均可减少商业银行在美联储的超额准备金存款及其可贷资金规模，从而达到约束信贷增长和通货膨胀的目标。但是，如果美联储通过发行“定期存款凭证”或国债回购的方式来回收流动性，它就必须要支付市场所要求的资金利率。这意味着，美联储不仅失去了对市场利率的控制，而且其利息支出成本也出现上升。显然，美联储不会放任市场利率的大幅上升，必将对利率设置上限规定。从而，美联储不可能通过这两个政策工具从银行系统回收足够多的流动性（Steil，2013）。

对于美联储而言，回收金融市场流动性的一个常规且效果较好的方法是出售其持有的美国国债和 MBS。考虑到 2015 年上半年美国房地产市场的复苏基础尚不稳固，出售美国国债而不是 MBS 应是一个可行的选择。这是因为，美国国债市场是世界上规模最大、流动性最强的市场，美联储出售美国国债，对于住房抵押贷款利率和住房价格的影响将非常温和，从而其对美国金融市场的影响将较为微小；而美国 MBS 市场是一个缺乏流动性的市场，美联储出售 MBS 将对美国住房抵押贷款市场形成较大的负面冲击。

（五）提高超额准备金利率和联邦基金利率

美联储退出量化宽松政策的第五步是提高基准利率。在伯南克时期，美联储提高基准利率的触发条件是通货膨胀率超过 2%、失业率降至低于 6.5%。在 2014 年 3 月 19 日的议息会议上，美联储对利率政策的前瞻性指引作出了重要调整，摒弃了 6.5% 的失业率这一门槛指标，转而将低利率与一篮子较为模糊的经济指标相联系，如就业市场状况、通胀压力、通胀预期和金融发展指标。如果美国经济复苏状况良好，物价上涨压力持续有所上升，美联储可能在 2015 年上半年开始启动升息进程。

目前，美国的银行系统拥有充足的准备金，联邦基金市场的重要性已显著下降，联邦基金利率的调整难以影响美国短期利率的运动。从而，商业银行在美联储的超额准备金存款的利率（短期利率）将很可能取代联邦基金利率作为美联储的政策利率。待美联储的资产负债规模和商业银行的超额准备金存款总量大幅收缩后，联邦基金利率才有可能再度成为美国短期融资市场的基准利率。美联储很可能先提高超额准备金存款的利率，随后小心翼翼地逐步提高联邦基金的利率。

在初期，美联储将会试探性地逐步小幅加息，其目的有三点：一是消除负利率状况，实现货币政策的正常化，并让利率发挥市场信号作用，向投资者表明其反通胀的决心，引导市场预期；二是测试美国经济和投资者对市场基准利率提高的反应度和承受力；三是缓步加息可以为美联储出售美国国债和 MBS 创造有利的市场环境，若基准利率上升过快引起债券价格大幅下跌，不仅使美联储遭受资产损失，而且可能导致美国住房抵押贷款市场流动性显著下降（谭小芬、熊爱宗和陈思翀，2013）。

（六）出售 MBS

美联储退出量化宽松的最后一步是出售 MBS，逐步实现美联储资产负债表的正常化。美联储出售 MBS 计划预计在 2015 年年底 2016 年年初启动。美联储出售 MBS 的触发条件是美国的房地产市场和劳动力市场恢复至健康水平，美国经济甚至出现过热的迹象。美联储之所以将出售 MBS 作为退出量化宽松的最后一步，理由主要有三点：首先，美国的房地产市场和 MBS 市场处于美国金融危机的震中，受损最为严重，需要较长的恢复时间和较大力度的政策支持。其次，MBS 市场的流动性较低。如果 MBS 的存量在未来数年维持不变，美联储持有的 1.5 亿美元 MBS 将占市场总量的 30%。显然，对于美联储而言，MBS 市场显然不是一个流动性的市场。美联储出售 MBS 将会对该市场形成巨大的打击。这将很可能导致 MBS 的价格大幅下跌，MBS 的收益率大幅上升，住房抵押贷款的利率将会大幅上升。这显然不是美联储所希望看到的。最后，美联储量化宽松政策的首要目标是降低长期住房抵押贷款利率，美联储过快出售 MBS 将导致住房抵押贷款利率大幅上升，显然不利于量化宽松目标的实现，从而，维持 MBS 市场的稳定是美联储一个最为优先的目标。鉴于美联储持有的 MBS 规模巨大，其出售过程将可能持续 4 年左右的时间。美联储资产出售的目标是恢复到金融危机前 1 万亿美元的水平，其资产将以美国国债特别是短期国债为主，MBS 和机构债券将会被全部卖出。

六　量化宽松政策退出对美元资产的影响

美联储退出量化宽松对美元资产产生多重影响，具体有：一是美国债券资产的收益率将上升；二是美国债券的价格将下跌，特别是期限较长的债券价格下跌幅度更为明显；三是美国股票和房地产市场将会出现暂时性下跌或涨势趋缓，但会实现稳定反弹；四是在资产收益率上升、经济基本面向好和美元套利交易平仓等因素的综合作用下，美元汇率将呈现稳定的升值态势。

（一）美国债券收益率

美联储退出量化宽松政策将不可避免地导致美国债券和 MBS 的收益率

上升。自美联储2013年6月表态考虑缩减资产购买规模和逐步退出货币刺激措施以来，美国国债市场经历了全球金融危机以来最为严重的抛售风潮，一些主要投资者开始出售美国长期国债。美国长期债券的基准利率——10年期美国国债收益率已由2013年5月初的1.66%升至2013年9月的2.81%，并在2013年年底2014年年初进一步涨至2.9%左右，但在2014年5月回落至2.6%。不过，美国短期国债市场基本不受影响，仍处于零利率水平（见图6—1）。目前，美国国债市场的走势已经非常明显。如果美国经济在2014年继续维持强劲的复苏态势，美国债券市场的收益率将会上升，10年期美国国债的收益率预计可能超过3%。另据美国国会预算办公室CBO的预测，美国10年期国债的平均收益率在2014年、2015年、2016年和2017年将分别达3.1%、3.7%、4.3%和4.8%，而在2018—2024年期间将进一步升至5.0%（CBO，2014）。考虑到美国MBS市场的流动性远小于国债市场，美联储退出量化宽松政策对于MBS收益率的影响应远大于美国国债。美国30年期住房抵押贷款利率由2013年5月的3.54%升至2013年9月的4.49%，随后围绕着4.40%的水平上下震荡。而且，经验研究显示，美联储停止购买和出售MBS对于不同类型MBS收益率的影响是不对称的，对发行时间长、收益率较高的MBS，以及非机构担保的大额住房抵押贷款支持证券收益率的影响将较为有限，而对发行时间较短、收益率较低的MBS收益率的影响较大（Krishnamurthy和Vissing-Jorgensen，2013）。

总体上来看，美国国债和MBS的收益率应不会出现大幅上升的情况。这是因为，美联储退出量化宽松是一个渐进的过程，其进度取决于美国就业、经济增长和通货膨胀等数据。如果量化宽松退出的步伐过快，对金融市场的破坏性影响过大，美联储可能会随时停止退出量化宽松，甚至增加证券资产的购买规模。而且，美联储也改进了与投资者的沟通方式，加强了与主要经济体的货币政策协调，美联储最近两次出台的资产购买削减计划对国际金融市场的冲击已大幅放缓。不过，随着量化宽松退出预期的强化，美国金融市场的波动性将会加剧。

（二）美国债券价格

美国债券收益率的上升显然将导致存量债券价格的下跌，而且存量债券的期限越长，债券价格下降的幅度越大。为分析收益率上涨对美国国债

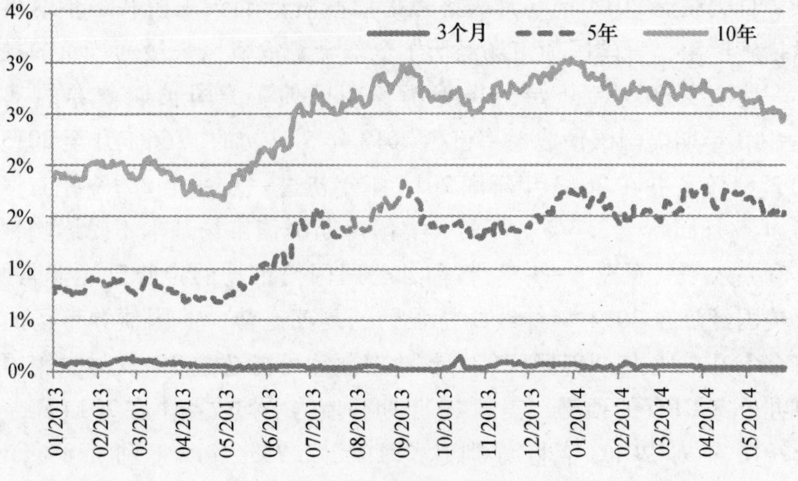

图 6—1　美国国债收益率

资料来源：CEIC。

价格的量化影响，我们可利用债券的现价、收益率和期限的关系表达式进行分析。该关系式可表示为：

$$PV = \sum_{t=1}^{n} \frac{C}{(1+i)^t} + \frac{FV}{(1+i)^n} = C\frac{1-(1+i)^{-n}}{i} + \frac{FV}{(1+i)^n}$$

其中，PV 为债券现值，C 为每期支付的利息，i 为债券收益率，t 为债券到期期限，n 为债券的剩余存续期限，FV 为债券的面值。

鉴于美国国债的主要品种是 5—10 年期国债，且 10 年期国债的收益率是美国长期国债的基准收益率，为方便起见，我们假定美国发行的长期国债的平均期限为 10 年，美国长期国债的平均收益率为 10 年期国债的收益率，且美国长期国债的剩余存续期限有 5 年、10 年两种情形。现以 2013 年 9 月至 2014 年 1 月的 10 年期美国国债平均收益率（2.8%）为分析起点，考察债券收益率变化对美国长期国债价格的影响。假定美国 10 年期长期国债的票面价值为 100 美元，当前年收益率为 2.8%，收益率的区间为 2.5%—5.5%，[①] 债券利息一年支付两次（每半年支付一次）。

美国长期国债的收益率与现值、资本损益的对应关系反映在表 6—1

---

① 从美国国会预算办公室 2014 年关于美国国债收益率的预测来看，未来 5 年，美国 10 年期国债收益率的区间为 2.5%—5.5% 是一个非常保守的估计。

中。如该表所示，在美国国债的剩余存续期为5年的情况下，若10年期国债的平均收益率升至3.0%，其价格将下跌0.9%；若美国国债平均收益率升至4.0%，其价格将下降5.4%；若美国国债平均收益率进一步升至5.5%，则其价格将下跌11.7%。在美国国债的剩余存续期为10年的情况下，若国债平均收益率升至3.0%，其价格将下跌1.7%；若国债平均收益率升至4.0%，其价格将下跌9.8%；若国债收益率进一步升至5.5%，其价格将下降20.6%。

表6—1　　**美国10年期国债的潜在收益率、现值及潜在资本损益**

单位：美元

国债收益率	剩余存续期5年			剩余存续期10年		
	国债现值	资本损益率	外储资本损益（亿）	国债现值	资本损益率	外储资本损益（亿）
2.5%	101.4	1.4%	210	102.6	2.6%	390
2.8%	100.0	0.0%	0	100.0	0.0%	0
3.0%	99.1	-0.9%	-135	98.3	-1.7%	-255
3.2%	98.2	-1.8%	-270	96.6	-3.4%	-510
3.5%	96.8	-3.2%	-480	94.1	-5.9%	-885
4.0%	94.6	-5.4%	-810	90.2	-9.8%	-1470
4.5%	92.5	-7.5%	-1125	86.4	-13.6%	-2040
5.0%	90.4	-9.6%	-1440	82.9	-17.1%	-2565
5.5%	88.3	-11.7%	-1755	79.4	-20.6%	-3090

资料来源：作者的计算。

（三）股票和不动产价格

从时间角度看，美联储退出量化宽松对于美国的股票和房地产市场将产生不同方向的影响。从短期来看，退出量化宽松意味着美联储将收紧流动性，显然会对美国股票和不动产市场产生负面影响，导致相关资产价格下跌。然而，从长期来看，退出量化宽松表明美联储有实施负责任货币政策的意愿，这将有利于美国股票和房地产市场的长远稳定发展。而且，美联储退出量化宽松实际上还发挥着向投资者传递美国经济基本面向好这样一个信号显示功能。

如图6—2和图6—3所示，在美联储削减证券资产购买规模之后，美国的股票市场和房地产市场继续维持稳定的反弹态势。美联储时任主席伯

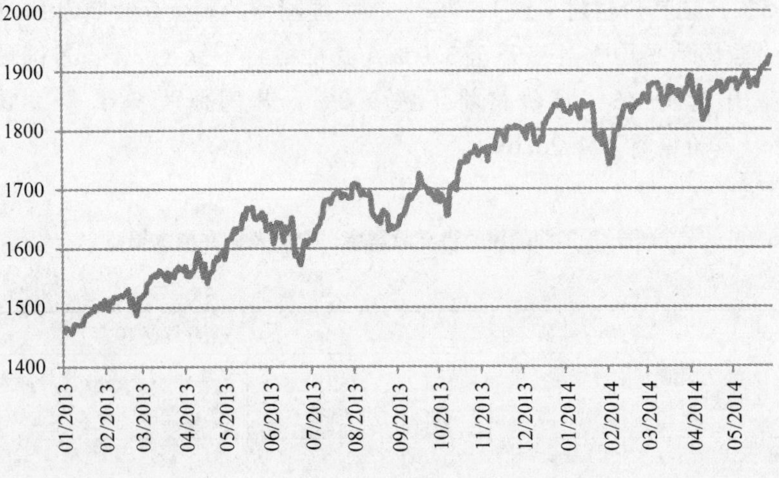

图6—2　美国标准普尔500股票价格指数

资料来源：CEIC。

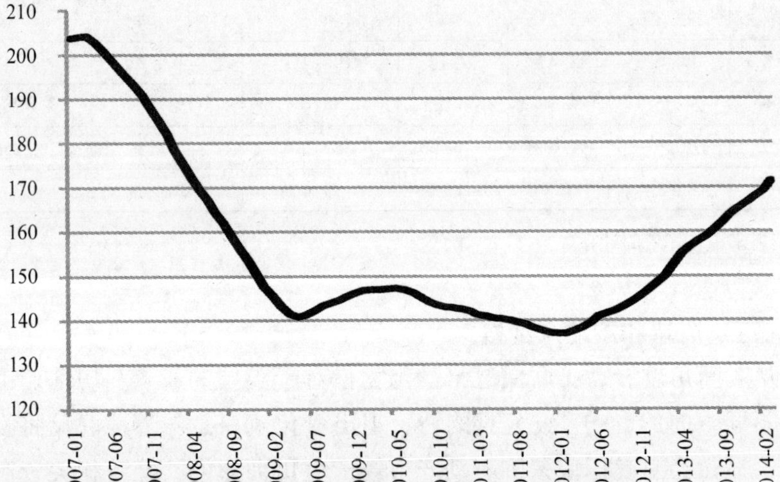

图6—3　美国20大城市Case-Shiller房屋价格指数

资料来源：Standard & Poor's。

南克在 2013 年 6 月 19 日宣布考虑在当年晚些时候逐步缩减资产购买规模时，曾引发美国股票市场的大幅下跌，标准普尔 500 股票价格指数由前一个交易日的 1652 点跌至当日的 1629 点，下跌了 23 点，并在随后的一个交易日继续大跌 41 点，下跌幅度分别达 1.4%、2.5%。不过，美国股票市场随后实现了强劲反弹。2014 年 5 月，标准普尔 500 股票价格指数已回升至 1900 点上方。同时，根据标准普尔公司发布的 Case-Shiller 房屋价格指数，美国 20 座大城市的房屋价格在 2012 年 1 月触底反弹以来，一直维持着稳定的上升态势，由谷底的 137.1 升至 2014 年 3 月的 171.4，已反弹至次贷危机前 2007 年 1 月房价水平的 84%。显然，美联储缩减资产购买规模没有打断美国房价的上升进程。因此，美国股票和房地产市场可能因量化宽松政策的退出而出现暂时性下跌或涨势趋缓，但美国经济健康的基本面将会促使其实现稳定反弹。

（四）美元汇率

美联储退出量化宽松政策将会导致美元升值。从历史经验的角度看，一旦美联储紧缩货币政策，美元便进入升值通道。例如，在 2004—2005 年期间，美联储连续八次提高联邦基金利率，致使美元指数由 87.0 升至 92.4。导致美元汇率走强的因素主要有四点：首先，美联储是第一个实施退出量化宽松政策的全球主要中央银行，将加大美国债券收益率上升的压力。其次，美联储退出量化宽松政策向市场传递了其反通货膨胀的信号，有助于缓解投资者对美国政府债务货币化的忧虑，调低市场对美国未来通货膨胀率的预期。再次，美国率先退出量化宽松政策，与美国经济在发达经济体中率先复苏是相一致的，而美国企业盈利状况的明显改善，将有助于降低美国私人和政府的债务违约风险，推动美国股票价格上扬。最后，美元套利交易平仓将导致国际资本回流美国，进一步强化了美元的升值压力。美元较长时间保持弱势和零利率水平，导致美元成为套利交易的融资货币，投资者借入低息的美元，转而投资于高收益率的新兴经济体以获取较高的投资回报。随着美联储退出 QE 政策，美元资产的收益率上升和美元升值，将导致美元套利交易平仓，致使大量国际资本回流美国。上述因素的共同作用，将为美元升值创造一个有利的环境。一些研究预计，在 QE 政策退出一年后，美元兑欧元的汇率可能达到 1∶1.22 的水平（Perspectives Pictet, 2013）。而且，美元将会相对于绝大多数发达国家和新兴经济体的货币呈现出明显的升值态势。

美联储缩减资产购买规模和投资者对量化宽松政策退出的预期对美元汇率产生了一定的影响。美联储在2013年6月19日宣布准备缩减资产购买规模对外汇市场形成了较大冲击。如图6—4所示，6月20日，美元兑日元汇率升值了3.1%；在6月20—21日两个交易日，美元兑欧元汇率共升值了2.2%，美元指数①也上升了1.1%。一些主要新兴经济体货币兑美元的汇率也出现了明显下跌。6月20日，巴西雷亚尔、南非兰特和印度卢比相对于美元分别下跌了4.0%、2.4%和1.5%。印度尼西亚等一些新兴经济体因美联储退出量化宽松预期而面临着大规模的资本外流问题，甚至可能发展演变为国际收支危机和货币危机。此后，美联储就退出量化宽松政策改进了与投资者的沟通，并加强了国际政策协调，美元汇率的波动幅度明显趋缓。

2013年7月以来，一个比较有趣的现象是，在全球各国货币，甚至包括长期坚挺的人民币，兑美元汇率纷纷下跌之际，欧元的表现却是一骑绝尘，其兑美元的汇率呈现出稳定升值态势。欧元兑美元的汇率已由2013年7月9日的高点1∶1.28升至2014年5月20日的1∶1.37，升值6.8%。这拖累了美元指数由前期的84.6跌至后期的80.0，下跌了5.4%。欧元兑美元升值的原因主要有：一是欧元区基本走出主权债务危机的泥潭，一些重债国的国债市场的吸引力在逐步提高，吸引了包括美国在内的国外资金流入欧元区主权债券市场；二是欧元区出现了通货紧缩的迹象，通货膨胀率显著低于美国，导致欧元资产的实际收益率明显高于美元，从而对欧元升值有较大的助推作用；三是欧元区经济实现了复苏，吸引了一定规模的国际资本进入欧元区来寻求投资机会；四是在全球金融危机期间，欧元兑美元汇率下跌经历了大幅下跌，本轮欧元汇率反弹，也有修正前期欧元汇率超跌的因素。不过，未来一段时间，欧元相对于美元将可能失去继续升值的动力，基本因素有两点：一是在美联储逐步退出量化宽松政策之际，欧洲中央银行的量化宽松政策却有加码的趋势。为缓解欧元区通货紧缩压力，欧洲央行于2014年6月5日将再融资利率削减至0.15%，隔夜存款

① 美元指数的构成货币包括欧元、日元、英镑、加拿大元、瑞典克朗和瑞士法郎，其权重依次为57.6%、13.6%、11.9%、9.1%、4.2%、3.6%。从而，美元兑欧元的汇率波动对美元指数的影响最为显著，甚至在一定程度上决定着美元指数。

利率削减至 -0.1%，从而，欧洲央行成为全球首个实行负利率的主要央行。二是美国的经济复苏速度和经济弹性明显优于欧元区，这有利于美元汇率走强。

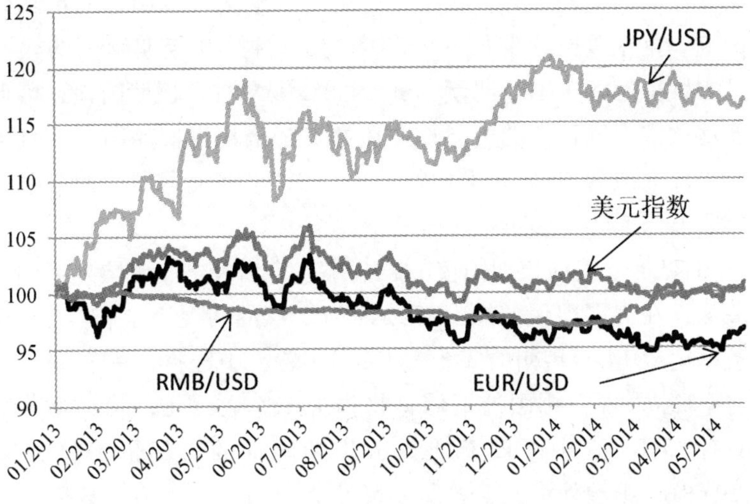

图 6—4　美元汇率的变动状况

注：美元汇率用间接标价法表示，图中曲线的上升表示美元升值，下降表示美元贬值；2013 年 1 月 2 日欧元、日元和人民币兑美元的汇率指数以及美元指数均为 100。

资料来源：CEIC。

七　量化宽松政策退出对中国外汇储备资产的影响

美联储退出量化宽松政策对于中国外汇储备美元资产的影响是多重的，既有负面冲击，又有正面效应。负面冲击主要体现在债券收益率的上升导致中国持有的长期债券资产价格大幅下跌。正面效应表现为美元升值和美国股票、不动产市场的上涨动力增强，从而提高中国外汇储备资产的购买力与投资回报。

（一）负面效应

量化宽松退出对中国外汇储备资产的负面效应主要表现为对所持美国债券价格的冲击。2014 年 2 月底，中国持有了约 1.5 万亿美元的长期美国国债、机构债和公司债，其中，长期国债、长期机构债和长期企业债的规模分别为1.27万亿美元、2100亿美元和245亿美元。考虑到中国持有美国长期债券的规模巨大，不可能在短期内迅速调整外汇储备资产结构，因此，美国国债收益率的上升，将不可避免地对中国外汇储备的市场价值产生负面影响。鉴于美国长期债券的利率均以美国10年期国债的收益率为基准，且中国持有的美国长期债券资产的85%左右为长期国债，因此，我们可方便地假定中国持有的美国长期债券资产全部为长期国债，且美国长期国债的平均期限为10年，平均收益率为10年期美国国债的收益率，剩余存续期限分为5年、10年两种情况。

表6—1显示了美国长期国债的收益率与市场价格、中国外汇储备的资本损益关系。在美国国债的剩余存续期为5年的情况下，若美国10年期国债收益率由2014年年初的2.8%升至3.0%，中国持有的美国长期国债的价格将下跌0.9%，中国外汇储备将损失135亿美元；若其收益率分别升至4.0%、5.0%，中国投资的美国长期国债的市场价格将分别下降5.4%、9.6%，中国外汇储备的美元债券资产的损失规模将分别达810亿美元、1440亿美元。而在美国的剩余存续期为10年的情形下，若美国国债收益率上升至3.0%，其市场价格将下跌1.7%，中国外汇储备将损失255亿美元；若其收益率分别升至4.0%、5.0%，则中国持有的美国债券的市场价格将分别下跌9.8%、17.1%，中国外汇储备资产的损失规模将分别高达1470亿美元、2565亿美元。

考虑到中国人民银行尚未完全实行“以市计价”的会计记账方法，美国国债的收益率变化对其市场价格的影响，不能在中国央行的外汇储备账户及其资产负债表得到充分反映。关于中国外汇储备的存量数据，目前有两种主要统计口径：一是中国人民银行资产负债表中的“外汇占款”项数据（历史成本口径）；二是中国人民银行黄金和外汇储备报表中的“国家外汇储备”项目数据（市场价值口径）。央行外汇占款的统计口径较窄，主要为中央银行通过外汇买卖形成的外汇储备；市场价值外汇储备的统计口径较宽，不仅包括央行通过外汇市场干预形成的外汇储备，还包括储备投资收益以及由金融资产市场价格、汇率等非交易因素引起的储备价值变动（估值效应）。需要指出的是，央行“国家外汇储备”账户虽名义上实行“以市计价”法，但实际上并没有计入利率变动对其所投资债券价格变动的影响。从而，美国债券收益率的变化对债券价格的影响不能充分传递至中国人民银行的“国家外汇储备”账户及其资产负债表。在现行会计记账方法下，若中国货币当局持有美国债券到期，美国国债的收益率及其价格的变化对央行“国家外汇储备”账户不产生任何影响。若中国货币当局在美国国债到期之前选择将其卖出，则美债价格将低于面值（长期债利息半年发放一次），美债收益率上升所造成的投资损失便在央行“国家外汇储备”账户中体现出来。而在“以市计价”法下，债券的收益率上升导致价格下跌所造成的损失直接记入央行“国家外汇储备”账户中，无论中国货币当局是持有美国国债直至到期，还是将其中途卖出，均将产生投资损失。

（二）正面效应

美联储退出量化宽松政策对于中国外汇储备的正面效应体现在：一是量化宽松退出表明美联储愿意实行一种审慎、负责任的货币政策，从而，美国主权债务货币化和美国长期通货膨胀的风险有所下降，有利于降低中国外汇储备资产的长期购买力贬值风险；二是量化宽松退出不仅反映了美国经济基本面向好的状况，而且有助于促进美国经济和房地产市场的长期平稳发展，从而，美国的股票和房地产等资产的价格上涨动力将会增强，美国政府和企业的财政状况也将有可能继续改善，中国持有的美元资产的违约风险将有所下降，投资回报将有所上升；三是美联储在发达经济体中央银行中率先退出量化宽松政策，将有利于美元在未来3—4年时间内维持一种相对强势地位，这将提高中国外汇储备美元资产的实际购买力；四是美国债券收益率的上升，将会提高中国对美国债券市场增量投资的名义美元收益率，从而可部分弥补债券收益率上升对持有的存量债券价格造成的损失，若中国在量化宽松退出前的时间窗口内能较大规模地增持短期债券资产，则可能在一定程度上获取债券收益率上升的好处。

鉴于中国持有的美元证券资产主要集中于长期高信用等级的政府债券和机构债券，股票和房地产等另类资产的比例较低，从而，中国外汇储备面临的主要风险，不是显性的债券违约风险，而是隐性的债务货币化风险、通货膨胀风险和美元贬值风险。显然，后三种风险均与美元购买力高度相关。从这个角度看，美联储退出量化宽松对中国外汇储备的正面效应主要体现在美元的汇率升值和购买力增强。不过，中国外汇储备是一个多币种的资产组合，美元升值很可能意味着欧元、日元等其他币种资产的贬值。在以名义美元计价的情况下，外汇储备中的欧元、日元资产的价值将缩水，而美元资产的价值维持不变，从而，外汇储备的美元价值将出现下降，但其实际购买力增强了。相反，若美元贬值，以名义美元计价的外汇储备价值将上升，但其实际购买力下降了。因此，美元汇率波动对中国外汇储备的影响程度取决于储备资产的币种结构。

现在，我们测算美元汇率升值对中国外汇储备的量化影响。测算步骤包括：首先，推算中国外汇储备的币种结构；其次，推测美元与欧元、日元以及其他货币之间的汇率变动关系；最后，分别以名义美元和实际美元为计价单位，估算美元汇率升值对中国外汇储备市场价值的影响。关于中国外汇储备的币种结构，目前没有公开的数据，我们只能依靠美国财政部TIC和日本银行发布的相关数据，以及其他公开信息渠道来大致估算。2013年年底，中国外汇储备中，美国、日本的证券资产规模分别为18037亿美元、1670亿美元（17.5万亿日元），[①] 分别占中国3.82万亿美元外汇储备的47.2%、4.4%。考虑到美国财政部TIC月度数据存在低估中国实际证券投资规模的问题，我们可保守假定，中国实际持有美国证券的份额比TIC数据高出5%。而且，外汇储备委托贷款也是中国外汇储备的一个重要组成部分。目前，外汇储备委托贷款的规模约为2500亿—3000亿美元，占中国外汇储备的比例约为6.5%—7.8%。外汇储备委托贷款基本上是以美元计价，属于广义上的美元资产。从而，中国外汇储备的美元资产比重约为58.7%—60.0%。同时，我们假定，中国持有的英镑、澳元等资产的比例约为10%，其余资产均为欧元资产。综上所述，我们推算的中国外汇储备的币种结构为：美元，60%；欧元，25.6%；日元，4.4%；英镑、澳元等其他货币，10%。

关于美元与欧元、日元等其他货币之间的汇率关系，我们有如下假定：一是美元升值是指其相对于加权的一篮子其他货币升值。借鉴美元指数的设计思路，将欧元作为主要的篮子货币，赋予其0.576的权重，而日元、英镑和澳元等其他货币的权重共为0.424。二是美元对不同货币的升值幅度是不一致的。为简单起见，将货币篮子分为欧元和非欧元货币。鉴

---

① 2013年，受中日两国关系严重恶化和日元大幅贬值而投资受损等因素的影响，中国大幅减持了日元证券资产。2013年年底，中国持有的日元证券的规模为17.5万亿日元（约1670亿美元），而上一年度中国持有的规模高达24.6万亿日元（约2940亿美元），其占中国外汇储备的比例由2012年的8.9%大幅下降至4.4%。

于欧元的相对强势可能维持一段时间，假定美元兑欧元的升值幅度是其相对于篮子货币的升值水平的一半。

美元升值对中国外汇储备的量化影响列示于表6—2。当美元对所有其他货币升值1%时，欧元对美元贬值0.5%，货币篮子中的其他非欧元货币对美元贬值1.7%，中国外汇储备的名义美元价值缩水141亿美元，下降0.37%，而其实际美元价值增加238亿美元，上升0.62%。当美元对篮子货币升值5%时，中国外汇储备的名义美元价值减少707亿美元，缩水1.85%，但其实际购买力增加1169亿美元，增长3.06%。因此，美元升值将会导致中国外汇储备的名义美元价值缩水，但其实际美元购买力上升。在美元升值幅度一定的条件下，美元资产比例越低，中国外汇储备的名义美元价值缩水越大，其实际购买力的上升幅度越小或下降幅度越大；反之则反是。

表6—2　**美元汇率升值对中国外汇储备市场价值的影响**

汇率升值			中国外汇储备市场价值变动			
			名义美元		实际美元	
美元	欧元	其他货币	比例	规模（亿）	比例	规模（亿）
1.0%	-0.5%	-1.7%	-0.37%	-141	0.62%	238
2.0%	-1.0%	-3.4%	-0.75%	-287	1.24%	474
3.0%	-1.5%	-5.0%	-1.10%	-420	1.86%	712
4.0%	-2.0%	-6.7%	-1.48%	-566	2.46%	942
5.0%	-2.5%	-8.4%	-1.85%	-707	3.06%	1169
10.0%	-5.0%	-16.8%	-3.70%	-1414	5.93%	2266

资料来源：作者的计算。

值得指出的是，美联储退出量化宽松政策，将会缓解中国的跨境资本流入和人民币升值的压力，有助于促进人民币汇率回归至长期均衡水平，并对中国外汇储备的人民币价值和央行资产负债表产生影响。美联储缩减资产规模和投资者关于量化宽松退出的预期，已对人民币产生了一定的贬值压力，人民币兑美元汇率已由2014年2月初的6.048∶1下跌至2014年5月末的6.236∶1，共贬值了3%。人民币相对于美元贬值，可减轻央行持有外汇储备的汇率成本，部分缓解央行的资产负债表风险。从央行资产负债表平衡的角度看，外汇储备作为以美元计价的资产，必须有与其相对应的等额人民币负债。人民币升值意味着央行以人民币计价的外汇资产规模缩水，低于其人民币负债水平，从而央行持有外汇储备将出现亏损。2013年年底，中国外汇储备规模为3.82万亿美元，换算为人民币约23.1万亿元，而当时央行购买外汇储备的总成本（外汇占款）为26.4万亿元人民币，这意味着央行因持有外汇储备而产生了3.3万亿元的亏空，占中国当年GDP的5.8%。在现行历史成本法记账准则下，中国央行的这一巨额亏损不会体现在其资产负债表中。但是，当未来中国需要大量动用外汇储备，国内居民和企业用人民币向央行大量购买美元时，央行的巨额财务亏损问题将会显性化。解决央行财务亏损的路径不外乎两条：一是货币发行；二是财政注资。前者将引发通货膨胀，后者将加大政府债务不可持续风险。并且，这两条途径均将显著降低央行的信誉和独立性。总之，美联储退出量化宽松将通过抑制人民币升值压力的方式，降低中国央行持有外汇储备的汇率成本，缓解其资产负债表风险。

八　中国外汇储备投资的策略选择

美联储退出量化宽松政策对中国外汇储备投资构成了复杂影响和严峻挑战。在未来数年，美国国债收益率的稳定上升将一直对中国外汇储备投资的美元债券的市场价值形成负面冲击。但与此同时，美联储的审慎货币政策将降低美国主权债务货币化的风险，有利于维持中国持有的美元资产购买力的长期稳定。为应对量化宽松政策退出的冲击，中国货币当局应客观评估形势，沉着冷静，制订出长期、中期和短期相结合的外汇储备投资方案，稳步推进外汇储备资产的多元化进程。具体建议如下：

第一，渐进稳步调整外汇储备资产结构，避免引发美国国债市场震荡。美联储退出量化宽松是一个长期过程，其推进节奏取决于美国信贷市场和劳动力市场的反应，从而，美国国债的收益率上升和价格下跌应是一个平缓的过程，不会出现大起大落的现象。而且，美国经济基本面也有助于降低美元资产的违约风险。同时，中国持有美国长期国债的规模巨大，资产配置结构调整难以在短期内完成。因此，在外汇储备资产结构调整方面，中国没必要产生恐慌情绪，而应逐步调整美元资产结构，避免引发美国国债市场震荡。

第二，美元资产比重占外汇储备的比例宜维持稳定，应加大对美国股票、不动产和企业债券的投资力度。考虑到美国在经济弹性及发展前景、人口老龄化程度和主权债务状况等方面明显优于欧洲、日本，美元在未来数年很可能维持相对强势地位，因此，在削减美元资产份额问题上，中国不宜操之过急。在未来一段时间，美元资产占中国外汇储备的比重应继续稳定在55%的水平上。目前，美国经济逐步向好，以及美联储逐步退出量化宽松政策，将对美国国债等无风险资产构成利空，而对股票、企业债券和不动产等风险资产构成利好，从而，美国国债价格将会稳步下跌，而美国的股票、企业债券和不动产的价格将会上涨。因此，未来中国外汇储备多元化的重点，不是币种的多元化，而应是证券品种的多元化，即逐步降低国债的持有份额，加大对股票、企业债券和不动产的投资力度。

第三，调整美国国债资产的剩余存续期限结构，减持剩余存续期较长的国债，适当增持期限较短的国债和通货膨胀保护国债TIPS。量化宽松政策退出将导致美国国债的收益率上升和价格下跌，是一个确定性事件。中国货币当局可适当减持剩余存续期较长的长期国债，增持剩余存续期较短的长期国债和短期国债。例如，减持剩余存续期10年左右的国债，增持剩余存续期或期限2年左右的国债，以减少国债收益率上升所引起的估值损失。待美国国债市场收益率预期较为稳定的时候，再卖出剩余存续期较短的美国国债，购入剩余存续期较长的国债，以提高外汇储备的投资收益。同时，未来美国经济复苏将导致通货膨胀率上升，侵蚀美国国债的投资收益，为规避通货膨胀风险，中国可适当增持美国的通货膨胀保护国债TIPS。

第四，在时机合适时，中国可适当增持主要新兴经济体的资产。目前，美联储退出量化宽松政策，对巴西、印度和印尼等一些新兴经济体造成较大的负面冲击，出现了资产价格大幅下跌、资本外逃和货币贬值的问题。而对于那些经常项目长期逆差、外债负担重的国家而言，量化宽松退出带来的国际收支问题更为严重。但从中长期角度来看，巴西、印度和印尼等一些主要新兴经济体具有良好的经济增长前景，投资回报较高。而且，美国经济向好也会带动新兴经济体的增长，在市场逐步消化量化宽松退出的不利影响之后，基本面较为健康的新兴经济体的资产价格将出现反弹，货币也将升值。因此，在新兴市场的资产价格有了一定的调整之后，中国外汇储备应加大对这些国家资产的投资力度。

第五，适当增持黄金储备、战略物资储备和先进技术设备。鉴于美元是大宗商品的计价货币，美元升值将导致大宗商品价格下降。黄金是一种有效的储备保值手段。目前，黄金价格已大幅下调，中国货币当局可考虑购置部分黄金，以降低中国外汇储备的美元贬值风险。同时，中国人均资源贫乏，可选择有利的价格时机，利用外汇储备来购买一些不可再生的资源，如石油、矿石资源、稀有金属等，满足国民经济建设对战略性物资的长远需求。中国还应扩大进口先进技术、先进设备的免税范围，鼓励企业大量进行技术改造，提高国内企业的技术水平。

第六，从中长期角度看，中国应遏制中国外汇储备持续增长的势头，降低外汇储备在外汇资产中份额，实现从“藏汇于国”向“藏汇于民”的方向转变。逐步放开国内企业和居民持有外汇资产的限制，进一步放宽资本流出的管制，增强人民币汇率弹性，鼓励企业开展对外直接投资和证券资产投资。中国外汇储备可通过发放委托贷款、商业银行转贷款等方式，加大对开展境外直接投资的国内企业，特别是民营企业的资金支持力度。同时，中国可考虑在养老、能源领域设立主权财富基金，在全球范围内开展另类投资，以提高外汇储备的投资回报。

第七章

美国长期国债市场上主要外国投资者的投资行为比较

一 引言

在过去30年中，美国国债（联邦政府债务）的绝对规模不断上升。2010年，美国国债余额占GDP比例更是突破了90%这一阈值。近10年来，外国投资者在美国联邦政府的债务融通中扮演了越来越重要的角色，目前，大约1/3的美国国债由外国投资者所持有（张明，2012）。

作为美国政府发行的可交易公共债券的主体，长期国债也是外国投资者持有的主要美国国债类型。从图7—1中可以看出，外国投资者持有的美国长期国债余额从2002年6月的不足1万亿美元激增至2012年6月的接近5万亿美元。这10年间，尽管外国投资者持有美国长期国债余额的年度变化率有所波动（2004年和2010年波峰时期接近30%，而2006年波谷时期仅为8%），但持续增长的趋势始终没有变化。

但与加总数据明显不同的是，美国长期国债的不同外国投资者在投资行为上却具有明显差异。图7—2展示了10个具有代表性的外国投资者[①]在2002年6月至2012年6月期间持有美国长期国债余额的年度变化率。左图5个国家在2009年之前持有的美国长期国债余额呈现出上升和下降交替的特征，而在2009年之后均出现了增长率超过50%的波峰，之后又呈现出下降或下降后又反弹的不同情形。相比之下，右图5个国家持有美国长期国债余额的变化率较为平缓，没有出现明显的大起大落。除上述10

① 关于国家选取在第二部分有详细描述。

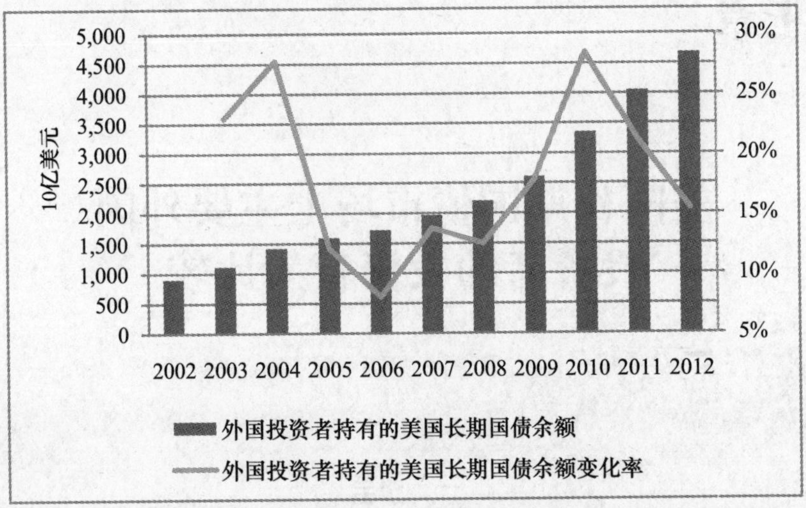

图 7—1　外国投资者持有的美国长期国债数量及变化率

数据来源：外国对美国证券的组合投资年度调查，Treasury International Capital。

个外国投资者之外，其他国家对美国长期国债投资余额的变化率则大多表现出更大的波动性。我们认为，这种投资行为的差异性既可能与不同投资者的投资偏好有关，也可能受到主要投资者市场势力（market power）的影响，此外还可能受到美国国债收益率与美元汇率等市场因素的作用。

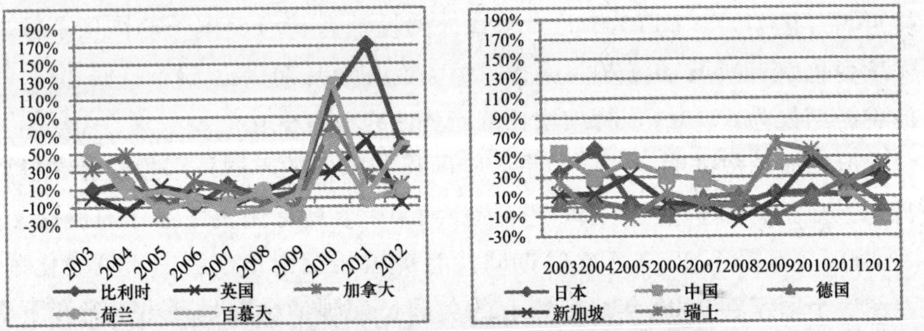

图 7—2　部分国家持有美国长期国债数量的变化率

数据来源：外国对美国证券的组合投资年度调查，Treasury International Capital。

迄今为止，对不同国别的投资者投资外国金融资产的行为进行比较研究尚不多见。深入分析和比较不同外国投资者在投资行为上的差异究竟表现在哪些方面，又受到哪些因素的影响，这不仅有助于我们更加全面地理解美国长期国债市场的动态演变，而且可以对中国投资者投资美国国债的时机和资产配置提供有益的参考借鉴。本章的结构安排如下，第一部分识别出美国长期国债市场上的主要外国投资者；第二部分通过分析不同外国投资者资产配置特征的不同，来揭示其投资行为的差异；第三部分通过实证分析来找出影响典型外国投资者投资行为的主要因素；第四部分为结论。

二　美国长期国债市场上的主要外国投资者

国际投资者持有及买卖美国国债的年度数据主要由美国财政部下属的TIC（Treasury International Capital）数据库所提供的如下两张表来进行披露：

第一张表是外国对美国证券组合投资的年度调查（Annual survey on Foreign Portfolio Holdings of U. S. Securities，后文简称“Survey”）。这张表从2003年开始，每年4月发布一次上年6月底世界各国或地区对各类美国证券的持有数据。该数据相对较为准确，并且对证券种类的统计口径也比较细，例如包含了对长期投资和短期投资的统计，以及区分了股权、国债、机构债、公司债等不同资产类别。

第二张表是美国国债的主要外国持有者（Major Foreign Holders of Treasury Securities，后文简称“Major Holder”）。这张表的主要特点是每月公布美国国债的主要投资者或地区持有全口径美国国债（包括长期与短期）的数据。此外，对这张表而言，除每年6月会根据Survey数据公布一个参考值外，其他月度的数据都不是很准确的。

表7—1　**主要外国投资者持有的美国长期国债平均份额和变动**

国家或地区	平均份额	标准差	变异系数	国家或地区	平均份额	标准差	变异系数
日本	28.05%	5.54%	19.74%	加拿大	0.90%	0.13%	14.60%
中国	21.95%	7.38%	33.62%	法国	0.84%	0.24%	28.83%
中国台湾	3.75%	0.67%	17.83%	意大利	0.82%	0.43%	51.89%
巴西	3.34%	2.04%	60.95%	爱尔兰	0.81%	0.25%	30.52%

续表

国家或地区	平均份额	标准差	变异系数	国家或地区	平均份额	标准差	变异系数
中东石油输出国	3.02%	0.98%	32.29%	瑞典	0.75%	0.21%	28.50%
英国	2.85%	0.90%	31.47%	泰国	0.67%	0.33%	49.44%
韩国	2.45%	1.36%	55.74%	印度	0.62%	0.18%	29.82%
中国香港	2.40%	0.74%	30.83%	土耳其	0.49%	0.23%	46.73%
瑞士	2.37%	0.59%	24.68%	印度尼西亚	0.45%	0.13%	28.92%
德国	2.31%	0.90%	38.87%	英属维京群岛	0.37%	0.19%	50.39%
卢森堡	2.20%	0.39%	17.88%	巴哈马	0.18%	0.10%	58.20%
新加坡	1.70%	0.30%	17.67%	委内瑞拉	0.16%	0.09%	53.74%
墨西哥	1.35%	0.41%	30.43%	非洲石油输出国	0.07%	0.06%	89.17%
百慕大	1.31%	0.36%	27.72%	荷属安地列斯	0.04%	0.02%	46.47%
开曼群岛	1.31%	0.48%	36.38%	巴拿马	0.04%	0.02%	40.59%
比利时	1.14%	0.68%	59.39%	厄瓜多尔	0.01%	0.00%	31.66%
荷兰	0.91%	0.35%	38.76%	总计	89.76%		

数据来源：外国对美国证券的组合投资年度调查，Treasury International Capital。

为了结合上述两张表来综合考察与比较美国长期国债持有者的行为特征，我们首先需要选出包含主要持有者在内的国家篮子。由于 Major Holder 数据每年都按照持有量多少进行排名，所以本书首先考虑 2002 年 6 月至 2012 年 6 月始终在该表主要投资者排名中（或仅缺席 1 年）的经济体。在这个标准下，初选的国家篮子中有中国、日本、石油输出国、巴西、加勒比银行中心、中国台湾、瑞士、卢森堡、比利时、中国香港、英国、爱尔兰、新加坡、加拿大、德国、墨西哥、泰国、印度、土耳其、法国、韩国、荷兰、瑞典与意大利 24 个经济体或国家集团。其中石油输出国包括厄瓜多尔、委内瑞拉、印度尼西亚、巴林、伊朗、伊拉克、科威特、卡塔尔、沙特阿拉伯、阿联酋、阿尔及利亚、加蓬、利比亚和尼日利亚，而加勒比银行中心包括巴哈马、百慕大、开曼群岛、荷属安地列斯、巴拿马和英属维京群岛。①

① 从 2006 年起，美国财政部 Major Holder 才开始提供英属维京群岛持有美国证券的数据。

根据 Survey 数据，表 7—1 计算了上述经济体/国家集团在 2002 年 6 月至 2012 年 6 月期间持有的美国长期国债余额占所有外国投资者持有美国长期国债余额的平均份额、标准差和变异系数。从表中可以看出，在这 11 年内，我们选取国家的份额之和占到了所有外国投资者持有美国长期国债余额的 90%。其中，中国和日本是美国长期国债市场上较为稳定（持有数量一直在 1000 亿美元以上）的两大外国持有者，两国持有美国长期国债余额占到所有外国持有美国长期国债余额的一半，而中国在近年来由于持有量增长更快（总量已超过 1 万亿美元），已经超过日本跃居全球首位。除中、日两国外，其余经济体的持有份额都在 5% 以下，持有量较大的经济体/国家集团主要包括亚洲四小龙（中国台湾、韩国、中国香港和新加坡）、拉美的巴西和墨西哥、中东石油输出国、欧洲部分国家（英国、瑞士、德国、卢森堡和比利时）以及加勒比银行中心的两个地区（百慕大和开曼群岛）。值得一提的是，在石油输出国集团中，除中东国家外，其他国家所占份额都较低，而加勒比银行中心的其他国家占比也相对较少。为了进一步挑选美国长期国债的主要外国投资者，我们根据平均持有份额将初选的国家篮子进一步缩小，即仅仅考察平均份额高于 1% 的经济体（总共 16 个）。而从份额变化上看，在上述主要的外国投资者中，巴西、比利时和韩国的变异系数都超过了 50%。

三　主要外国投资者的资产配置特征及其影响因素

本部分将从资产配置的角度，通过计算主要投资者持有的长期美国国债占其长期美元资产的比重以及长期美国国债占其美国国债资产的比重，来分析主要外国投资者投资美国长期国债的行为特征。此外，本部分还将就美元指数、美国长期国债收益率、VIX 指数等可能影响资产配置的指标进行简要分析。

在资产配置方面，长期美国国债持有量占长期美元资产的比重可以反映持有者对于美元资产类别（国债、机构债、公司债与股票）的偏好，而长期美国国债持有量占国债资产的比重则反映了持有者对于同一类资产（国债）在持有期限方面（短期国债和长期国债）的偏好。此外，长期美国国债持有量占美元资产的比重则涵盖了以上两类偏好的相关信息。

（一）长期美国国债持有量占长期美元资产的比重

从图 7—3 可以看出，欧洲 5 国、新加坡和加勒比银行中心的长期美债持有比重稳定在较低水平，这些国家长期美国国债持有量占其长期美元资产比重过去 10 年内均在 35% 以内（左图）。值得一提的是，比利时持有的长期国债占比从 2009 年开始持续激增，从 5% 上升到 30%。而如右图所示，10 年中平均比重最高的 5 个国家或地区（日本、中国、中国台湾、巴西、中东石油出口国）的持有比重则呈现出稳中有升的态势。这些国家或地区持有的长期国债规模占其长期美元资产的比重大致保持在 30% 以上和 80% 以下。其中巴西 2002 年 6 月占比不足 70%，而近年来已经稳定在 90% 以上的水平。

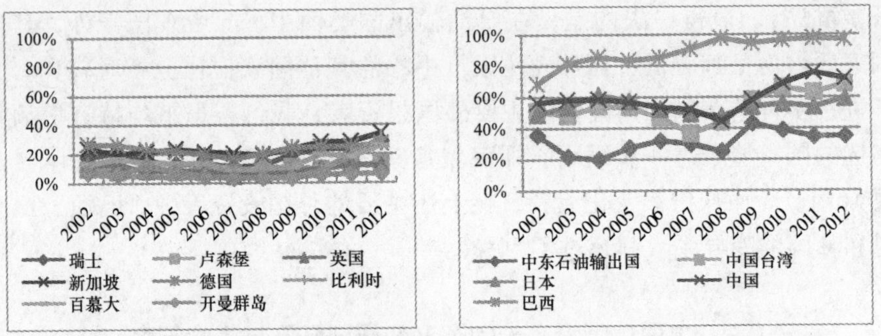

图 7—3　部分国家长期美国国债持有量占长期美元资产的比重

数据来源：外国对美国证券的组合投资年度调查，Treasury International Capital。

还有一些国家或地区的持有比重则呈现出不断下降的趋势，例如韩国、墨西哥和中国香港三个经济体持有的长期美国国债占其长期美元资产的比重从 2002 年 6 月的 50% 以上逐步下降到了 30% 左右，接近大部分欧元区国家的水平（图 7—4）。其中韩国的下降趋势尤为突出，从 2002 年的接近 80% 下降到近年的 30% 以下。

从上述比较中可以发现，主要欧洲和加勒比银行中心投资者持有的长期美国国债占其长期美元资产的比重稳定在低于 35% 的水平，而亚洲和拉美投资者持有的长期美国国债占其长期美元资产的比重则明显高于该水平，但同时呈现出上升和下降的不同趋势。其中巴西、比利时和韩国呈现出显著的变动趋势，这也可能是表 7—1 中这三个国家持有的美国长期国

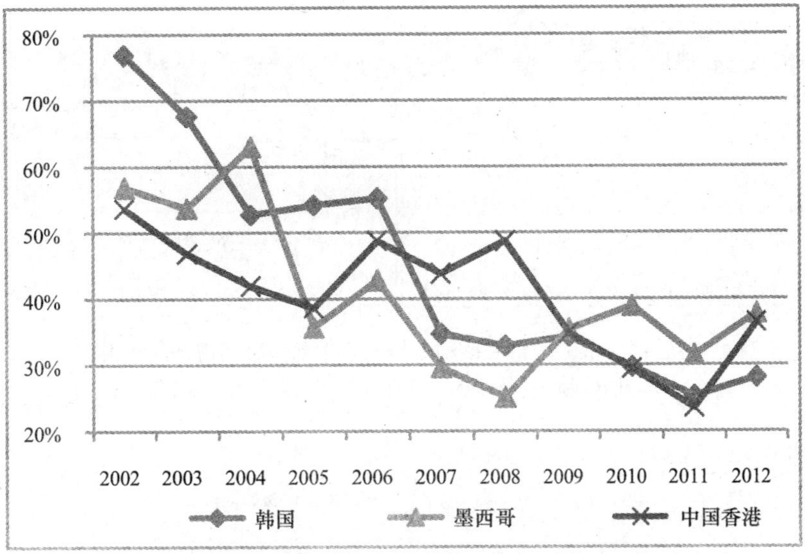

图7—4　部分国家长期美国国债持有量占长期美元资产的比重

数据来源：外国对美国证券的组合投资年度调查，Treasury International Capital。

债份额变动较大的原因。

（二）长期国债持有量占其美国国债资产的比重

图7—5显示，日本、中国台湾、韩国和德国四个国经济体的持有比重较为稳定，其持有的长期美国国债占其美国国债资产的比重几乎一直在80%以上。中国台湾的该比重甚至一直保持在95%以上。而对中国香港、中东石油出口国和墨西哥三个经济体而言，持有比重则波动较大。中国香港甚至出现过连续三年该比重维持在接近100%，而又骤降至60%以下的情形。

还有一些国家和地区的持有比重在美国次贷危机期间发生过重大变化，例如中国、巴西、绝大多数欧洲和加勒比银行中心投资者在美国次贷危机期间（2007年至2009年）持有的长期美国国债占其美国国债资产的比重都发生了明显的下降，而在此之后均显著回升，呈现出“V”字路径（图7—6）。

从上述比较中可以发现，主要投资者在美国国债资产的期限配置上体

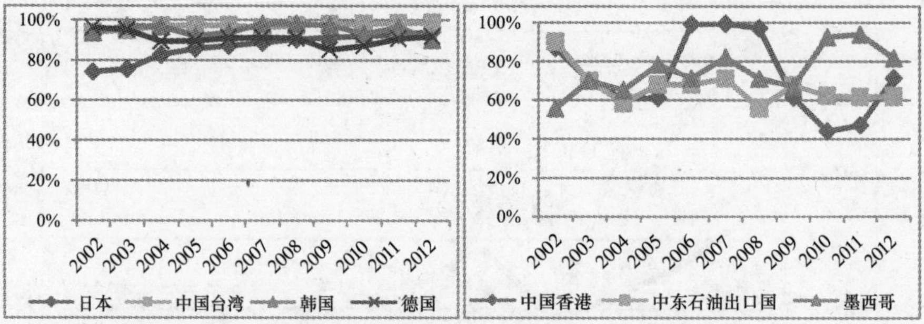

图 7—5　部分国家长期国债持有量占美国国债资产的比重

数据来源：外国对美国证券的组合投资年度调查，Treasury International Capital。

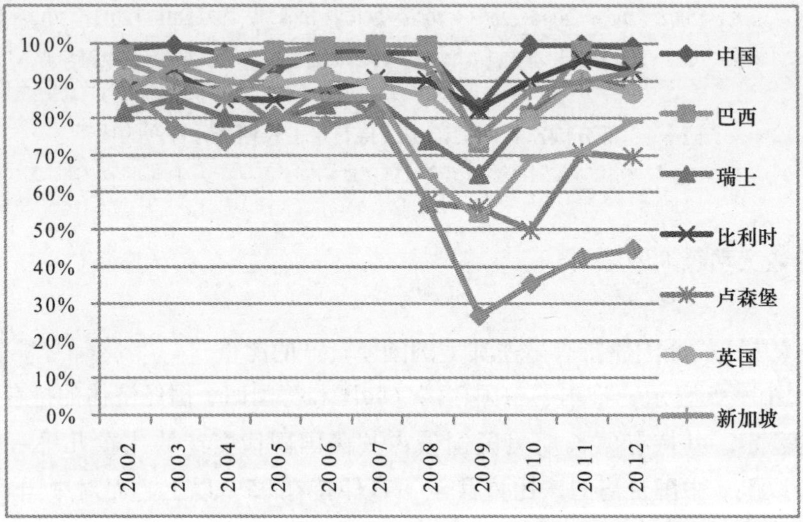

图 7—6　部分国家长期国债持有量占美国国债资产的比重

数据来源：外国对美国证券的组合投资年度调查，Treasury International Capital。

现出不同的行为特征：有的投资者一直倾向于将长期国债作为主要的配置类别，而有的投资者在长期国债和短期国债之间不停进行转换，而大多数投资者的期限配置则明显受到了重大事件（美国次贷危机）的影响。

（三）长期国债持有量占其美元资产的比重

如图 7—7 所示，欧洲 5 国、新加坡和加勒比银行中心的持有比重稳定在较低水平，这些国家长期国债持有量占其美元资产比重在35%以内；中国香港、中东石油出口国、墨西哥三个投资者持有的长期美国国债占其美元资产的比重在10年间波动较大。这一结论与这些国家长期美国国债持有量占其美国国债的比重的结论相似。

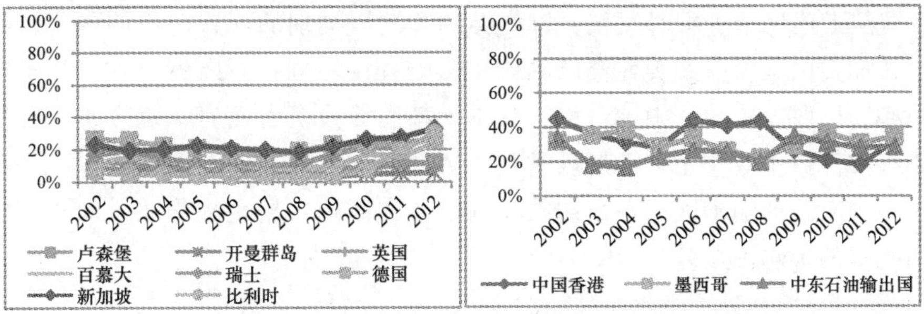

图7—7　部分国家长期国债持有量占美元资产的比重

数据来源：外国对美国证券的组合投资年度调查，Treasury International Capital。

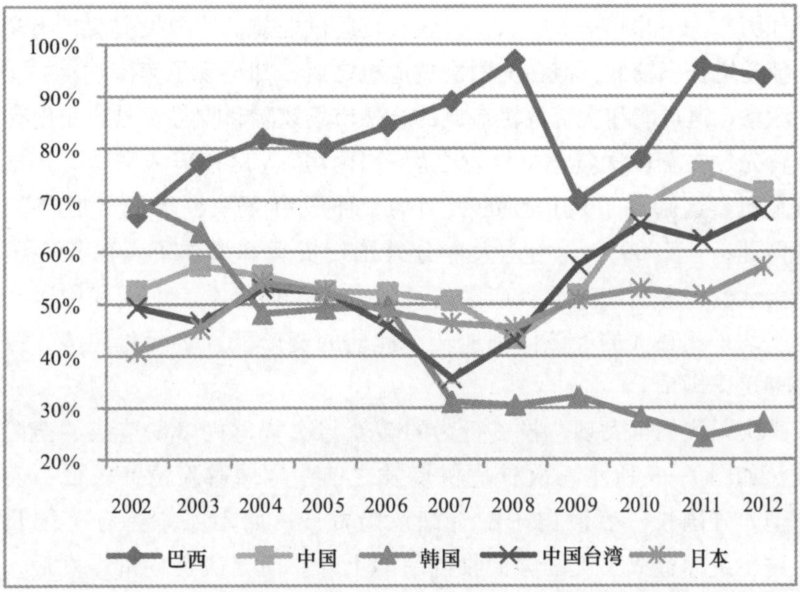

图7—8　部分国家长期国债持有量占美元资产的比重

数据来源：外国对美国证券的组合投资年度调查，Treasury International Capital。

如图7—8所示，如下一批国家的持有比重呈现出不同的趋势变化：巴西、中国、中国台湾、日本四个投资者持有的长期美国国债占其美元资产的比重呈现出上升趋势，但在美国次贷危机期间出现了反复。而韩国的该比重则呈现出持续下降趋势，尽管在2004年至2006年和2007年至2009年呈现出平台现象。

从上述比较中可以发现，资产类别和期限类别的配置对不同国家持有的长期美国国债占其美元资产的比重影响程度不同：对欧洲、加勒比银行中心、巴西、中国、中国台湾、日本、韩国等投资者而言，资产类别配置的影响占据主导作用，而期限类别配置的影响不显著；对中国香港、墨西哥与中东石油输出国而言，期限类别配置的影响占据主导作用，而资产类别配置的影响不显著。

（四）对主要投资者不同投资行为的初步解释

在对主要外国投资者针对美国长期国债的投资行为进行比较分析之后，我们试图结合一些金融市场指标来对不同的投资行为进行初步解释。

如图7—1和图7—2所示，美国次贷危机之前，外国投资者持有美国长期国债的增长率较低，但在美国次贷危机之后，却出现了美国长期国债持有量的激增，这可能和次贷危机造成的金融市场风险和收益状况的变化有关。

首先，在美国次贷危机爆发之后，“两房”（房地美和房利美）陷入了运营危机，这降低了机构债的吸引力，而股市下跌也降低了股票的吸引力。因此，自2009年开始，大部分外国投资者都增加了美国长期国债在长期美元资产和所有美元资产中的比重，甚至连日本、中国和中国台湾这三个平均份额最大的经济体都逆转了此前的资产配置多元化趋势，改为增持长期美国国债。

其次，我们也发现，投资行为的转变与次贷危机爆发造成的避险需求有关。如图7—9所示，次贷危机爆发之前，全球避险情绪较低，美元持续贬值，外国投资者倾向于配置高风险资产，而不愿意持有美国长期国债，这也进而造成了美国国债收益率的上升。而当次贷危机爆发后，全球避险情绪上升，外国投资者开始抛售高风险资产并重新投资于美国长期国债，从而造成美元上涨以及美国国债收益率下降。

再次，部分投资者对不同期限美国国债的份额调整可能加剧了这一波动。一般情况下，短期债券收益率比长期低，但流动性较强。但在美国次贷危机爆发之前，美国长期国债收益率与短期国债收益率的利差显著收窄（图7—9右），甚至出现倒挂（这被称为“格林斯潘之谜”，Greenspan，2005），从而造成长期国债的吸引力显著下降。尽管Bernanke（2005）将美联储紧缩货币政策后长期利率不升反降的原因归结为外国投资者对美国长期国债的强劲需求，但正如我们前文的计算结果所显示的，大部分外国投资者在长短期利率倒挂期间已经开始逐步改变其国债配置结构，开始增加短期国债的持有比重。在美国次贷危机结束之后，短长期美国国债收益率之差重新扩大，因此，外国投资者也开始重新增加长期美国国债的持有比重，造成2010年和2011年出现了部分国家的美国长期国债持有量增长高峰。

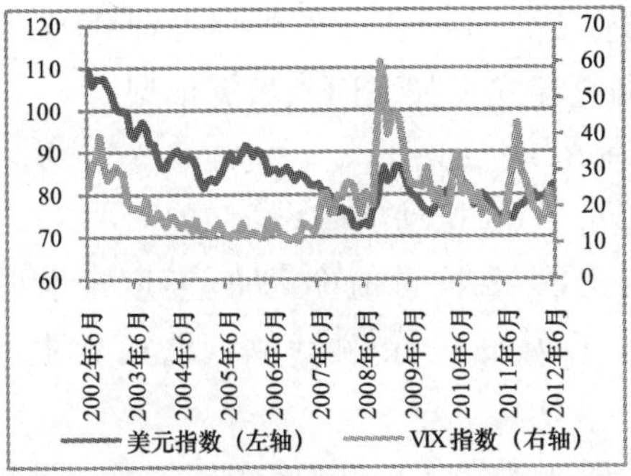

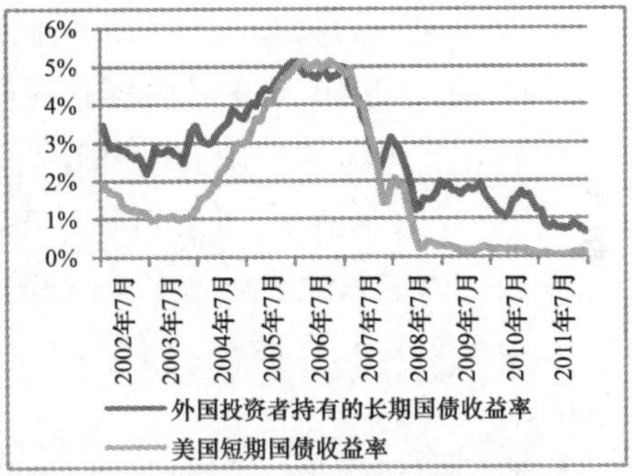

图7—9　美元指数、VIX指数和美国长短期国债收益率

数据来源：CEIC、彭博和作者计算，均为月度数据。美元指数1973年=100，VIX指数使用的是每月最后一个交易日的数据。外国投资者持有的长期国债收益率通过外国对美国证券的组合投资年度调查报告所公布的前后两年6月的外国投资者持有的美国长期国债期限结构分布的平均值，结合不同期限的美国国债收益率加权计算得出。美国短期国债收益率为1月期、3月期、6月期和1年期国债利率的当月平均值。

最后，即使不同外国者的投资行为表现出整体相近的特征，这却可能是由不同的原因造成的。例如，图7—2右的中国、日本、德国、新加坡和瑞士5国长期国债持有量变化率较之其他国家而言，都比较稳定。但我们在前文分析中揭示出这些国家不同的特点：一方面，对持有美国长期国债份额远超过其他国家的日本和中国，其持有美国长期国债占长期美元资产和所有美元资产的比重均很大。因此，其美国长期国债持有量变化率的相对平稳可能是由于其市场势力较大，从而难以在不影响长期国债价格的前提下找到合适的交易对手，因此很难通过完成大规模的交易来改变其存量配置；另一方面，对于德国、新加坡和瑞士而言，其持有的长期国债存量远低于中、日两国，且美国长期国债占长期美元资产和所有美元资产的比重均低于30%（表明这些国家更加偏好风险更大的机构债、企业债和股票投资）。因此，这些国家美国长期国债持有量变化率的相对平稳更可能是源自于主动将美国长期国债当作其资产组合中一类相对稳定的投资而长期持有。

四　对主要外国投资者投资行为影响因素的实证分析

在进行了初步定性分析的基础上，为定量地揭示外国投资者投资美国长期国债不同行为的影响因素，我们选取了13个主要的外国投资者,[①] 以2002年6月至2012年6月为样本区间，建立了如下面板数据模型：

$$HC_{it} = C + \beta_1 A_{it} + \beta_2 B_{it} + \beta_3 C_{it} + \beta_4 D_{it} + \varepsilon_{it}$$

其中，C 为常数项，β 为待估计参数，ε_{it} 为扰动项。

模型的被解释变量为各国持有美国长期国债余额的年度变化率（HC），用本年6月底的余额和上年6月底的余额计算，原始数据来自TIC。

模型的解释变量主要包括本国经济变量（A），美国经济变量（B），金融市场指标（C）和虚拟变量（D）。

本国经济变量包括本国的经济增长率（GDP）和外汇储备增长率（FX）。前者为各季度GDP同比增长率的平均数，后者用本年6月底的外汇储备规模和上年6月底的外汇储备规模计算，数据来自CEIC。

美国经济变量包括美国的经济增长率（USgdp）和美元指数的变化率（Dollar），前者为各季度GDP同比增长率的平均数，后者用本年6月底的美元指数和上年6月底的美元指数计算，数据来自CEIC。

金融市场指标包括波动性指数的变化（VIX）和长短期美国国债利差的变化（Interest）。与前问的分析相对应，VIX反映市场的避险情绪，可能影响资产类别的配置,[②] 而长短期国债的利差变化可能会影响资产期限

① 在表7—1选取的前16大外国投资者中，受到数据可得性的限制，我们剔除了中东石油输出国、百慕大和开曼群岛。

② Traub等（2000）指出，当VIX指数处于相对高点时，未来的1—6个月内，股市表现将优于债市，而当VIX指数处于相对低点时，未来的1—6个月内，债市表现将优于股市。

的配置。数据来源如图 7—9 所示。

虚拟变量包括反映时间效应的 dummy 和代表不同国家类型的 dummy1 和 dummy2。从前文分析中可以看出，在样本期内，美国次贷危机对外国投资者投资美国长期国债的行为产生了重大影响，所以 dummy 的值设定 2007 年至 2009 年为 1，其余年份为 0。前文分析还表明，中、日两国持有美国长期国债的份额远远超过其他国家，其市场势力可能对投资行为产生重要影响，而欧洲投资者持有的长期国债占长期美元资产和总美元资产的比重持续稳定在较低水平，可能反映了其固定的投资策略。因此，我们将 13 国样本分为三个群体，中国和日本的 dummy1 值设为 1，其他国家为 0；而欧洲 5 国的 dummy2 值设为 1，其他国家为 0。此外，我们还通过引入 dummy1、dummy2 与本国经济变量和金融市场指标的交互项，反映不同类别的外国投资者对各类影响因素的不同反应。

为解决截面个体差异等原因带来的异方差以及可能出现的自相关，我们采用了可行的广义最小二乘法（Feasible Generalized Least Squares）进行估计。[①] 回归结果如表 7—2 所示。在基准模型 EQ01 中，我们只考虑了变量集 A 和 B，EQ02 进一步考虑了时间效应，EQ03 加入了变量集 C，最后 EQ04 则纳入了全部的虚拟变量及其交互项。

实证结果表明，对所有国家而言，外汇储备增长率是影响各国持有美国长期国债增长率最稳健且显著的因素，而金融危机的冲击使得各国持有美国长期国债的增长率显著下降。而针对不同国家，各种因素对其投资行为的影响则存在有趣的差别。具体而言：

第一，中、日两国的外汇储备增长相较其他国家更能转化为持有长期美国国债的增长（这表现为在 EQ04 中，FX_ dummy1 的系数显著大于 FX 的系数，且二者都很显著），而中、日两国的 GDP 增长都将导致其持有长期美国国债的增长率下降（这表现为在 EQ04 中，GDP_ dummy1 的系数为负且很显著）。一个可能的解释是，中、日两国增持美国长期国债的行为是经常账户顺差上升造成的被动选择，本国 GDP 增速上升会导致经常账户顺差下降，从而造成两国减持美国长期国债。

① 表 7—2 中 Hausman 检验的结果表明，所有回归均支持随机效应模型。

表 7—2　**主要外国投资者持有美国长期国债行为影响因素的回归结果**

解释变量	被解释变量：HC			
	EQ01	EQ02	EQ03	EQ04
C	0.585 * * * (0.059)	0.663 * * * (0.073)	0.719 * * * (0.087)	0.654 * * * (0.076)
GDP	0.076 (0.443)	0.180 (0.442)	0.112 (0.497)	0.541 (0.651)
FX	0.492 * * * (0.128)	0.447 * * * (0.127)	0.393 * * * (0.137)	0.404 * * * (0.219)
Dollar	−0.026 (0.392)	−0.154 (0.396)	−0.353 (0.481)	−0.290 (0.463)
USgdp	−0.284 (1.333)	−1.434 (1.463)	−1.867 (1.654)	−1.892 (1.441)
Dummy		−0.114 * (0.063)	−0.184 * (0.101)	−0.171 * (0.098)
Interest			0.022 (0.062)	−0.086 (0.083)
VIX			0.005 (0.006)	0.015 * * (0.007)
GDP_ dummy1				−1.852 * * (0.890)
GDP_ dummy2				0.433 (1.190)
FX_ dummy1				1.139 * * * (0.390)
FX_ dummy2				−0.017 (0.267)
Interest_ dummy1				0.088 (0.100)
Interest_ dummy2				0.218 * * * (0.107)
VIX_ dummy1				−0.003 (0.009)
VIX_ dummy2				−0.027 * * * (0.010)
检验类别	P 值	P 值	P 值	P 值
Hausman	1.000	1.000	1.000	1.000
LM_ AR (1)	0.085 *	0.089 *	0.114	0.092 *

注：(1) 各方程下方数值为系数估计值，括号内数值为标准差；(2) * * *，* *，* 分别表示在 1%、5% 和 10% 统计水平上显著。

第二，避险情绪的增强会导致外国投资者增加持有长期美债的数量（这表现为在 EQ04 中，VIX 的系数为正且显著），但欧洲国家却存在“逆势投资”的现象，即在 VIX 指数上升时减持美债，而在下降时增持（这表现为在 EQ04 中，VIX_ dummy2 的系数为负且很显著）。

第三，大多数外国投资者在配置不同期限的国债方面，收益率可能不是其主要考虑的因素，这具体体现为对长短期国债的利差不敏感。但欧洲国家却非常注重投资收益，即在利差扩大时增持长期国债，在利差缩小时减持长期国债（这表现为在 EQ04 中，Interest_ dummy2 的系数为正且很显著）。

第四，美元指数和美国 GDP 增速对外国投资者持有长期国债行为的影响并不显著。这可能与美元以及美国金融市场的独特地位有关。

五　结论

本章基于 2002 年至 2012 年的年度数据，通过比较美国长期国债市场上主要外国投资者的不同行为特征，并在此基础上讨论不同行为特征的可能影响因素，得出了如下主要结论：由历史原因形成的市场势力和主动的资产配置策略，以及金融市场的风险与收益变化，是导致外国投资者不同行为特征的主要原因。这具体表现在：对于拥有较大美国长期国债存量的中国和日本而言，类似于做市商角色的市场势力使得其边际投资行为较为谨慎，以避免相应的国债价格变动造成其存量资产的价值波动；欧洲国家的投资行为则显示出风险偏好较高的特点（例如注重收益的逆势投资），这可能是由于他们持有的长期国债占比稳定在低位，从而能够将美国长期国债仅仅当作一类分散风险的金融投资品。此外，在金融市场动荡期间，由于避险需求和长短期国债收益利差缩小的双重影响，部分外国投资者的资产配置行为也会发生较大变化。

由于金融市场指标波动较大，具有很强的高频波动特征。为了使得本项研究的结论更加稳健，我们还需要利用高频数据加以验证，例如建立基于月度数据的面板模型。这也正是我们后续研究的方向。

第八章

中国投资者是美国国债市场上的价格稳定者吗

一 引言

截至2011年9月底，中国的海外总资产高达4.67万亿美元，其中外汇储备达到3.20万亿美元（见国家外汇管理局公布的2011年第3季度的中国国际投资头寸表）。随着中国外汇储备规模的飙升，关于外汇储备的最优规模、投资收益率、相关风险的研究明显增多。李巍与张志超（2009）估计了中国外汇储备的适度规模；张斌等（2010）与王永中（2011）计算了中国外汇储备的投资收益率；张曙光等（2007）分析了与中国外汇储备积累相关的潜在风险。然而，关于中国投资者（包括中国政府在内）对外国具体金融资产投资的研究，迄今为止尚不多见。

中国政府从未公布外汇储备的币种构成与资产构成。然而大多数学者估计，中国外汇储备大约60%—70%投资于美元资产，其中美国国债更是重中之重。例如，根据美国财政部披露的数据，截至2011年9月底，中国投资者持有美国国债1.27万亿美元，约占中国外汇储备的40%以及中国海外总资产的27%。这事实上还未包括中国政府通过伦敦、中国香港等离岸金融中心间接持有的美国国债。自本轮全球金融危机爆发以来，由于美国政府实施大规模财政刺激方案来稳定金融市场与提振实体经济，导致美国财政赤字与政府债务不断恶化。2011财政年度结束之时（2011年10月底），美国联邦政府债务占GDP的比重已经接近100%。当欧洲主权债务危机爆发后，美国政府债务的可持续性变得更加令人质疑。2011年上半年美国民主党与共和党就如何提高美国国债上限的问题争执不休，已经导致标准普尔有史以来第一次下调美国国债的信用评级。而无论美国国债发生技术性违约，还是美国政府通过制造通货膨胀（下文简称通胀）与美元贬值来降低真实债务负担，都会使得中国持有的大量美国国债遭受巨大损失。

在这一背景下，研究中国投资者投资美国国债市场的行为，就具有非常重要的现实意义。本章将在张明（2009）研究的基础上，更为详细地剖析中国投资者投资美国国债的行为。本章的结构如下：第一部分梳理与美国国债市场有关的特征事实；第二部分通过纵向与横向的数据比较来描述中国投资者投资于美国金融市场尤其是美国国债的行为；第三部分运用计量方法来分析中国投资者购买美国国债行为与美国国债市场的互动，最后一部分为结论。本章的一个重要结论是，尽管中国投资者投资美国国债的行为有助于稳定美元汇率，却无助于稳定美国国债的收益率，这意味着中国投资者并非美国国债市场的价格稳定者。

二　美国国债市场的特征事实

美国政府债务分为联邦政府债务与地方政府债务。联邦政府债务也被称为国债。如图 8—1 所示，美国联邦政府总债务绝对规模在过去 30 年呈现出不断上升之势，由 1981 年年底的 9948 亿美元上升至 2010 年年底的 13.53 万亿美元，30 年间增长了 12.60 倍。联邦政府总债务占 GDP 的比率，由 1981 年年底的 33% 上升至 2010 年年底的 93%。不过，联邦政府总债务占 GDP 的比率在过去 30 年并非一直上升。由于克林顿政府任内实施了成功的赤字削减政策，导致该比率在 1997—2001 年 5 年间一度连续降低。自本轮全球金融危机爆发以来，由于经济增长减缓、财政支出扩大，导致联邦政府总债务占 GDP 的比率迅速攀升。该比率由 33% 上升至 64% 花了 26 年时间（1981—2007 年），但由 64% 上升至 93% 仅花了 3 年时间（2008—2010 年）。

按持有者来划分，联邦政府债务可分为由联邦政府账户（Federal Government's Account）持有的债务与由公众持有的债务。在 2010 年年底 13.53 万亿美元的联邦总债务中，由联邦政府机构持有的约占 33%（4.51 万亿美元），由公众持有的约占 67%（9.02 万亿美元）。在由公众持有的债务中，又包括由美国联邦储备委员会（美联储）系统（Fed Reserve System）持有的债务与由其他主体持有的债务。在2010年年底9.02万亿美元的由公众持有的债务中，由美联储系统持有的约占9%（8117亿美元），由其他主体持有的约占91%（8.21万亿美元）。1981年年底，由联邦政府机构、美联储系统与其他主体持有的联邦债务占联邦债务总额的比率分别为：21%、13%与67%；2010年年底，上述比率分别为：33%、6%与61%。这意味着，由联邦政府机构持有的联邦债务占联邦总债务的比重近30年来不断上升。

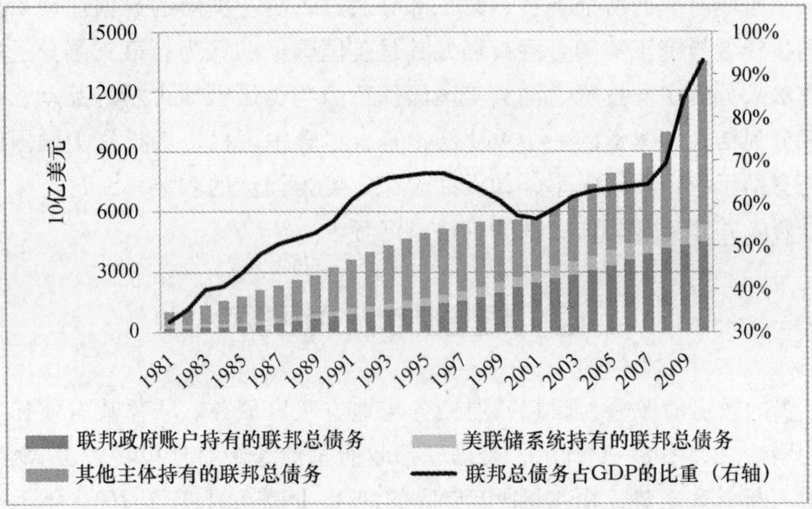

图8—1　美国联邦总债务的绝对与相对规模

说明：每一年截至当年9月30日，因此是财政年度而非日历年度。

资料来源：CEIC。

联邦政府债务也可划分为公共债务证券（Public Debt Securities，PDS）与机构证券（Agency Securities）。过去10年内，机构证券总额仅为220亿—270亿美元，占联邦政府债务的比率几乎可以忽略不计。公共债务证券又划分为可交易证券（Marketable PDS）与不可交易证券（Non Marketable PDS）。顾名思义，可交易是指投资者能够在二级市场上买卖该证券。如图8—2所示，可交易公共债务证券占公共债务证券总额的比重，在2001—2008年期间保持稳定（月度均值为51%），但从2009年开始迅速上升（2009年1月至2011年6月的月度均值为60%、2011年6月底达到65%）。这表明随着危机后联邦政府财政赤字的扩大，美国政府必须发行更大规模的可交易公债才能继续为财政赤字融资。

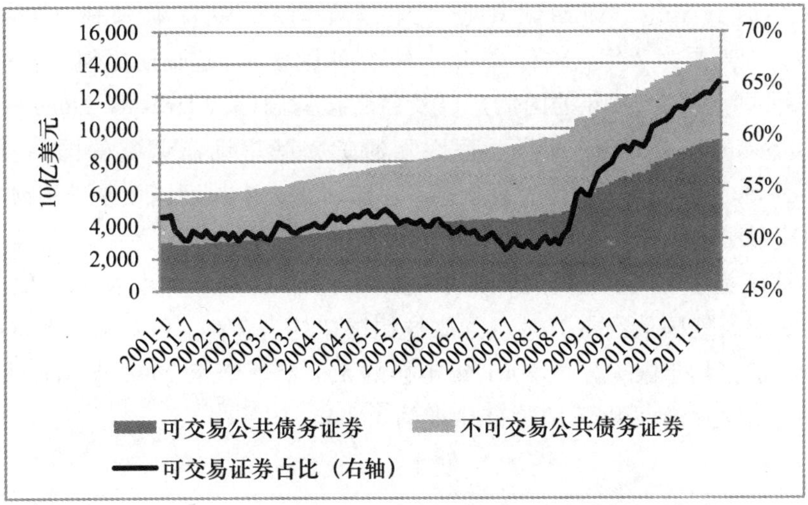

图 8—2　可交易的与不可交易的公共债券证券

资料来源：CEIC。

不可交易公共债务证券主要由联邦政府账户持有，其他持有者还包括州政府与地方政府、政府类储蓄安排等。例如，截至 2011 年 6 月底，不可交易的公共债务证券总额为 5.01 万亿美元，其中由联邦政府账户持有的约占 92%、由州政府与地方政府持有的约占 3%、由政府类储蓄安排持有的约占 4%。可交易公共债务证券的持有主体主要包括美联储系统、存款类金融机构、储蓄类债券（Saving Bonds）、私人与公立的养老基金、保险公司、共同基金、州政府与地方政府、外国投资者等。外国投资者是除联邦政府账户与美联储系统之外的最重要投资者，其他一些投资者按重要性程度由高至低排序分别为共同基金、私人养老基金、州政府与地方政府、存款类金融机构、保险公司等（按 2010 年年底持有联邦政府债务的规模排序）。外国投资者持有的联邦政府债务占除联邦政府账户与美联储系统之外的投资者持有联邦政府债务的比率，由 2001 年第 1 季度的 35% 上升至 2010 年第 4 季度的 53%。外国投资者持有的联邦政府债务占联邦政府债务总额的比重，由 2001 年第 1 季度的 18% 上升至 2010 年第 4 季度的 32%。这说明外国投资者在最近 10 年美国联邦政府的债务融资中扮演着越来越重要的角色。

美国联邦政府发行的可交易公共债务证券主要分为以下四类：短期国债（Treasury Bills，即期限短于1年的国债）、中长期国债（Treasury Notes，即期限为2年、3年、5年、10年的国债）、超长期国债（Treasury Bonds，即期限为30年的国债）以及通胀挂钩国债（Treasury Inflation Protected Securities，TIPs，即收益率跟随通货膨胀率动态调整的国债）。图8—3反映了这四类国债的发行规模。不难看出，中长期国债是美国政府发行可交易公共债券证券的主体。以2011年6月底为例，可交易公共债务证券总额为9.33万亿美元，其中短期国债约占16%，中长期国债约占66%，超长期国债约占10%，通胀挂钩国债约占7%。私人投资者持有美国国债的平均年限，先由2001年年初的5.7年下降至2008年年底的3.8年，之后又逐渐回升至2011年中期的4.8年。

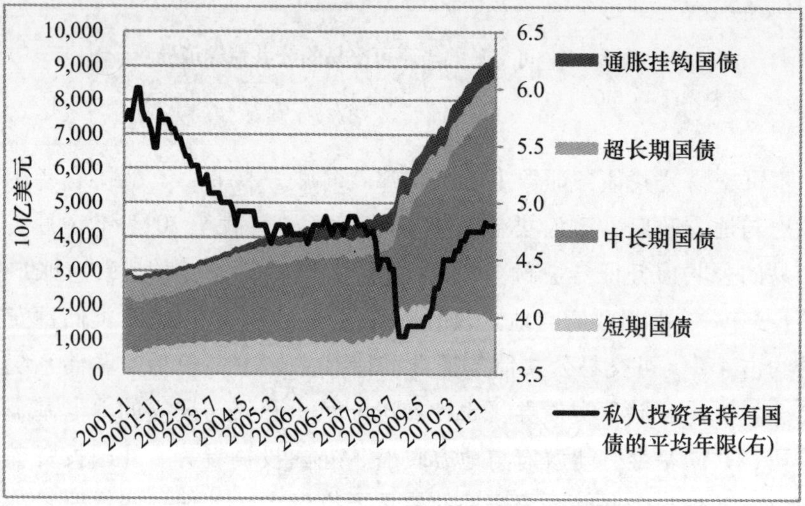

图8—3　可交易公共债务证券的品种构成

注释：右纵轴单位为年。

资料来源：CEIC。

三　中国投资者购买美国国债行为：基于历史数据的描述

表8—1显示了过去10年来中国投资者投资于美国金融市场的状况。

按2010年6月底中国投资者购买美元资产的规模由高至低排序，则中国投资者最青睐的资产依次为长期国债、长期机构债、股票、长期企业债与短期债券。从中国投资者购买长期国债规模占中国投资者购买美元资产总额的比率来看，2005年6月底至2008年6月底，该比率由53%逐渐下降至43%，这说明中国投资者加快了投资多元化的步伐。如表8—1所示，中国投资者在这一期间内明显扩大了对长期机构债与股票的购买额。然而，自美国次贷危机爆发以来，随着房地美与房利美陷入了运营危机以及美国股市显著下跌，中国投资者从2008年6月底起显著减持了长期机构债，也一度减持了股票，而明显增持了长期国债。这导致长期国债占投资总额的比率由2008年6月底的43%显著上升至2010年6月底的69%，投资多元化倾向明显逆转。

表8—1　**中国投资者持有美元资产之概况**　单位：10亿美元

<table>
<tr><th>截止日</th><th>合计</th><th>股票</th><th>长期国债</th><th>长期机构债</th><th>长期企业债</th><th>短期债券</th><th>长期国债占比（%）</th></tr>
<tr><td>20000331</td><td>92</td><td>1</td><td>71</td><td>20</td><td>0</td><td>0</td><td>77</td></tr>
<tr><td>20020630</td><td>181</td><td>4</td><td colspan="3">165</td><td>13</td><td>n. a.</td></tr>
<tr><td>20030630</td><td>255</td><td>2</td><td colspan="3">250</td><td>4</td><td>n. a.</td></tr>
<tr><td>20040630</td><td>341</td><td>3</td><td colspan="3">320</td><td>18</td><td>n. a.</td></tr>
<tr><td>20050630</td><td>527</td><td>3</td><td>277</td><td>172</td><td>36</td><td>40</td><td>53</td></tr>
<tr><td>20060630</td><td>699</td><td>4</td><td>364</td><td>255</td><td>59</td><td>17</td><td>52</td></tr>
<tr><td>20070630</td><td>922</td><td>29</td><td>467</td><td>376</td><td>28</td><td>23</td><td>51</td></tr>
<tr><td>20080630</td><td>1205</td><td>100</td><td>522</td><td>527</td><td>26</td><td>30</td><td>43</td></tr>
<tr><td>20090630</td><td>1463</td><td>77</td><td>757</td><td>454</td><td>15</td><td>160</td><td>52</td></tr>
<tr><td>20100630</td><td>1611</td><td>127</td><td>1108</td><td>360</td><td>11</td><td>5</td><td>69</td></tr>
</table>

资料来源：美国财政部历年发布的“Report on Foreign Portfolio Holdings of U. S. Securities”。

表8—2比较了十大外国投资者所持有的美元资产组合，从中可以得出如下结论：第一，与其他投资者相比，中国与日本投资者似乎特别热衷于购买美国长期国债与长期机构债，长期国债占两国投资总额的比率分别达到69%与53%，而其他投资者的该比率平均仅为12%；第二，尽管中国拥有最大规模对美投资额，但中国投资者持有的长期企业债规模却是10

个投资者中最低的；第三，中国投资者持有的股票相对于投资总额的比率，在10个投资者中也是相当低的；第四，中国投资者持有的短期债券规模几乎可以忽略不计。以上信息中揭示出来的中国投资者行为似乎是矛盾的：一方面，持有公司债与股票的比重偏低，持有长期国债与机构债的比重偏高，说明中国投资者的风险偏好较低；另一方面，持有短期债券的比重极低，考虑到短期债券的收益率较低、流动性较强，这意味着中国投资者对投资收益率相当重视。中国投资者在风险偏好与收益率之间的纠结，很大程度上是中国投资者的结构决定的。截至2011年9月底，中国的海外资产为4.67万亿美元，其中外汇储备就高达3.20万亿美元，占海外资产总额的69%。［数据引自国家外汇管理局（外管局）公布的2010年中国国际投资头寸表。］这意味着中国海外资产的2/3强是外汇储备。作为外汇储备管理主体的外管局，本身的风险偏好是很低的。然而，自中国投资有限责任公司（中投公司）成立以来，外管局与中投公司之间形成了竞争关系，这导致外管局也变得比以前更加重视外汇储备资产的投资收益率（Eaton和Zhang，2010）。

表8—2　　十大外国投资者持有美元资产明细的比较

（截至2010年6月30日）　　单位：10亿美元

投资者	合计	股票	长期国债	长期机构债	长期企业债	短期债券	长期国债占比（%）
中国	1611	127	1108	360	11	5	69
日本	1393	224	737	234	130	69	53
英国	798	324	72	10	369	22	9
开曼群岛	743	290	36	32	303	82	5
卢森堡	622	172	49	18	302	82	8
加拿大	424	298	29	5	81	12	7
比利时	408	19	31	9	343	6	8
瑞士	397	162	87	13	111	25	22
爱尔兰	356	77	27	23	131	99	8
中东石油输出国	350	128	107	16	26	73	31

资料来源：美国财政部“Report on Foreign Portfolio Holdings of U.S. Securities as of June 30, 2010”。

如图8—4所示，2000年3月底，中国投资者持有的美国国债仅为714亿美元；2011年5月底，中国投资者持有的美国国债规模上升至11598亿美元；11年间，中国投资者持有的美国国债规模增长了约15倍。中国投资者持有的美国国债占外国投资者持有的美国国债比率，由2000年3月底的6.6%上升至2011年5月底的25.7%。从2008年9月起，中国首次超过日本成为美国政府的最大海外债权国。从中国投资者持有美国国债的绝对规模来看，自2011年以来，中国投资者已经放缓了购买美国国债的步伐：中国投资者持有美国国债规模在2010年10月底达到11753亿美元的阶段性峰值后，中国投资者连续5个月减持美国国债；中国投资者持有美国国债规模在2011年7月底达到13149亿美元的历史新高后，截至2011年12月中国投资者又出现连续5个月的减持。2011年的上述两轮减持，导致中国投资者持有美国国债规模占中国外汇储备的比重，由2010年年底的41%下降至2011年年底的36%。中国投资者自2011年起放缓购买美国国债，反映了中国投资者对美国债务问题的担忧。2011年上半年，美国民主党与共和党就如何提高美国国债上限的问题争执不休，已经导致标准普尔有史以来第一次下调美国国债的信用评级。预计在未来一段时间内，中国投资者购买美国国债的意愿将持续偏低。

2000年3月至2011年5月，中国投资者持有美国国债规模与中国外汇储备的比率平均为37.8%。该比率的最高值为2000年5月的45.9%，最低值为2008年5月的28.2%。这说明在美国次贷危机爆发前，中国投资者在持续进行外汇资产的多元化配置。然而自本轮全球金融危机爆发后，在“安全港效应”的作用下，中国投资者开始重新集中配置美国国债。美国次贷危机爆发后，该比率由2008年5月的28.2%重新攀升至2010年6月的45.3%。

中国投资者对不同期限美国国债的购买行为存在显著的差别。如图8—5所示，在2007年1月至2011年12月这60个月内，中国投资者有42个月增持长期国债（18个月减持长期国债），而仅有31个月增持短期国债（28个月减持短期国债）。在全球金融市场动荡时期，中国投资者明显减少了对长期国债的净购买额，而显著增加了对短期国债的净购买额。例如，在雷曼兄弟破产倒闭后的半年内（2008年9月至2009年2月），中国投资者累计净购买长期国债81亿美元，但同时累计净购买短期国债1624

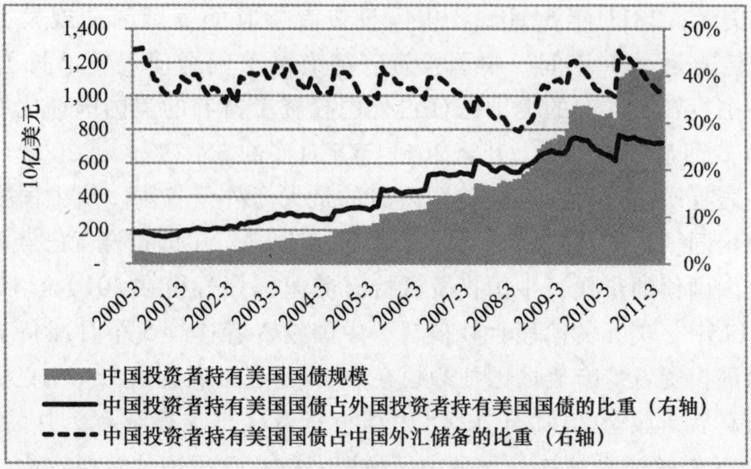

图 8—4　中国投资者持有美国国债的绝对规模与相对规模

资料来源：CEIC 及作者的计算。

亿美元。这说明，在金融市场动荡时期，中国投资者在风险与收益的权衡中更关注风险。反之，当金融市场趋于稳定时，中国投资者显著增加了对长期国债的净购买额，而明显减少了对短期国债的净购买额。例如，在 2009 年 8 月至 2010 年 3 月欧洲主权债务危机爆发之前，中国投资者累积净购买长期国债 821 亿美元，同期内累积净减持短期国债 1268 亿美元。这说明，在金融市场趋于稳定时期，中国投资者在风险与收益的权衡中更关注收益。

2007 年年初至 2011 年年底，中国投资者连续 3 个月减持长期国债的现象仅出现过两次：第一次为 2007 年 7 月至 2007 年 11 月，连续 5 个月累计减持长期国债 272 亿美元；第二次为 2011 年 10 月至 2011 年 12 月，连续 3 个月累计减持长期国债 461 亿美元。同期内，中国投资者连续 3 个月减持短期国债的现象出现过四次：第一次为 2008 年 2 月至 2008 年 5 月，连续 4 个月累计减持短期国债 210 亿美元；第二次为 2009 年 8 月至 2011 年 3 月，连续 8 个月累计减持短期国债 1268 亿美元；第三次为 2011 年 2 月至 2011 年 5 月，连续 4 个月累计减持短期国债 145 亿美元；第四次为 2011 年 9 月至 2011 年 12 月，连续 4 个月累计减持短期国债 1011 亿美元。从上述比较不难看出，在迄今为止中国投资者的减持过程中，无论是持续减持次数、减持持续时间与累计减持规模，短期国债均显著高于长期国债。迄今为止中国投资者尚未持续大规模减持美国长期国债，这或许表明中国投资者尚未对美国国债失去信心。[①]

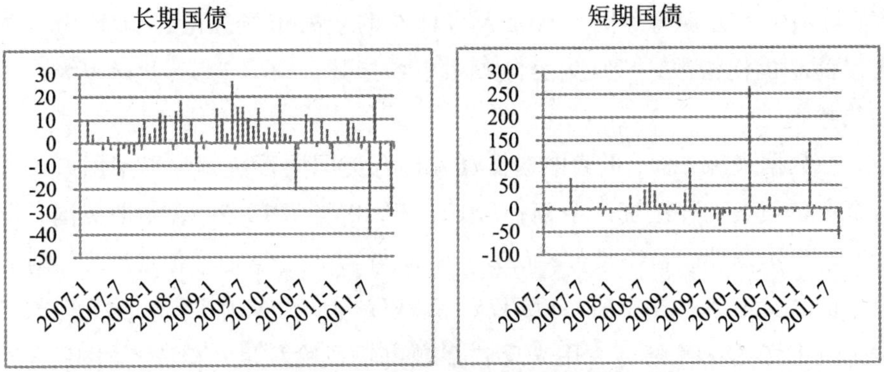

图 8—5　中国投资者对不同期限美国国债的净购买额（单位：10 亿美元）

说明：作者通过月度中国投资者持有美国国债规模的增量，减去当月中国投资者对美国长期国债的净购买，得到当月中国投资者对美国短期国债的净购买数据。其中可能存在一些夸大的误差，例如 2010 年 6 月中国购买短期国债 2656 亿美元的极端值。

资料来源：CEIC 及作者的计算。

四　中国投资者与美国国债市场的互动：计量分析

一方面，包括美国国债收益率与美元汇率在内的各类因素会对中国投资者购买美国国债的行为产生影响；另一方面，作为美国国债的最大外国债权人，中国投资者的行为反过来也会影响到美国国债市场。因此，我们将在这一部分分析中国投资者购买行为与美国国债市场的互动。

一个合乎逻辑的框架是从资产组合理论出发，即一个拥有特定财富的投资者在多种金融产品中进行选择，各种金融产品具有不同的收益率与风险，即：

$$Y = f\ (US10,\ EU10,\ JP10,\ USD,\ EUR,\ JPY,\ USVIX,\ EUVIX,\ JPVIX,\ COM,\ STO,\ COR) \qquad (1)$$

---

① 2011 年 10 月以来中国投资者减持美国长期国债的规模有所放大，其持续时间值得我们关注。如果持续时间较长，这意味着中国投资者可能开始持续减持长期国债。

其中，*Y* 为中国投资者购买美国国债占中国政府外汇资产的比重，*US*10、*EU*10 与 *JP*10 分别为美国、欧元区与日本国债收益率，*USD*、*EUR* 与 *JPY* 分别为美元、欧元、日元对人民币的名义汇率（汇率均采用直接标价法，即汇率上升意味着外币升值、人民币贬值），*USVIX*、*EUVIX* 与 *JPVIX* 分别为美国、欧元区与日本的金融市场风险，*COM* 为全球大宗商品价格指数，*STO* 为美国股票市场指数，*COR* 为美国 AAA 级公司债收益率。

在数据来源方面，*Y* 为中国投资者持有美国国债余额除以中国人民银行资产负债表上外汇资产余额；*US*10、*EU*10 与 *JP*10 为 10 年期美国、欧元区与日本国债收益率指数；*USD*、*EUR* 与 *JPY* 为美元、欧元与日元对人民币的名义汇率（期中值）；*USVIX*、*EUVIX* 与 *JPVIX* 为美国、欧元区与日本金融市场的 VIX 指标，用来反映金融市场风险程度；*COM* 为 IMF 全球大宗商品价格指数、*STO* 为美国标普 500 股票市场指数、*COR* 为 10 年期美国公司债收益率指数。数据期限为 2001 年 2 月至 2011 年 10 月的月度数据。债券收益率与 VIX 指标均引自 Bloomberg 数据库，其他数据均引自 CEIC 数据库。

为研究中国投资者购买美国国债行为与美国金融市场的互动，我们将构建一个 VECM 模型来展开分析。在这个模型中，*Y*、*US*10 与 *USD* 三者为内生变量，即我们假定一方面美国国债收益率与美元汇率会影响到中国投资者购买美国国债的行为，另一方面中国投资者购买美国国债的行为也会反过来影响美国国债收益率与美元汇率。[①]而其他变量均为外生变量，例如欧元区与日本国债收益率、欧元与日元汇率、各个金融市场风险程度、大宗商品价格、美国股票指数与公司债收益率等变量都只会单方面地对中国投资者购买美债的行为产生影响。

---

① 尽管缺乏高频数据，但是从表 8—1 中可以看出，美国国债的年度变动规模与其他美元资产的年度变动规模并无对应的负相关。尤其是美国国债的年度变动方向与机构债的年度变动方向至少在 2008 年 6 月底之前是相同的，这意味着，即使美国公司债与股票的年度变动方向与美国国债相反，也不足以抵消美国国债变动的规模。这一分析意味着，中国投资者购买美国国债的规模变化并不会被中国投资者购买其他美元资产的规模变化相抵消，从而中国投资者购买美国国债的行为将会显著影响美元汇率。

表 8—3　　ADF 检验结果

时间序列	检验形式	ADF 统计量	P 值	是否平稳
Y	(c, 0, 0)	-1.95	0.31	否
y	(c, 0, 0)	-12.19	0.00	是
*US*10	(c, 0, 0)	-1.62	0.47	否
*us*10	(c, 0, 1)	-9.41	0.00	是
*EU*10	(c, 0, 0)	-0.91	0.78	否
*eu*10	(c, 0, 0)	-9.85	0.00	是
*JP*10	(c, 0, 0)	-2.39	0.15	否
*jp*10	(c, 0, 0)	-11.44	0.00	是
USD	(c, 0, 2)	0.73	0.99	否
usd	(c, 0, 1)	-3.88	0.00	是
EUR	(c, 0, 1)	-2.06	0.26	否
eur	(c, 0, 0)	-9.43	0.00	是
JPY	(c, 0, 0)	-1.03	0.74	否
jpy	(c, 0, 0)	-9.85	0.00	是
USVIX	(c, 0, 0)	-3.03	0.04	否
usvix	(c, 0, 1)	-9.59	0.00	是
EUVIX	(c, 0, 0)	-3.22	0.02	否
euvix	(c, 0, 0)	-11.70	0.00	是
JPVIX	(c, 0, 0)	-4.22	0.00	是
jpvix	(c, 0, 1)	-10.99	0.00	是
COM	(c, 0, 1)	-1.49	0.53	否
com	(c, 0, 0)	-6.52	0.00	是
STO	(c, 0, 1)	-1.91	0.32	否
sto	(c, 0, 0)	-9.11	0.00	是
COR	(c, 0, 2)	-1.71	0.42	否
cor	(c, 0, 1)	-9.40	0.00	是

说明：*y*、*us*10、*eu*10、*jp*10、*usd*、*eur*、*jpy*、*usvix*、*euvix*、*jpvix*、*com*、*sto*、*cor* 分别为 *Y*、*US*10、*EU*10、*JP*10、*USD*、*EUR*、*JPY*、*USVIX*、*EUVIX*、*JPVIX*、*COM*、*STO*、*COR* 的一阶差分。

构建 VECM 模型的第一步，是对各变量进行平稳性分析。ADF 方法检验结果表明（表 8—3），在 1% 的显著性水平上，*Y*、*US*10、*EU*10、*JP*10、

USD、*EUR*、*JPY*、*USVIX*、*EUVIX*、*COM*、*STO*、*COR* 均为一阶单整时间序列，其一阶差分均为平稳时间序列。

构建 VECM 模型的第二步，是进行协整分析。如表 8—4 所示，迹检验与最大特征根检验的结果均表明，在 5% 的显著性水平上系统有两个协整方程。相关协整方程如表 8—5 所示。

表 8—4　　　　　　　　Johansen 协整检验结果

迹检验				
协整关系数量	特征根	迹统计量	5% 临界值	P 值
0*	0.576	130.8	29.80	0.000
最多 1 个**	0.141	22.75	15.49	0.003
最多 2 个	0.028	3.555	3.841	0.060
最大特征根检验				
协整关系数量	特征根	最大特征根统计量	5% 临界值	P 值
0**	0.576	108.1	21.13	0.000
最多 1 个**	0.141	19.19	14.26	0.008
最多 2 个	0.028	3.555	3.841	0.060

说明：* 表示在 1% 的水平上显著；** 表示在 5% 的水平上显著。

表 8—5 显示，从长期来看，美元汇率是影响美国国债收益率以及中国投资者购买美国国债行为的因素，而美国国债收益率不构成中国投资者购买美国国债行为的长期决定因素。美元升值（*USD* 指标上升）会导致美国国债收益率上升及中国投资者增加对美国国债的购买。

第三步，我们在协整方程的基础上，估计 VECM 模型。在滞后期的选择方面，AIC 与 SC 准则均显示，模型的最佳滞后期为 1 期。该模型的估计结果如表 8—6 所示。从表 8—6 中我们可以得到如下结论：第一，*Y*、*US*10 与 *USD* 都体现出较强地向长期协整方程回归的倾向。第二，以 *US*10 与 *USD* 为因变量的 VECM 方程的拟合优度较高，而以 *Y* 为因变量的 VECM 方程的拟合优度较低。欧元区与日本国债收益率、欧元与日元汇率、全球金融市场风险程度、美国公司债收益率等因素对中国投资者购买美国国债行为的影响均不显著，这表明中国投资者购买美国国债的行为在较大程度上并不能由上述因素来解释。其他一些本章尚未考虑的市场因素（例如美

表 8—5　**协整方程**

1 个协整方程　Log Likelyhood　721.4619		
Y	*US*10	*USD*
1.000000	-0.462 (0.041)	0.183 (0.051)
两个协整方程　Log Likelyhood　731.0575		
Y	*US*10	*USD*
1.000000	0.000	-0.119 (0.032)
0.000000	1.000	-0.653 (0.109)

说明：括号中均为标准误。

国国债的流动性优势）或其他因素（例如中国政府通过购买美国国债来维持中国出口导向发展模式等）也可能是影响中国投资者购买美国国债行为的重要因素。[①]第三，美国股票价格与全球大宗商品价格对中国投资者购买美国国债行为的影响较为显著。前者的系数为负，体现了美国企业股票与政府债券作为投资品的替代性；后者的系数为正，一种可能的解释是大宗商品价格上升加剧了美国的经常账户赤字，进而增加了美元贬值风险。为维持美元汇率稳定以稳定出口，中国投资者增加了对美国国债的购买。

表 8—6　**VECM 模型的估计结果**

	Y	*US*10	*USD*
误差修正项（协整方程）	-0.017 (-1.81)**	1.219 (12.17)***	-0.016 (-1.59)*
Y(-1)	-0.174 (-1.92)**	-0.234 (-0.25)	-0.162 (-1.70)**

① 之所以本章未对上述因素进行计量分析，在于我们尚未找到适当的变量来测量美国国债相对于其他金融产品的流动性强弱，以及很难将中国政府通过稳定美元汇率来促进出口增长的动机量化。

续表

	Y	US10	USD
US10（-1）	-0.008 （-1.40）*	0.124 （1.95）**	-0.008 （-1.26）
USD（-1）	0.008 （0.09）	2.221 （2.39）***	0.224 （2.40）***
C	0.159 （2.20）**	-1.220 （-1.60）*	0.049 （0.64）
EU10	0.005 （0.77）	0.121 （1.69）**	-0.004 （-0.54）
JP10	-0.000 （-0.04）	0.597 （5.76）***	0.012 （1.12）
EUR	-0.002 （-0.92）	-0.066 （-2.39）***	-0.002 （-0.85）
JPY	-0.327 （-0.66）	-18.962 （-3.62）***	0.849 （1.61）*
USVIX	0.000 （0.60）	-0.005 （-0.76）	-0.000 （-0.33）
EUVIX	-0.001 （-1.13）	-0.012 （-2.57）***	-0.000 （-0.51）
JPVIX	-0.000 （-0.27）	0.000 （0.02）	-0.000 （-0.34）
STO	-0.000 （-3.10）***	0.000 （1.76）**	-0.000 （-3.79）***
COM	0.000 （1.54）*	0.002 （2.41）***	-0.000 （-0.55）
COR	-0.010 （-1.07）	0.296 （3.06）***	0.005 （0.48）
R^2	0.15	0.65	0.53

说明：括号中均为t统计值。***、**、*分别表示在1%、5%及10%的显著性水平上显著。

根据VECM模型的估计结果，我们进行脉冲响应分析（图8—6）。

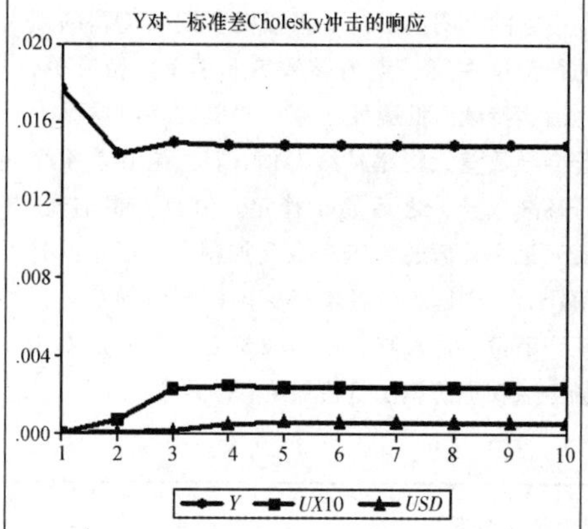	左上方的小图显示，中国投资者购买美国国债的行为对来自上期购买行为的1标准差冲击的反应既大且持久；美国国债收益率上升对中国投资者购买美国国债的行为有持续为正的影响，且影响在第3个月变得最大；美元汇率升值对中国投资者购买美国国债的行为有持续为正的影响，且影响从第4个月开始变得更为显著。当美国国债收益率上升以及美元汇率升值时，中国投资者增加对美国国债的购买，其意图可能是压低美国国债收益率以及美元汇率，从而维持人民币汇率低估以促进出口增长。这意味着中国投资者试图同时在美国国债市场与美元汇率市场扮演价格稳定者角色。
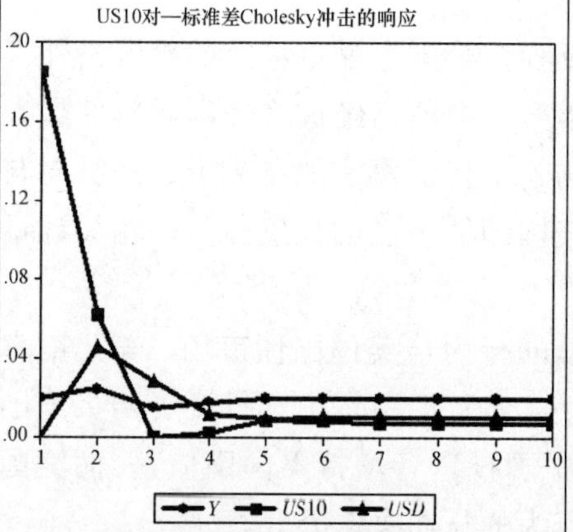	中间的小图显示，中国投资者增加购买美国国债的行为会推高美国国债收益率，且影响在第2个月最大；美元汇率升值将持续推高美国国债收益率，且影响在第2个月最大。①按理说，中国投资者增持美国国债会增加市场上的需求，从而推高国债价格（压低国债收益率），为什么中国投资者增持美国国债反而可能推高美债收益率呢？笔者认为原因在于，尽管中国投资者试图扮演美国国债市场的做市商，但是中国投资者的增持并不能转变其他投资者对美债的悲观情绪。正是因为有中国投资者在美国国债市场接盘，其他投资者可能会加大对美国国债的抛售力度，②而中国投资者又不可能完全吸纳其他投资者抛售的国债，这最终可能进一步抬高美国国债收益率。换句话说，中国投资者的逆市操作虽未改变其他市场参与者对美国国债的悲观预期，但可能加剧其他市场参与者的集体抛售，从而可能加剧美国国债市场的波动。

① 相关机理可能是，美元汇率升值导致大量短期国际资本流入美国风险资产市场，风险资产价格上涨加剧市场的通胀预期，进而引发加息预期，加息预期将推高美国国债收益率。

② 对拥有较多美国国债存量的投资者而言，如果认为其减持美债行为会导致美债价格显著下降（收益率显著上升），则其在减持美国国债时可能较为谨慎；相反，如果这些投资者意识到中国投资者可能在市场上大量买入美国国债，这些投资者很可能加大抛售力度，其集体行为的结果可能超过中国投资者的接盘能力，从而最终导致美国国债收益率不降反升。

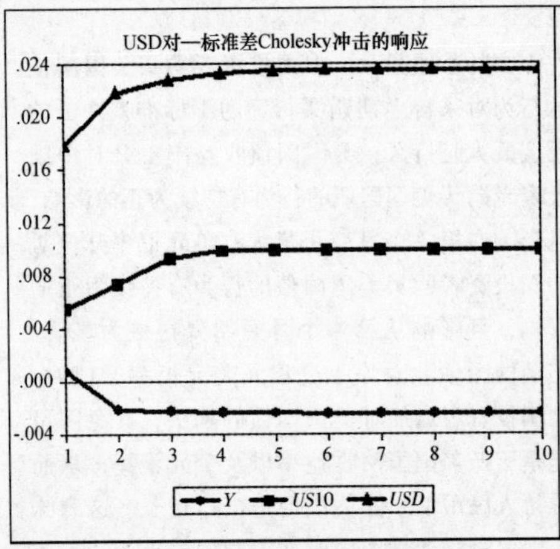

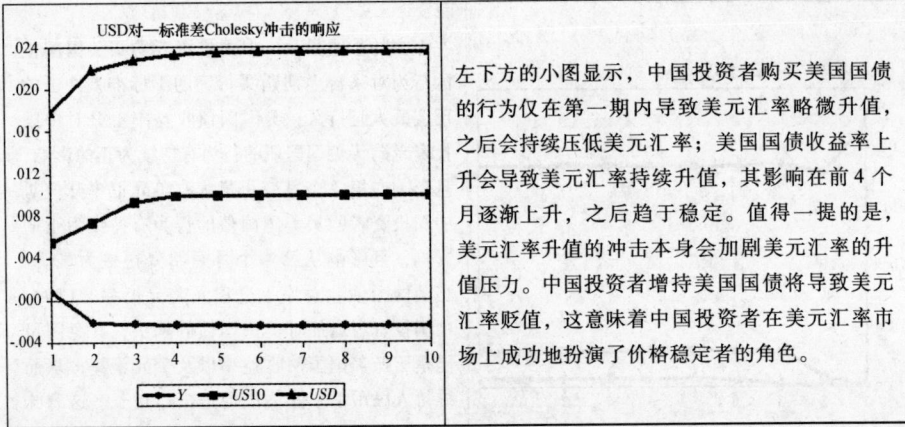

左下方的小图显示，中国投资者购买美国国债的行为仅在第一期内导致美元汇率略微升值，之后会持续压低美元汇率；美国国债收益率上升会导致美元汇率持续升值，其影响在前4个月逐渐上升，之后趋于稳定。值得一提的是，美元汇率升值的冲击本身会加剧美元汇率的升值压力。中国投资者增持美国国债将导致美元汇率贬值，这意味着中国投资者在美元汇率市场上成功地扮演了价格稳定者的角色。

图8—6　脉冲响应分析

注：上图中的横坐标均为月份。

五　结论

与其他国家投资者相比，中国投资者在美国金融市场上的投资格外青睐于美国国债。随着中国外汇储备的攀升，中国已经成为美国政府的最大海外债权国。本章在梳理美国国债市场若干特征事实的基础上，从纵向与横向比较的角度描述了中国投资者在美国国债市场的投资行为。相关计量分析得到了以下主要结论：

首先，从中国投资者购买美国国债的行为与美国国债市场、美元汇率的长期互动关系来看（长期协整关系），美元汇率是中国投资者购买美国国债行为的影响因素（美元升值导致中国投资者增持美国国债），而美国国债收益率并非中国投资者购买美债行为的长期决定因素。

其次，从投资行为来看，中国投资者似乎试图在美国国债市场与外汇市场同时扮演价格稳定者的角色（即当美国国债收益率上升或美元升值时，中国投资者会增加对美国国债的购买）。然而，VECM模型的结果显示，中国投资者增持美国国债的行为一方面会抬高美国国债收益率，另一方面会导致美元贬值。这意味着中国投资者的确是美国外汇市场上的价格稳定者，但并非是美国国债市场上的价格稳定者。

最后，包括金融资产收益率、金融市场风险与汇率在内的VECM模型，对美国国债收益率与美元汇率变动的解释力显著高于对中国投资者购买美国国债行为的解释力，这意味着后者可能还取决于一些其他因素，例如金融资产流动性、维持中国出口拉动经济增长模式的需求等。将这些因素纳入考虑，将成为我们后续研究的方向。

第九章

国际主权财富基金的投资经验比较与启示

设立主权财富基金是中国创新运用巨额外汇储备的一个重要途径和方向。在全球众多的主权财富基金中，新加坡政府投资公司和淡马锡、挪威的政府（全球）养老基金与阿联酋的阿布扎比投资局，是最为成功或最具代表性的机构。这些主权财富投资机构均经历了一段较为漫长的发展演变过程，投资的理念和能力臻于成熟，有丰富的国际市场运作经验，在公司目标定位、投资战略制定、资产配置结构、内部治理机制和风险管控、社会形象公关、克服投资壁垒等方面均有独到的经验做法，值得中国的主权财富基金特别是中国投资公司认真学习借鉴。

一 新加坡政府投资公司（GIC）

GIC 全称是新加坡政府投资公司（Government of Singapore Investment Corp），是全球最著名的主权财富基金[①]之一。GIC 建立于 1981 年，早于亚洲的绝大部分主权财富基金。根据 SWF Institute 的数据，GIC 管理的资产数量为 3200 亿美元，在全球所有的主权财富基金中排名第八位。GIC 的治理结构与投资经验对中国国有投资企业具有较大的参考和借鉴意义。

① IMF 对主权财富基金（SWF）的定义是：主权政府为了宏观目的而创立的投资基金。主权财富基金为了金融目标，使用一系列投资策略（包括投资国外金融资产）来持有、管理、运营资产。

（一）发展历程

20 世纪 70 年代，新加坡经济增长迅速，国内储蓄率较高，储备数量增长较快，储备数量超过满足支付外债、弥补国际收支赤字、干预外汇市场等传统需求。在当时的新加坡副总理、新加坡金融管理局（MAS）主席吴庆瑞提议下，新加坡政府投资公司于 1981 年 5 月成立。

新加坡政府的金融资产划为三部分管理：第一部分存放于新加坡金融管理局（MAS）;[①] 第二部分是淡马锡[②]持有的国有股份；剩下的部分主要由 GIC 进行管理。MAS 与淡马锡管理的资产数量是公开的。出于国家利益的考虑,[③] GIC 并不公布其管理的资产总量的精确数值，仅说明其规模大于 1000 亿美元。

新加坡政府投资公司被定位为政府完全所有的私人公司，GIC 并不拥有对资金的所有权，而仅仅是“基金管理公司”。简而言之，GIC 的获利方式是管理新加坡政府委托经营的外汇储备，并从中抽得一部分佣金（Commission）作为收入，除佣金之外的运营收入归新加坡政府所有。因此，GIC 与政府的关系类似于基金经理与客户的关系，其运营、投资、绩效衡量的方式和其他任何一家全球基金管理公司均类似。

在建立初期，GIC 管理的资金主要来自于财政储备，设立目的是通过投资于长期回报率较高的资产，保持并提高储备的国际购买力。现在，GIC 的资金基本来源于持续的国际收支盈余、积累的国民储蓄以及投资回报的增长。

从企业设立目的来看，GIC 被 IMF 归为储备投资基金（Reserve Investment Fund）。这类基金主要是为了提高储备回报率而建立。谢平、陈超将 GIC 划归战略性主权财富基金（Strategy-oriented Fund），设立目的是支持国家发展战略，在全球范围内优化配置资源，培育世界一流企业，体现国

① MAS 是新加坡的央行，管理新加坡的官方外汇储备（OFR），主要职能是制定货币政策，对经济趋势和潜在的经济脆弱性进行宏观监管。因此，MAS 的投资风格是三个机构中最保守的，其组合主要投资于流动性的金融市场工具。

② 淡马锡是按照商业准则建立的投资公司，目的是为持股人创造并保持可持续的长期价值。淡马锡是一家积极的和价值导向的股权投资者，投资目的是长期最大化持股人价值。

③ 新加坡政府认为不公开储备的数量可以预防市场在脆弱期可能对新加坡元形成投机性的攻击；新加坡是一个自然资源和其他资产匮乏的国家，新加坡的财政储备在发生危机时是重要的防线，因此也不适合公开。

家在国际经济活动中的利益。

(二) 治理模式

新加坡宪法保护新加坡的储备,[①] 这是因为新加坡自然资源匮乏,是一个小型但开放程度却非常高的经济体。在出现经济危机或严重的经济问题时,新加坡储备将被用作抵御外来冲击的重要防线;储备投资的回报也将用来服务于新加坡现在和未来人民的利益。新加坡宪法对于不同实体管理储备均有单独的规定,这是为了保证有清晰的可问责性。

GIC 依照新加坡公司法(Singapore Companies Act)建立,是第五条款公司(Fifth Schedule Company)。[②] 新加坡总统可在多方面对 GIC 问责[③]。宪法授权总统了解 GIC 的信息以保护国家储备。未经总统同意,任何人无法从 GIC 董事会增加或者减少一人。这一层设计是保证正直、有能力、在保护资产方面可以被信任的个人才能被指派至董事会。

新加坡政府委托财政部(MOF)与 GIC 进行沟通,新加坡政府并不直接指导和干预 GIC 的投资决策。此外,政府对 GIC 的投资法令规定了一些重要标准,例如委任条款、GIC 的投资目标、投资组合的风险参数和投资期限等,上述标准均由财政部设定。另外,财政部还需要保证董事会是称职的。

新加坡宪法规定,政府最多可使用 GIC 与 MAS 管理净资产的长期预期真实回报(Long-term Expected Real Return)中的50%,并将这部分资金纳入政府的年度预算。

除了进行内部审计之外,GIC 还需要向新加坡总会计师(Auditor-General)[④] 提供月度和季度的报告,报告中会列举全部执行的交易,持有情况

---

① 新加坡的储备的定义:新加坡政府和宪法第五条(Fifth Schedule)明确规定,其他实体所拥有的资产减去负债即为储备。

② 第五条实体是指宪法第五条下列出来的关键法定机构与政府公司。代表性的第五条实体包括中央公积金局(Central Provident Fund Board)、新加坡金融管理局(MAS)、房屋与发展局(HDB)、GIC、淡马锡。这些实体的储备受到储备保护框架的保护。

③ 新加坡总统是新加坡名义上的国家元首,独立于政府,且不能是任何一个政治党派的成员,这样的体系是为了防止在没有总统的批准下,现任政府的支出大于任期内的收入,或是调用之前的储备来弥补开支。因此,这个体系可以保护前任政府任期内积累下来的储备。

④ 新加坡的总会计师由新加坡总统任命,每年向总统和国会提交一份审计报告,审计对象包括政府和其他管理公共基金的团体。

和银行账户余额。报告还将提供详细的绩效和风险分析，以及组合按资产类别、国别、币种的分布情况。每年 GIC 管理层都会和财政部官员进行一次正式会谈，就前一财政年度组合的风险和绩效情况进行汇报。

GIC 董事会对资产配置和组合的整体绩效负最终的责任。董事会按照投资法令对储备进行有效管理，并对新加坡政府负责。管理人员执行投资战略，经常性地与董事会讨论组合的整体表现。

GIC 下设三家资产管理公司，分别是 GIC 资产管理（GIC Asset Management）、GIC 房地产（GIC Real Estate）、GIC 特殊投资（GIC Special Investment）。这三家公司均为 GIC 的附属公司，按照 GIC 投资法令中设立的准则进行组合投资。

从内部组织来看，GIC 董事会、国际咨询委员会、董事会委员会的可问责性如附件一所示。GIC 董事会的支持机构共五个，分别是投资战略委员会、投资董事会、风险委员会、审计委员会、人力资源与组织委员会。附件二给出了其他几个委员会的职责和构成人员。

（三）投资经验

目前，GIC 已有 30 多年的投资经验，员工超过 1200 人，在全球 40 多个国家进行投资，在 45 家以上的外汇交易市场和场外交易市场（股票、期货与期权、固定收益、自然资源、外汇、现金与衍生品市场）进行公开交易投资。

1. 投资回顾

在 GIC 运作初期，美国的利率水平较高，加上拉美主权债务危机，对全球金融市场形成了巨大压力，市场环境不佳，GIC 将注意力集中在发展机构能力和投资能力上，目的是保存所管理基金[①]的购买力。从整体战略来说，GIC 持有的资产被视为一种“相机基金”（Contingency Fund），目的是保证一个小型的资源匮乏的经济体在国内或国际经济状况变坏时提供保障。

当时 GIC 的投资策略偏保守，主要集中在流动性的资产：先成立了债券部门，并逐步介入房地产与私募（投资量小）；不仅投资于美国和日本，

---

① GIC 从新加坡央行金融管理局获得一笔资产组合，组合主要包括国债、短期债券和黄金，GIC 因此开始“基金经理”的身份，这基本类似央行为了满足安全性和流动性而持有资产。

也开始进入亚洲。当时 GIC 的投资能力较弱，投资管理人才匮乏，雇用了少量具有全球投资经验的经理并对其管理层进行辅导。机构能力和投资能力的建设使得 GIC 能够更好地利用市场机会。

1987 年 10 月的黑色星期一及引发的金融市场波动对 GIC 是巨大的考验，而 GIC 的表现也表明其资产配置策略是基本正确的，投资团队对市场有较强的战略性适应能力。在 20 世纪 90 年代，GIC 的投资策略发生了两方面的改变，第一是投资方向更多地转向亚洲新兴市场国家，在这之前 GIC 的投资主要集中在美国和英国市场（占组合比重的 60%—70%），而冷战结束后亚洲的投资机会涌现，GIC 正是利用了这个时机。第二方面的改变是将房地产部门和私募股权投资部门设立为单独的公司，以促进这两部门的发展，而且当时大量的亚洲新兴市场国家经济发展程度不高，对房地产和私募部分的投资为 GIC 参与快速增长经济体的转型并获得“增长红利”提供了途径。在整个 20 世纪 90 年代，GIC 的资产配置比重为：30% 的股权，40% 的债券，30% 的现金。①

1997 年的亚洲金融危机对亚洲的股票市场、货币市场、房地产市场、银行体系都形成了巨大冲击，这次危机中 GIC 坚持关注亚洲区域长期增长潜力的投资理念，实行多元化的投资，并从私人部门引入有亚洲商界经验人士担任新的部门主管。

2000 年后，从整体战略来说，GIC 管理的资产被视为“金融资源”（Financial Endowment），而不再是“相机基金”。GIC 为了获得更好的长期回报，对风险容忍度更高，对流动性的要求降低，提高了公开发行股票的配置比重，特别是新兴市场的公开发行股票，并增加大了对私募与另类资产的投资力度。GIC 之所以能这样做，是因为其具备了两个前提条件：一是 20 年的经营管理经验积累，使其有能力管理更大规模的资产；二是新兴市场不断发展，全球另类资产（大宗商品、通胀挂钩的债券、绝对收益战略）不断发展壮大，为其提供了多样选择的可能。

在这一战略的指导下，GIC 将债券和现金的配置比重从之前约 2/3 稳步降低到 1/3，与此相对应，公开发行的股票（包括新兴市场股权）和另

① 这是一个非常保守的配置。当时美国养老基金对股权的投资比重约为 60%—70%，对债券的投资比重约为 30%—40%，且不持有现金。

类资产[①]（例如房地产、私募、基础设施等）的投资比重大幅上升。[②] 在这10年期间，GIC的资产组合增加至包括13种资产类别。

为增强投资能力与组织能力，GIC2003年对投资过程与治理框架作了全面的内部评审，更为清晰地界定了投资目标和风险容忍参数，建立了对全球不同的投资机会适应性更强的政策性资产组合。在这一阶段，GIC的改进重点包括发展组织领导能力和进行连续规划。

在2008年危机中，GIC较早地卖掉了一些股票，降低了组合的损失。目前，GIC的股票比重已经回到正常的份额，所获赢利也弥补了之前的损失。此后，GIC继续增加对新兴经济体的投资，在中国、印度和拉美分别建立了分支机构，并密切关注这些目标市场的投资机会。

2. 投资战略

2008年，新加坡宪法进行了修订，采取了类似捐赠基金的方法，允许政府以GIC和MAS长期预期真实回报为基础，从其管理资产的净投资收益中进行支出，这不同于之前以年度真实投资收入为基础进行支出的方法。[③] 这一方法强调投资战略的长期性，即使在短期内风险上升，GIC也可能增加对股权和其他流动性较差的资产的投资比重。

GIC现有的投资框架区分了决定长期绩效的三方面主要驱动因素：参考组合（Reference Portfolio）[④]、政策组合（Policy Portfolio）[⑤] 和积极组合（Active Portfolio）。[⑥] 简而言之，这一投资框架区分了投资回报的不同来源。参考组合进行消极投资，追求与市场风险相关的Beta回报。政策组合基本确定了GIC的投资组合，对投资组合进行积极配置，并通过长期资产配置战略，承受系统性风险。积极组合的目的是寻求与市场风险无关的alpha回报。

---

① 与美国一些捐赠基金相比，GIC对另类资产的配置比重还是比较小的。

② GIC增加股权和另类资产投资，这与全球其他一些重要的主权财富基金（例如挪威的政府养老基金）的组合配置变化是类似的。

③ 这样的收入可能受市场周期的影响波动很大。

④ 参考组合代表了全球市场的表现，衡量的是GIC在长期中能够承受的风险。

⑤ 政策组合代表了对消极投资的偏离程度，目标是在长期中获得的更高回报。委员会批准政策组合，并精简为只包括6种核心资产类别，是长期回报的主要来源。

⑥ 积极组合是GIC管理团队在委员会给定的风险限度下采取的投资战略。其回报要高于政策组合，投资战略包括在各种资产类别中搜寻具体投资机会，以及对不包括在简化的政策组合内的资产类别和跨资产类别的投资。

目前，GIC 的参考组合包括 65% 的股权和 35% 的债券，这符合政府对 GIC 的要求，即在不冒过多风险的前提下，获得超过通胀的长期回报率。不过，这并不是 GIC 的短期标准。因此，GIC 的这一投资策略在短期内可能比市场指数表现更差，追求长期回报并不意味着完全遵照 65∶35 的投资组合。

政策组合根据新加坡政府的授权，考虑了不同类型资产对市场环境的反应，构建了多元化的资产组合。政策组合主要包括六种核心资产，其比例为：发达国家股权，20%—30%；新兴市场股权，15%—20%；名义债券和现金，25%—30%；与通胀挂钩债券，4%—6%；房地产，9%—13%；私募股权，11%—15%。

GIC 的政策组合不会经常调整，也不会因为市场周期的变动而调整，但全球投资环境的基本面和结构性变化会使 GIC 复审其政策组合，改变其资产类型或投资区域的长期分布。通过再平衡战略，GIC 的资产组合可以比允许随意调整的组合获得更好的收益。同时，GIC 的管理层根据董事会制定的风险基准，在不同积极组合中分配风险。

（四）经验启示

对于中国主权财富基金来说，GIC 提供的一个重要经验是公司的明确定位非常重要。如果定位为类似于 GIC 的“基金管理公司”，中国主权财富基金的运营、投资、绩效衡量就应与基金管理公司相似。中国投资有限责任公司的建立宗旨是：实现国家外汇资金多元化投资，在可接受风险范围内实现股东权益最大化。外管局的下属公司华安投资公司（SAFEIC）的基本目标是：通过海外投资保持中国外汇储备的价值。这两家主权财富基金的定位不是特别明确。前者作为国有独资公司，后者作为有限责任公司，均未定位为国有资产所有者。中投与华安作为中国外汇储备资金的管理者，对其投资运营的监督和绩效的衡量（币种选择、绩效考核期限、参考标准）均与一般基金管理公司差异较大，或是透明度有待提高。

GIC 对中国主权财富基金的第二点借鉴意义是资金注入和提款规则的制定非常关键。目前，GIC 的资金来源于国际收支盈余、积累的国民储蓄和投资回报的增长，而新加坡政府的提款上限为 GIC 所管理净资产的长期真实回报的 50%。明晰的资金注入规则可降低资金注入的不确定性，促使主权财富基金更为关注投资的长期回报，而不是过分追求短期业绩。明确的提款规则也可约束主权财富基金的投资策略选择。

GIC 对中国主权财富基金的第三点借鉴意义是投资策略的逐步成熟。在投资公司建立的早期，由于经验和专业人才的缺乏，且受限于管理资产的规模，投资公司可能选择将大多数的资金投向债券。随着投资能力的稳步提高，投资公司可逐步增加对股权、私募和另类资产等风险性资产的投资力度。

GIC 对于中国主权财富基金完善治理结构具有重要的参考价值。首先，需考虑建立中国主权财富基金的法律基础。对于定位为有限责任公司的投资公司，需要在法律上明确资产所有者和管理者的责权划分。对于淡马锡类型的主权财富基金，即国有控股公司，其法律定位应为国有资产的管护者、投资者和股东。其次，在不影响投资的前提下，应保证充分的透明度。为减少投资东道国的质疑，中国主权财富基金应该选择合适的时机和渠道进行信息披露，让公众知晓投资相关情况并让市场保持对其的信心，以获取稳定的长期回报。最后，严格的可问责性。新加坡总统可对 GIC 进行问责。GIC 董事会对资产配置和组合的整体绩效负最终的责任，向新加坡政府负责，而管理人员的主要工作是执行投资战略。中国主权财富基金需要加强可问责性，例如董事会需要准备年度商业计划，并在年度报告中接受问责。再如，对于资金来源于外汇储备的基金，其财务报告可能成为政府预算报告的一部分，财政部长需要对其投资负责。

二　新加坡淡马锡

淡马锡即 Temasek，是新加坡政府建立的第一家主权财富基金，也是全球最大的主权财富基金之一。淡马锡成立于 1974 年，目前投资组合价值为 2150 亿新加坡元。自成立以来，淡马锡的股东总回报率为 16%，是一家成功的战略投资者。自建立之初，淡马锡一直经营着新加坡重要国有企业的股权，其成功运作的经验对中国有较大的参考借鉴意义。

（一）成立背景

20 世纪 60 年代，为解决就业压力，刚成立的新加坡共和国大力发展劳动密集型行业，类似交通运输、造船业等产业在政府主导下得到了快速发展。进入 70 年代，新加坡政府更加重视原油加工、化工等资本密集型行业，以及电子、计算机等高科技产业。这些行业有两个共同点：一是均由新加坡政府主导；二是均有一些代表性企业，企业规模庞大，对新加坡经济的影响力也大。如何加强对国联企业（Government-linked firms，GLCs）的监管并提高其运作效率，成为新政府面临的重要课题。

在将行业监管机构分离之后，新加坡政府成立了淡马锡来专门经营并管理国家资产。1974 年 6 月，新加坡财政部负责组建新加坡淡马锡控股（私人）有限公司，将新加坡开发银行等 36 家国联企业[①]的股权（总额 3.45 亿新元，约合 7000 多万美元）授权由淡马锡经营。政府对淡马锡的初始投资中，既包括造船、公用事业、电子通信等重要行业中具有垄断地位企业的股权，也包括在食品、饮料、系统工程等行业较为重要的国联企业的股份。

淡马锡为新加坡政府全资所有的私营企业，目的是持有和经营政府在本国公司股份并进行投资控股。淡马锡持有这些企业绝对多数股份，而这些企业对新加坡整体经济起绝对重要的作用，因此可以说淡马锡在一定程度上掌握了新加坡的经济命脉。除此之外，淡马锡还投资了几百家规模较小的成熟企业。淡马锡的投资重点是新加坡和亚洲的企业。

淡马锡与新加坡政府投资公司（GIC）的主要区别在于：GIC 不拥有资产，只代表新加坡政府管理资产和外汇储备，而淡马锡从 1974 年获得政府最初注资，并在 20 世纪 90 年代再度获得政府注资后，一直拥有并管理自己的资产；淡马锡获授信用评级，发行国际债券。

（二）投资状况

1. 投资目标

淡马锡是依照《新加坡公司法》而建立的商业性投资公司。淡马锡的定位是“总部在新加坡的亚洲投资公司”，而不是国际媒体中通常认为的主权财富基金。为了阐明这个观点，淡马锡 CEO 顾之博说：“建立 GIC 目的是投资本国多余的现金。淡马锡作为投资公司并不愿持有多余现金。我们管理投资组合，投资股东资金，筹集资金使得组合增长。我们不进行非股权投资或者购买债券，而这是主权财富基金的投资内容。”

---

① 包括新加坡电信、新加坡航空、星展银行、新加坡地铁、新加坡科技电信媒体公司、PSA 国际港务集团等大量新加坡最重要、营业额最大的企业。

淡马锡宣称公司的使命是“作为活跃的投资者和成功企业的股东，创造并最大化长期的股东价值”。这一使命使得淡马锡看起来是以商业利益为基础的、商业化运作的透明机构。但有分析认为，由于主权财富基金的商业决定会优先考虑国家利益，所以其投资决定有非商业性的考虑。例如，淡马锡的管理层会决定投资的地点（由于新加坡处在东亚，所以会将东亚市场作为优先考虑的投资地点）、投资的产业，而职业经理人则在这一框架下决定对哪家具体的公司进行投资。

2. 投资战略

淡马锡建立的初期，其主要任务是将新加坡政府的监管和政策制定功能与对商业机构的持股人身份分离开来，毫无疑问，淡马锡肩负了商业使命。在建立之后的几年内，淡马锡集中力量将新加坡国联企业的发展作为工作的重点。淡马锡的工作方法是“和其他类似发展阶段的企业相比，淡马锡给国联企业提供更多资本，更好的管理，在注重结果的回报体系中提供给企业更多的自由，淡马锡虽不能保证增长，但尽其力量促进企业增长”（顾之博，2009）。在实际运作过程中，淡马锡也通过这种策略获得了年均超过7%的现金股息，并在之后继续持有这些战略性重要国联企业的资产。淡马锡后来出售了一些最初并不是出于商业原因而进行的投资，如为促进经济增长和保证就业而进行的投资。

在20世纪70年代，时任新加坡副总理吴庆瑞认为，为了获得更高的回报，淡马锡应该在全球进行投资，但这一观点一直没有被采用，直到新加坡国联企业成长为全球具有竞争力的机构，收入流比较独立稳定之后这一观点才被逐步采纳。事实上，在这种状况持续了较长一段时间，直到2002年何晶被委任为CEO之后，淡马锡才真正开始进行国际投资。这些国联企业（例如新加坡电信和新加坡大众钢铁）本身的国际化为淡马锡提供了了解区域市场的机会。

20世纪80年代中期，淡马锡管理下的国联企业，包括造船和电信业获利颇丰，使得淡马锡开始对其持有的资产组合进行重新整合以实现快速增长。20世纪90年代，淡马锡管理下的大量国有资产通过股票上市进行了重组和私有化，实现了公司化，这一过程使得淡马锡的投资组合价值迅速增长，从1974年的3.45亿新加坡元增加到29亿新加坡元，包含了58家公司，超过490家子公司。但在20世纪90年代，特别是在12家主要立法委员会（例如新加坡媒体公司、新加坡石油、新加坡邮政）重组后，新加坡又成立了多家新的国联企业。

以2002年何晶任CEO为分界线，淡马锡的投资和管理有所转变，并进入了一个新的阶段。淡马锡的投资策略从“主导国家经济发展，保存国家财富”转为投资于全球财富的新来源。具体体现在：一是投资区域真正实现国际化，包括对亚洲的大型经济体（尤其是中国和日本）进行股权投资，以及增加对欧洲和美洲的投资，投资的目标是“具有大的比较优势和稳健领导能力的企业”。二是采取全新的“积极”国际投资战略，提高机构和活动的透明度。三是增加了对银行业的投资力度，投资对象包括印度尼西亚两家银行（Bank Danamon，BII Bank），中国多家银行（建设银行、中国银行），以及美国和英国的银行。伴随着淡马锡国际投资规模的不断增加，投资东道国的政治指控也有所增加。例如，淡马锡对泰国新集团（Shin Corporation）的股权收购引发了泰国民众对总理他信的抗议。淡马锡对与澳大利亚有国防合同的技术服务公司Optus进行投资，也引发了对淡马锡是否具有政治意图的关注。尽管对外投资规模大幅增长，谈马锡收入的主要来源依然是对本国具有产业垄断地位的国家关联企业。

2008年，淡马锡出售了对英国和美国银行的一些投资，包括美国银行、美林和巴克莱的投资，遭受了较大损失。此后，淡马锡增加了对新兴市场和新产业（如教育产业和移动电话）、自然资源的投资，并以此弥补由于本国国联企业垄断地位下降带来的收入减少。

3. 资产配置

2013年，淡马锡管理着2150亿新加坡元的资产，1年期股东回报率为8.86%，10年期股东年化复合回报率为13%，从1974年成立以来复合年化股东总回报率高达16%。

从区域分布来看，淡马锡在发达经济体和新兴经济体的风险暴露比重分别为58%、42%。具体来说，2013年淡马锡对新加坡以外的亚洲地区投资比重为41%，对新加坡的投资比重为30%（2004年这一比重为52%），对澳大利亚和新西兰的投资占比为13%（2004年对澳大利亚投资比重为17%），对北美及欧洲的投资比重为12%。其中，淡马锡对三家公司的投资比重非常大，它们是新加坡电信有限公司（14%），中国建设银行（8%）和渣打银行（7%）。

从行业投资来看，2013年淡马锡对金融服务业的投资已跃居首位，而电信和媒体则从10年前的第一大投资产业降至第二大投资产业。

表 9—1　　**淡马锡投资的行业分布**

2013 年	比重（%）	2004 年	比重（%）
金融服务	31	电信、媒体	36
电信、媒体与科技	24	金融服务	21
交通与工业	20	交通物流	14
生命科学、消费与房地产	12	基础设施、工程和技术	10
能源与资源	6	能源与资源	7
其他	7	地产	6
		其他	6

资料来源：淡马锡年报。

（三）治理模式

淡马锡由新加坡财政部①全资拥有，通过董事会和总裁直接向新加坡总统负责，主要职责之一是保护淡马锡过去的储备金。② 新加坡总统和政府作为淡马锡过去储备金的监护人，只负责监管和淡马锡过去的储备金有关的事项，并不参与淡马锡的投资、脱售或任何其他商业或企业决策。淡马锡与新加坡总统的关系是：淡马锡股东在委任、更新或终止董事会成员时必须获得总统同意。董事会任免首席执行官也必须获得总统同意。淡马锡在提取淡马锡过去的储备金时，需要总统的批准。另外，淡马锡董事长与首席执行长按规定间隔时间向总统确认储备金结算报告和过去储备金结算报告。

2002 年后淡马锡的管理层也发生了较大的变化。在 2002 年之前，淡马锡的管理层绝大部分是资深公务员，2002 年何晶③被委任为淡马锡的首席执行官。这个委任让媒体质疑淡马锡与新加坡政治势力太近，但也有评价认为这样的关系便利了淡马锡的发展。④ 何晶就任后对公司人事制度作

---

① 根据新加坡财政部（成立）法（第 183 章），财政部长为法人团体，也即股东。

② 淡马锡的总储备金在政府换届时被锁定为下一届政府的过去储备金。总储备金 = 在当届政府上任前淡马锡所累积的储备金 + 当届政府任期内淡马锡所累积的储备金，总储备金超过或等于过去储备金，意味着过去的储备金得到了保护。

③ 何晶是新加坡总理李显龙的夫人，在就任淡马锡前是新加坡另外一家国联公司新科工程（ST Engineering）的首席执行官。

④ 何晶摒弃了不关注股东价值的管理方式，并强迫淡马锡公司消除边缘业务。

了大胆变革，成立了一个有10个董事的委员会，指派了11个资深常务董事，分别管理淡马锡不同的业务部门和行政部门。此外，何晶还对雇员的年龄结构进行调整，年龄在35岁以下、在淡马锡工作时间较短、素质较高的员工数量大幅上升。2009年，顾之博（Charles Goodyear）接任何晶担任淡马锡的首席执行官。

淡马锡的高级管理层负责执行董事会制定的战略和政策，负责公司的日常运营与管理，并在规定权限内制定投资、脱售和其他运营方面的决策。对于超过管理层规定权限的事项，须提交董事会执行委员会或全体董事会批准。战略和投资组合及风险管理委员会（SPRC）、脱售和投资高级委员会（SDIC）、高级管理委员会（SMC）协助首席执行长执行日常政策及运营决策。

（四）经验启示

目前，中国投资公司同时在国内、国外市场进行投资。这可能带来一些问题，如资金如何在国内外进行分配、国内外的投资策略可能存在冲突、国外投资受阻的概率上升等。淡马锡对中国投资公司的一个重要参考意义在于，如何处理海外投资与国内投资的关系，以及如何选择国内投资方式。在建立之初，淡马锡类似于中国的国有资产监督管理委员会，其被注入的资产是36家国联企业的股权，包括一些重要行业中具有垄断地位企业的股权。在何晶上任CEO前，淡马锡的投资重点几乎完全集中于国内，与GIC以海外市场为投资重点有着明确的功能区分，其经营收入基本来源于这些国联企业的利润上交、股票上市和私有化。在何晶上任之后，随着资产管理经验逐步趋于成熟，淡马锡逐渐开展了海外投资业务，并且，海外投资收入在淡马锡收入中的比重不断提高，有效弥补了其国内投资收入下降的局面。

在投资策略方面，淡马锡的借鉴价值在于，如何通过选择投资东道国来参与其经济增长的进程，并获取“增长红利”型的利润。一个最典型的例子是淡马锡对中国银行业的战略性投资。淡马锡从中国银行、中国建设银行、中国工商银行的战略性投资中获得了高额回报。从而，投资于经济增长潜力较高的国家，为当地经济增长提供推动力，对主权财富基金和东道国而言是一个“双赢”的策略。

淡马锡应对国外的怀疑和指责的方式也值得中国学习。东道国政府经常怀疑主权财富基金的投资是出于政治目的而不是经济利益考量，并质疑其投资决策过程中政治因素的作用比较重，并获得了母国政府的“不公平”支持和优惠等。在对外投资过程中，中投也经常遭遇东道国尤其是发达国家政府的不信任和怀疑的态度。同样，淡马锡的身份使其不可避免地遭遇了东道国的质疑和猜忌，对此，淡马锡采取了提高透明度、不断强化宣传其实施商业化运作的信息、避免介入旗下企业的具体投资案例等措施，有效缓解了外界对其投资动机的疑虑。

三　挪威政府（全球）养老基金

挪威政府（全球）养老基金（Government Pension Fund Global，GPFG）成立于1990年，其资产来自于挪威的石油收入，目前管理的资产规模高达8380亿美元，是全球最大的主权财富基金。根据Linaburg-Maduell透明度指数，GPFG是全球透明度程度最高的主权财富基金。GPFG的资产运作的经验和治理结构，可为中国的主权财富基金提供借鉴。

（一）建立背景

菲利浦石油公司在1969年发现Ekofisk油田，这个油田到现在仍然是北海最重要的油田之一。挪威从1971年开始石油生产，此后石油和天然气收入成为了挪威财政一般性的收入。

石油部门构成了挪威经济中非常重要的部分。挪威统计局的数据表明，截至2012年，石油部门占挪威GDP的比重为21%，占财政收入的比重为31%，占总投资的比重为29%，占全国总出口的比重为51%。另据挪威石油与能源部的数据，挪威的石油产量从1971年开始逐年上升，在2004年达到最大值，为2.642亿标准立方米，预期在2020年之后逐年下降，在2045年左右约为1.1亿标准立方米。挪威全国来自石油的现金流入在21世纪头10年达到顶峰。

因此，挪威政府需要面对的问题是，如何缓解石油收入的波动对挪威经济的影响。为有效利用不可再生的石油资源收入为后代提供保障，平滑石油价格高度波动对挪威国家收入的影响，并应对挪威人口老龄化等问题，挪威国会在1990年通过了政府石油基金法，并建立了政府石油基金（the petroleum fund）。2006年1月，挪威政府将政府石油基金改组为政府养老基金（Petroleum Fund of Norway）。

（二）治理模式

事实上，GPFG 不是一个养老基金，因为其收入并不来自于养老金而是来自于石油利润。GPFG 将来自挪威石油部门的巨大盈余用于投资，石油盈余的主要构成是政府对石油公司的税收、出口许可支付、政府持有StatoiHydro 部分股权而获得的股息收入。

GPFG 从国家预算获得石油收入，而其投资回报再次转移到国家预算，为财政的非石油赤字部分融资。GPFG 获得石油收入和将投资回报转移到国家预算的行为均遵照财政政策准则进行。从长期来看，GPFG 将基金真实回报（4%）转移到国家预算。

从治理结构来看，挪威财政部委托挪威央行代表财政部管理 GPFG，具体的管理机构是央行的一个部门——投资管理部（NBIM）。NBIM 向挪威央行的执行委员会（the Executive Board of Norges Bank）就基金的绩效和风险情况进行报告。挪威央行的执行委员会对央行的运营负责，执行委员会包括 7 名成员，均由议会主席指定，挪威央行的总裁和副总裁是执行委员会的主席和副主席。NBIM 内部有多个委员会为 CEO 提供决策咨询，包括投资风险委员会、投资空间委员会、房地产委员会、商业风险委员会、估值委员会和补偿委员会（见图 9—1）。

挪威议会和政府对 GPFG 的监管系统完善。挪威议会通过政府养老基金法对 GPFG 进行监管。挪威财政部通过制定 GPFG 的管理职责规定、挪威央行的风险管理和内控规章、与挪威央行的年度金融报告等有关的规章对 GPFG 进行监管。挪威央行的执行委员会对 GPFG 的监管文件更多，包括战略计划、GPFG 的投资职责、NBIM 的风险管理原则、NBIM 的所有权管理原则、NBIM 的组织和管理原则，以及对 CEO 的工作内容描述。NBIM 的 CEO 则通过制定工作内容描述、内部指南、投资职责等方式对 GPFG 进行监管。

GPFG 是全球透明度最高的主权财富基金。GPFG 之所以选择如此高的透明度，原因在于：一是 GPFG 是挪威全国人民拥有的基金；二是为了保证公众对石油财富管理的支持也有必要保持基金的高透明度；三是了让国际社会对基金管理有信心；四是透明度可以对基金的操作性管理形成纪律性的约束。GPFG 对基金管理作了大量的信息披露。例如，在 NBIM 网站

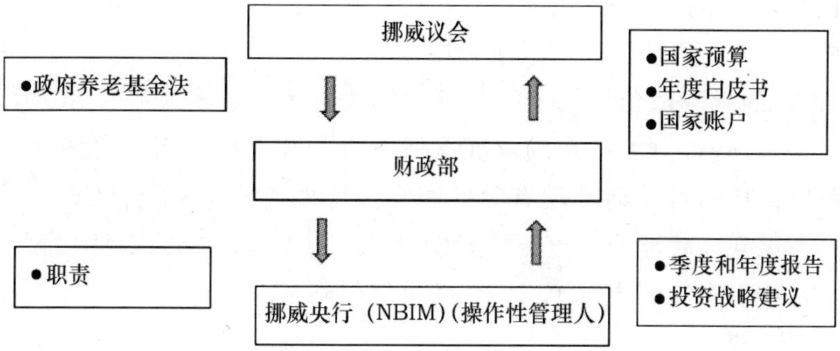

图9—1　GPFG 治理结构及责任划分

资料来源：挪威政府（全球）养老基金年报。

上公布的内容就包括：完整的资产列表、投票权记录、基准指数的构成、GIPS 报告、主要的外部供应商、月度回报、外部经理情况。在挪威财政部网站上也有大量的信息披露。另外，GPFG 网站也公布了更新的基金市场价值、年度和季度报告包括完整的 IFRS 金融报告、重要的文件、信件及研究成果。

（三）投资状况

1. 投资目标与投资战略

GPFG 将自己的使命归纳为"为子孙后代提供保障并建立金融财富"。其投资战略目标为：在给定风险水平的前提下最大化股东长期的财务回报。GPFG 的投资战略经历了一个长期的发展演变过程。1998 年，GPFG 将所有资产的 40% 投资于股权；2000 年 GPFG 开始投资于一些新兴市场国家的股权市场；2002 年 GPFG 开始购入非政府债券；2004 年购买了更多的新兴市场股权，并通过了道德准则（Ethical Guidelines）；2005 年 GPFG 开始购买与通胀挂钩的债券；2006 年 GPFG 介入高收益债券、大宗商品衍生品的投资，并采用了新的风险管理要求；2007 年 GPFG 已经将所有资产的 60% 用于购买股权；2008 年 GPFG 开始进入房地产市场，并购买了所有新兴市场国家的股权。

GPFG 的投资战略具有以下显著特点：一是强调通过多元化降低组合的整体风险，但多元化的过程较为缓慢。二是坚持长期投资战略，这是该基金使命所决定的。三是适当加入积极投资的因素，即不采取消极投资指数跟随战略，而是选择性购买一些风险较高收益波动也较大的资产。四是强调投资的社会责任，注重成本效率。

GPFG 的投资理念与基金的特征共同决定了其投资战略。从基金特点来看，GPFG 规模巨大，是国家拥有所有权的长期投资者，且由于没有直接的负债，从而对流动性没有大的需求。从投资理念来说，GPFG 投资时会同时考虑到风险溢价、投资的规模经济，以及投资中的委托代理情况等因素。这些因素共同决定了 GPFG 的投资战略。

2. 资产结构

截至 2013 年 12 月，GPFG 的市场价值为 50380 亿克朗，约合 8400 亿美元。从资产结构看，2013 年年底 GPFG 对股权投资占总量的比重为 61.7%，对固定收益类资产投资占总量的比重为 37.3%，对房地产投资的比重为 1%。从历史数据来看，GPFG 对股权投资的比重在不断上升。截至 2013 年年底，GPFG 共投资于 8213 家企业，投资比重平均为 1.3%，对欧洲企业的投资比重平均为 2.5%。对固定收益投资的币种构成来看，GPFG 对美元类与欧元类投资相加约占投资总量的 50% 以上。从房地产投资的城市来看，GPFG 目前投资于 11 个城市，集中在欧盟及美国市场。从国别分布来看，2013 年年底 GPFG 对英国、法国、美国、瑞士、德国、其他国家的投资比重分别为 27%、22.5%、18.7%、13.8%、8.5%、9.6%。

从基准指数构成来看，GPFG 在全球股权市场中配置比重为 60%，选择的是 FTSE Group 指数。全球固定收益证券在 GPFG 战略性资产配置中的比重是 35%—40%，选择的是 Barclays 指数。全球房地产配置比重是 0%—5%，选择的是 IPD 指数作为基准。以国际货币衡量，2013 年 GPFG 获得 15.95% 的回报率。过去 3 年、5 年、10 年，以及从 1998 年以来 GPFG 的平均回报率分别是 8.6%、12%、6.3%、5.7%。GPFG 的长期真实平均回报率为 4%。

GPFG 认为，稳健的长期回报依赖于经济、环境和社会的可持续发展，以及合法的、运转良好、有效的金融市场。另外，由于 GPFG 的投资是着眼于未来，为子孙后代服务，因此，GPFG 是按照国际负责任投资的标准来运作。GPFG 采用了多种手段保证自己成为一个负责任的投资者，包括对投票权的控制、介入并追踪单个公司、诉讼、与其他投资者合作、提出行业倡议、提高市场标准、给出沟通和预期文件、排除或观察某单个公司，等等。

3. 投资策略

GPFG 是一个积极投资者。2013 年，GPFG 的基金代表与公司管理层进行了 2300 多次的会谈，在多达 9500 次的持股人会议上进行了投票。GPFG 对被投资公司的公司治理、持股人权利、社会问题、环境问题等均有清晰的期望值。GPFG 实现积极所有权的方式是与公司、投资者、监管者、规则制定者进行会谈，在持股人会议上投票，提交持股人提议，参与对公司治理方面的咨询，印发文件列出 GPFG 的期望。实现积极所有权能够保护持股人的权利，为赢利性的商业活动提供基础，保持投资的价值。同时，GPFG 特别关注从六个方面来实现负责任的投资：平等对待持股人，注意持股人的影响力和董事会的可问责性，关注有效运作、合法和有效的市场，关注儿童权利，关注气候变化风险管理，关注水资源管理。

另外，挪威财政部将一些公司排除在 GPFG 的投资范围之外，或者将其置于“待观察名单”。通常是依据皇家法令设立的道德委员会（Council of Ethics）的建议作出相关决策。被排除的公司包括核武器的生产商、烟草生产商、严重违反基本道德准则的公司、严重违反人权的公司，等等。

（四）经验启示

GPFG 投资战略的形成取决于投资理念与基金特征两方面因素。中国主权财富基金 CIC 的投资理念与基金特征均与 GPFG 相类似。从投资理念来看，CIC 坚持从总组合资产角度规划投资策略，坚持长期投资、风险分散化的理念。从基金特征来看，CIC 同样资产规模巨大，国家拥有基金的所有权，是长期投资者，没有直接的负债，对资产流动性的要求不太高。GPFG 的投资战略值得 CIC 借鉴，如逐步实现资产多元化、关注长期投资回报、实行适度积极的投资策略等。

在投资国别、区域的选择上，GPFG 的做法具有代表性。与 GIC 关注亚洲新兴市场国家、淡马锡强调对新加坡本土及亚洲国家的投资相类似，GPFG 的投资以欧洲和美国市场为主，资产币种结构也主要以欧元、美元为主。集中投资于较为熟悉的区域可便利主权财富基金积累投资经验，降低投资风险，并为进入更广阔市场提供基础。这一点可供中国主权财富基金参考。

GPFG 另一个值得借鉴的经验做法是，强调投资的社会责任。由于主权财富基金的母国政府通常对其投资战略施加较大影响，这会引发投资东道国的指责和怀疑，因此，主权财富基金作为国际投资者，更应严格遵守东道国法律法规，积极履行企业社会责任。GPFG 在强调投资的社会责任方面取得了良好的声誉，如董事会的可问责性、强调市场良好运作、关注儿童权利、将特定公司排除在投资范围之外等。这些具体措施值得中国投资公司借鉴。

GPFG 的管理体制也值得中国借鉴。GPFG 采用了议会—财政部—央行三层级的管理体制，并赋予不同层级具体的职责、工作内容和监管规章。财政部完全不介入 GPFG 的操作性管理，具体的资产管理机构是央行的投资管理部门。目前，中国主权财富基金的管理体制尚未理顺，中国财政部与中国人民银行之间职责权限没有得到清楚界定。中国的外汇储备由中国人民银行的下属机构国家外汇管理局单独管理，而财政部一直在谋求获取主权财富基金的主导权。在对中投公司的管理体制安排上，财政部似乎取得了优势地位，但并没有相关法律明文规范财政部与中投公司在管理层级上的关系，只是在中投公司的治理结构中提及国务院代表国家行使股东权利。显然，对于中投公司而言，严格区分出资人、操作性管理人和内部管理层之间的职责权限，是提高其投资效率的重要前提。

四 阿布扎比投资局

阿布扎比投资局（Abu Dhabi Investment Authority，ADIA）建立于 1976 年，目前管理的资产规模为 7730 亿美元，是全球第二大的主权财富基金。ADIA 代表阿布扎比酋长国政府进行投资，管理酋长国石油储备盈余，其目标是实现储备资本价值的稳定增长，维持阿布扎比的长期繁荣，保障阿联酋人民的未来福利。

（一）建立背景

1967 年，阿布扎比酋长国在金融部（Department of Finance）内部创建金融投资委员会（Financial Investment Board），目的是管理酋长国的石油收入盈余。

1976 年，阿拉伯联合酋长国时任总统决定创建阿布扎比投资局，并将其从政府中分离出来，成为一个独立的机构。当时，ADIA 的投资目标是将政府财政盈余投资于不同类型的低风险资产。①

（二）投资现状与特点

1. 投资战略

ADIA 是在低风险资产投资方面获得较多经验和收益后，才逐步介入高风险资产的投资，其投资策略的完善花费了较长时间。在过去近 40 年的发展过程中，ADIA 一直坚守的投资原则是：以获得可持续的长期财务回报这一经济目标为决策的唯一依据，不寻求对被投资公司进行管理或在公司中承担操作性的角色。为实现获得财务回报这一目标，ADIA 的投资战略不仅关注资产的类型和区域的分布，还关注投资稳健性和回报驱动。因此，ADIA 在成立约 10 年后才开始进入私募股权投资领域，成立约 20 年后才设立私募股权部，而其加大对房地产、基础设施的投资力度的时间则要更晚一些（见表 9—2）。

表 9—2　**ADIA 投资策略的发展演变**

时间	投资策略与投资部门发展
1976	设立五个部门：股权和债券、国债、金融和行政、房地产、本地与阿拉伯
1986	开始另类投资
1987	区分区域性的股权和债券部门（北美、欧洲和远东）
1988	开始私募股权投资
1993	使用一系列标准和准则开始进行正式的资产配置
1997	成立全球私募股权部
2005	在股权内部专门投资于小盘股，在固定收益类中投资高信用级别信贷
2007	开始投资于基础设施领域
2008	参与美国财政部国际投资准则的制定
2009	创立投资服务部，国际主权财富基金论坛（IFSWF）的创始成员
2011	创立指数基金部、外部股权部，将房地产部门和基础设施部门合并为“房地产与基础设施部”
2012	创立三个部门：人力资源部、集中处理部、总务部

资料来源：阿布扎比投资局年报。

① 在当时将储备投资于黄金、短期信贷之外的其他资产不是常见的做法。

ADIA 的资产组合投资可划分为两种类型。一方面，约大于半数的资产组合配置于指定市场中指数型投资和消极投资。另一方面，ADIA 组合中其他部分资产实行积极管理投资战略，可获得高于市场平均水平的回报率，并弥补前一部分投资的低收益率。

2. 资产区域分布

ADIA 的长期资产区域配置没有明显的“母国偏好”（Home-Biased）或是“区域偏好”（Regional Bias），即不过分集中于亚洲投资（见表 9—3）。这与 ADIA 投资目标为收益驱动有关。另外，长期的投资经验积累，以及大量的聘用外部经理人的机制，使得 ADIA 具有对欧美地区投资的能力。对发达国家的投资占主导地位也充分体现了 ADIA“谨慎”的投资特征。ADIA 始终贯彻的投资战略包括：一是采用全球的长期中立标准；二是允许围绕长期趋势进行策略性、机会性投资；三是平衡投资基准和投资灵活性之间的关系。

表 9—3　　ADIA 资产的区域配置

地区	最低值（%）	最高值（%）
北美	35	50
欧洲	20	35
新兴市场	15	25
亚洲发达国家	10	20

资料来源：阿布扎比投资局年报。

3. 资产品种结构

2009—2013 年，ADIA 的资产类别变化不大（表 9—4）。ADIA 的资产配置有以下三个特点：首先，固定收益类资产和现金类资产保持了一定比重，这主要是为了保证组合的流动性。其次，股权的投资比重较大。这是因为，ADIA 是储蓄型基金。储蓄型基金的投资目标主要为了跨代消费平滑，这一投资目标使得 ADIA 在配置资产时对期限要求较低，投资期限较长也使得 ADIA 更倾向于选择将大部分资产配置于回报比较平稳的股票。最后，ADIA 对另类资产配置比重并不高，控制在 35%以下。

表 9—4　　ADIA 的资产配置

资产类别	最低值（%）	最高值（%）
发达国家股票	32	42
新兴市场股票	10	20
小盘股	1	5
政府债券	10	20
贷款	5	10
另类资产	5	10
房地产	5	10
私募股权	2	8
基础设施	1	5
现金	0	10

资料来源：阿布扎比投资局年报。

4. 高度依赖外部基金经理

ADIA 大量的投资通过外部基金经理进行，外部基金经理管理的资产比重高达 75%—80%。原因在于：首先，ADIA 投资的资产类别较多，完全在内部培养经理人员的成本较高。其次，ADIA 认为雇佣外部经理有助于利用其专业技能，提高 ADIA 从不同类别资产中获取的收益。最后，在全球金融危机之后，ADIA 的风险容忍度有所下降，ADIA 对指数类资产投资比重的不断上升反映其风险容忍度的下降。

5. 完善的风险管理体系

ADIA 的风险管理框架在本质上来看是较为“敌意”的，目的是为了完全识别并分析各种资产的风险，保证有效管理任何潜在问题。ADIA 完整的风险评价包括：“自上而下”的总资产组合风险，“自下而上”的不同类别资产的风险，以及其他常见的风险，如信用风险、操作性风险等。为与投资活动有效连接，ADIA 的投资部门均有各自不同的风险框架。与总体的风险框架对应，ADIA 各部门的风险框架衡量的是不同类别资产所特有的风险。

（三）治理机制

1. 与阿布扎比政府的关系

ADIA 治理标准较为稳健，明确定位了各岗位需要承担的角色和责任，目的是实现有效的可问责性。ADIA 是阿布扎比政府建立的一个独立的公共投资机构，独立于阿布扎比政府，其投资项目不受政府影响。阿布扎比政府的支出要求，其他政府建立的投资实体的活动都与 ADIA 没有关系。ADIA 的资产也不是国际储备。

从资金来源与提款原则来看，根据阿联酋的宪法，阿布扎比的自然资源与财富是阿布扎比的公共财产，阿布扎比政府向 ADIA 提供预算要求和其他资金承诺（例如阿布扎比国家石油公司，或其他从事石油油气运营的公司）之外的盈余资金。在需要的情况下，ADIA 要向阿布扎比政府提供金融资源来保证并维持酋长国未来的福利，尽管在实际操作中，这样的提款情况并不常见，多见于极端情况，或是大宗商品价格长期低迷时期。ADIA 的运营方式也保证总有充足的短期流动性来保障政府的提款预期。

2. 治理结构

ADIA 的治理结构如图 9—2 所示。除了投资委员会之外，存在多个非投资委员会，支持 ADIA 的治理结构。包括审计委员会（复查 ADIA 外部审计人员和内部审计部门提交的报告，监督 ADIA 的金融报告、内部控制体系和内部审查过程，就外部审计人的任命问题提出建议，并管理 ADIA 与外部审计人的关系），风险管理委员会（贯彻 ADIA 的风险管理框架，保证及时处理所有识别出来的风险）、战略委员会（就总体投资战略、ADIA 的长期政策组合构成问题向投资委员会提出建议）、投资准则委员会（就投资部门的投资准则向投资委员会提出建议）、管理委员会（向常务董事报告，管理并监督非投资相关事项）。

ADIA 的投资委员会向常务董事报告，负责管理监督投资相关事项。常务董事是这个委员会的主席，另有两个副主席，所有投资部门都有执行主席参与这个委员会。ADIA 并不积极寻求管理被投资的上市公司，或在公司中承担运营角色。ADIA 在某种情况下行使投票权，保护自身的利益，或阻止可能影响其作为持股者的一些行为。ADIA 寻求遵守最佳的信息披露准则，并按照要求对其在全球股权市场上的投资进行经常性披露。

让公众与外国政治力量了解 ADIA 是什么，投资于何种资产，为什么进行这类投资，对于维持 ADIA 与他国政府、监管者的关系至关重要。ADIA 强调自身作为长期投资者的优势，尤其在全球经济情况不景气、受限于流动性的情况下，短期投资者可能改变持有的资产数量，这对全球金融市场会形成一定的冲击，而长期投资者的优势在于保持市场的稳定性。

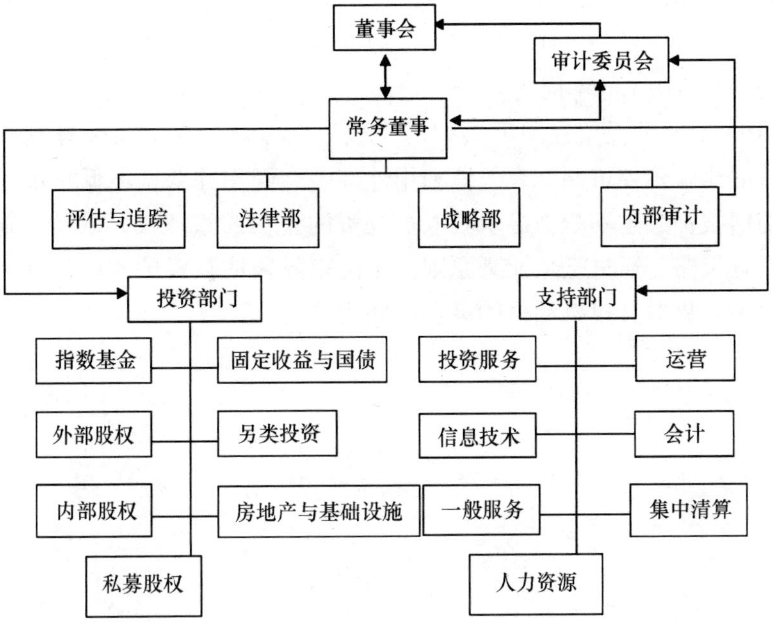

图 9—2　阿布扎比投资局的治理结构

资料来源：阿布扎比投资局年报。

圣地亚哥原则的目的是向母国、东道国政府和国际金融市场说明，主权财富基金具有稳健的内部框架和治理实践，其投资决策仅仅是以经济和金融为基础作出的，目的是创建一般接受的原则和实践框架，以反映合适的治理和可问责性安排，以及在谨慎和稳健基础上的主权财富基金投资实践。作为圣地亚哥原则的设计、建立和起草公司，ADIA 考虑到自身的管理法规、规则和运营情况，创立了多边团队以进行完整的内部合规复查，并通过这样的自我评估，证明并确认其遵守圣地亚哥准则。

（四）经验启示

ADIA 的建立主要是为了将不可再生资产转换为更多样化的资产组合，减轻“荷兰病”的影响，实现为下一代储蓄的目的。而中国投资公司是为了提高储备的回报率而建立。由于定位的不同，中国投资公司的投资策略与 ADIA 存在着较大不同，主要体现在中投公司为了提高收益率，可能持有更多流动性较差而收益率较高的资产，资产配置的多元化程度也会更高。另外，ADIA资金来源于大宗商品，中投公司的资金来源于外汇储备盈余。这使得中投公司在获取较高中短期回报率方面的压力较大。这也是中投公司与ADIA的不同之处。

ADIA的一些投资经验可供中国主权财富基金参考。具体体现在：一是完善的风险管控机制，有效地利用外部基金经理并获得不低于市场平均水平的回报；二是不积极寻求获取被投资的公司的管理权，以及实施指数化的投资策略，通过圣地亚哥原则向国际市场阐明投资的非政治性，可以达到缓解外界对其投机动机的指责和怀疑。

第十章

中国投资公司海外投资策略的转变及原因

一 引言

尽管主权财富基金（Sovereign Wealth Fund，SWF）不是一个全新现象，但它在2008年全球金融危机爆发后成为国际金融市场中引人注目的焦点，大致是出于以下原因：第一，最近10年来全球主权财富基金数量的快速增长令人关注。目前全球范围内有33个主权财富基金（IMF，2008），其中大约40%建立在1953年至1999年，而剩下60%则建立于2000年之后；第二，近年来全球主权财富基金管理的资产规模快速攀升，截至2011年已达到2.8万亿美元，根据IMF的预测，到2020年上述规模将进一步上升至22万亿美元（IMF，2012）；第三，全球范围内其他多种类型的主权投资工具，尽管未必被称为主权财富基金，但投资规模也在不断上升，其投资行为和SWF也有类似之处，因此常被市场归为一类投资者；第四（也是最重要的原因），主权财富基金游离于传统金融体系之外，其投资策略体现出与其他投资者较大的差异。特别是母国政府可以对主权财富基金的投资行为施加较大影响，这引起了发达国家的担忧和指责。

中投公司于2007年9月成立，是目前中国官方唯一承认的主权财富基金。[①] 与成立初期集中投资于发达国家金融行业不同，近年来中投公司的海外投资战略体现出一些新特征，即在资产组合、东道国、产业分布、投

① 对于中国的社保基金全国理事会（National Council for Social Security Fund，NSSF）、中非发展基金（China-Africa Development Fund）、中国华安投资有限公司（SAFE Investment Company）三个机构是否属于主权财富基金，不同机构存在不同看法。SWF Institute 就将 NSSF 和华安投资公司也归为主权财富基金。

资期限与投资方式等方面都更为多元化。而导致中投公司投资战略转变的主要原因，则包括资金来源的不确定、管理机构之争、国内外投资策略的冲突、与其他国有投资机构之间的竞争，以及外部投资环境的变动等。

本章剩余部分的结构如下：第二部分梳理中投公司投资策略的转变，第三部分分析中投公司投资的行业分布，第四部分剖析影响中投公司改变投资策略的原因，第五部分给出如何进一步改善中投公司投资绩效的政策建议。

二 中投公司投资策略的转变

在中投公司建立的初期（2007 年至 2008 年），其投资行业主要集中于金融部门，投资目的地以美国为主，投资方式大量采取了委托投资。近年来，中投公司的海外投资策略在多方面都表现得更加多元化。这主要表现在如下方面：

（一）资产组合更趋多元化，风险偏好明显提升

近年来，中投公司转向了风险偏好更强的资产组合。如图 10—1 所示，中投公司对低风险资产的持有量近年来显著下降，这主要体现在两方面：一是大幅减少了持有的现金数量，现金占总资产的比重从 2008 年的 87.4% 下降到 2012 年的 32%；二是中投对固定收益类资产①的持有比重也有所下降，从 2009 年的 26% 下降到 2012 年的 19.1%，固定收益类资产中约 70% 投资于政府债券和政府机构债券。同期内，中投公司显著提高了股权投资②（约 1/3 比重的总资产配置于股权）以及另类投资③的总资产占比。

（二）投资地域与行业更趋多元化

在中投公司的投资东道国中，北美地区仍然占据最大份额。2009 年至 2011 年，中投公司对北美地区的股权投资占到总量的 40% 以上，远远超

① 固定收益类资产回报率较低，但好处是有仅次于现金及类似现金资产的变现能力，且回报稳定。

② 股权投资流动性较差而收益率较高，其中股票的回报较短期投资工具更为平稳，更适合长期投资者。

③ 另类资产流动性较低，出现资金短缺时按原价变现的概率较低，因而回报较高。

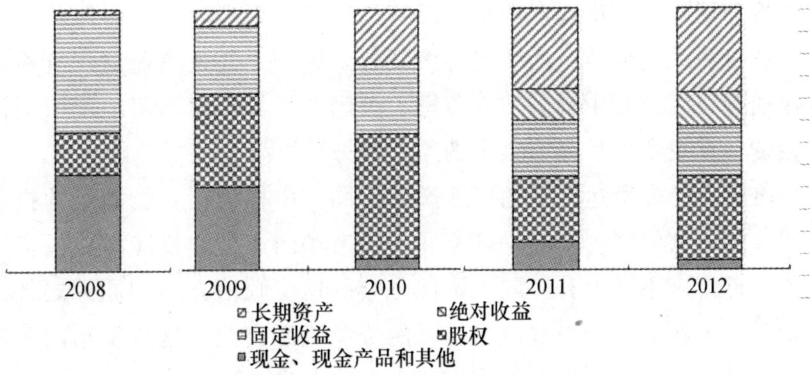

图 10—1　中投公司的资产配置结构

注：绝对收益类资产主要包括对对冲基金的投资，长期资产包括对海外公司、私募、地产和基础设施、大宗商品等非流动性资产的直接投资，绝对收益和长期资产都是“另类投资”资产。2008—2010 年只有“另类投资”类别。

数据来源：历年中投公司年报。

过对亚太、欧洲、拉丁美洲、非洲等地区的投资额。值得注意的是，中投公司投资的地域分布具有明显的行业特征。

中投公司成立初期，对金融业的投资基本投向美国。2010 年之后，中投公司加大了对其他国家金融业的投资，例如对英国 Apax 的股权收购以及对比利时等其他欧洲国家的投资。此外，中投还增加了对新兴市场国家金融业的投资，例如 2010 年 12 月参与国际财团收购巴西公司 BTG Pactual 新发行股份的权益，[①] 以及对俄罗斯金融业的数笔投资等。

2009 年至 2012 年，中投公司对欧洲的股权投资占比分别为：20.5%、21.7%、20.6%与 27%。2012 年中投公司对欧股权投资的大幅增长，在很大程度上应归功于对英国房地产、基础设施、公用事业等行业的投资。一方面，相对于美国，欧洲对主权财富基金投资的监管相对宽松；另一方面，英国等国家基础设施建设等行业的资金缺口较大，中投公司认为这些行业能够提供稳定的长期回报率（即使剔除通胀以后）。中投公司对欧洲基础设施投资最著名的案例包括 2012 年 1 月对泰晤士水务（Thames Water）以及同年 11 月对希斯罗机场（Heathrow Airport）的投资。

中投公司对发达国家的另一个重点投资行业是房地产业。2009 年之

① http://www.caijing.com.cn/2010-12-08/110587302.html.

后，中投公司开始对房地产业进行投资，这是因为当时发达国家的房地产价格在危机后跌至低位，而一旦经济复苏房地产尤其是商业地产价格可能有较快回升。因此，中投公司对英国、美国、日本等地的房地产市场都进行了投资，且投资项目具有很强的“品牌效应”①。

与热衷于投资发达国家的房地产业不同，中投公司对能源业的投资并没有明显的国家偏好。发展中国家和新兴市场国家在中投能源业投资篮子中的占比近年来不断上升。除了资源分布及地缘政治方面的原因之外，中投大量投资于新兴市场与发展中国家的资源能源产业，这与发达国家视能源业为敏感产业，对中投公司抱有戒心有很大关系。

与此同时，中投公司对特定发达国家（例如加拿大、澳大利亚等）的资源能源企业表现出明显的投资偏好，尽管这些企业的业务范围很可能不限于发达国家。这有助于促进中国国有企业与世界大型跨国公司之间的竞争合作关系。中外合作投资将便利中投公司投资于投资环境欠佳的国家，尤其是降低这些国家对中国的抵触心理。

最后，近年来中投公司对非洲地区的投资也有所增加，并主要集中在基础设施和能源两个行业。

（三）投资行业由金融部门更多转为实体部门

中投公司在成立初期之所以热衷于投资美国的金融部门，原因可能包括：第一，由于全球金融危机的爆发，发达国家金融资产的估值普遍偏低；第二，美国拥有全球最大最完善的股权市场，对美国金融工具投资的流动性较强；第三，金融业投资具有较强的辐射效应，中投公司可以通过投资金融业间接地投资于其他行业。

这种情况在近年有所改变。中投在2012年年报中提到，近年来，中投公司显著着重加大了对基础设施、农业等稳定收益类实体项目的投资力度。这种投资为中投的资产组合提供了更为稳定的现金流回报，也改善了过去投资组合的风险收益特性。例如，中投年报显示：截至2012年年底，中投境外投资组合中股票的行业分布主要为金融业（22.3%）、信息科技

① 例如，中投在2009年支付了1.58亿美元获得了歌鸟地产（Songbird Estate）15%的股权，歌鸟地产是伦敦金丝雀码头的股东，而金丝雀码头办公区位于伦敦金融中心地段，是大量国际知名银行总部所处区域。

(11.6%)、弹性消费品（10.7%）、非弹性消费品（10.4%）、能源(10.2%)、工业（9.1%）、医疗卫生（8.2%）、原材料（6.5%）、电信服务（3.9%）、公用事业（2.7%）与其他（4.4%）。

中投公司增加对基础设施与公用事业的投资，反映了其投资战略的一个重要转变，即由成立初期的以持有金融部门资产为主转为增持实体部门资产。这样做的原因，部分是因为成立初期的金融股权投资损失较大，中投因此承受了较大的国内压力，部分是因为实体部门投资的收益率要比金融部门投资更为稳定，而且前者还具有抗通胀的特性。

(四) 投资方式更多地转向自营投资

从自营和委托投资的分配来看，近年来中投公司在特定行业中显著增加了自营投资的比重。在中投公司成立初期，大量投资是通过第三方进行的，这有助于利用外部经理的经验、技能与信息，降低东道国政府的监管强度，以及避免投资失败后国内压力过大。近年来，随着自身投资能力的增强，以及希望获得对投资项目更强的控制权，中投公司增加了自营投资的比重。

中投公司对林业的投资在很大程度上体现了这种转变。在成立初期，中投公司更多通过投资于第三方基金来间接地开展海外投资。近年来，中投对林业的投资①都采取了与第三方基金联合投资，这意味着前者获得了对海外资产更大的控制权，因此可能获得更大的投资收益，但同时也需要面对更为严格的监管审查。

三　中投公司投资的行业分布

中国投资公司投资风格的变化集中体现在行业领域。中投公司投资的五大行业包括：金融业、房地产业、能源资源业、基础设施、公用事业与物流业，农林业。现具体分析如下：

① 中投对林业的投资案例包括2012年中投与加拿大 Brookfield Asset Management Inc. 展开联合投资，在美洲大陆寻找木材等资产的投资机会 。以及2012年中投向俄罗斯政府支持的私募股权基金俄罗斯直接投资基金（Russian Direct Investment Fund）投资10亿美元 ，该基金的首笔交易是对 Russia Forest Products 2亿美元的投资，俄方预期还将有数个林业项目向中国合作伙伴开放。

（一）金融业

金融业一直是中投的投资重点，金融业投资具有单笔投资额变小、投资国和投资方式更加多元化等特征。中投在建立初期的一段时间内，主要投资于金融部门和一些金融工具。选择这一投资策略的原因在于：第一，2007—2008 年发达国家金融资产价格普遍偏低，对金融部门和金融工具的投资被认为有较大的增值空间；第二，美国拥有全球最大最完善的股权市场，中投对美国金融工具的投资较为看重其流动性；第三，中投可以通过投资金融行业间接投资其他行业。这些因素的共同作用，导致金融部门和金融工具成为新设立的中投的优先投资对象。设立 6 年来，中投对金融行业的投资呈现出如下新的特征：

第一，对金融业的投资是中投股票投资中的大头。2010—2012 年，在中投海外股票的行业分布中，金融业所占的比重一直最大，分别为 17%、19% 和 22.3%。而且，金融业的投资比重与排名第二位行业之间的差距不断拉大。①

第二，单笔投资数额变小。中投建立初期对金融业的投资堪称大手笔。2007 年 5 月和 12 月，中投分别斥资 30 亿美元和 56 亿美元分别购买了美国百仕通集团（Blackstone Group）9.4% 和摩根士丹利（Morgan Stanley）近 10% 的股权。第一笔交易甚至发生在中投正式成立之前。尽管这两笔投资账面损失较大，但中投在 2009 年 6 月再次选择对摩根士丹利投资 12 亿美元以购买其普通股，其持股比例因此升至 9.86%。② 2009 年年底，中投再次委托百仕通集团和摩根士丹利管理价值 10 亿美元的对冲基金投资。③ 中投不拥有这两家公司的投票权和控股权，从而中投入股不影响公司已有的管理结构。

除经济收益外，中投还注重从投资金融企业中获取其他收益。中投购买百仕通集团（Blackstone Group）和摩根士丹利（Morgan Stanley）的股权交易遭受了巨大的账面损失，使其受到来自国内的一些批评压力。除了从这两家公司的对冲基金投资业务管理费中获得收益之外，中投还与其形成

① 中投各年年报。

② http://www.caijing.com.cn/2009-06-02/110176753.html.

③ http://online.wsj.com/news/articles/SB124896400764393841.

了良好的合作关系。[①] 中投向这两家公司学习专业技能，获取金融领域的经验和人力资本，并利用这些专业经验为其并购其他行业的企业（如能源、自然资源和房地产行业[②]）提供便利。后来，这两家公司都成为中投指定的资产管理公司，中投与其建立了长期的双向的关系。

2008 年 4 月，Visa 首次公开募股时，中投认购额超过 1 亿美元。[③] 同年 5 月，中投出资 32 亿美元，与美国私募股权基金 JC Flowers 共同成立一只 40 亿美元的私募股权基金，主要投资于美国金融资产。这笔交易也使得 JC Flowers 成为中投首家指定的私募股权基金经理。[④] 2009 年 9 月，中投投资 54 亿美元于美国的货币市场基金 Reserve Primary Fund。由于 Reserve Primary Fund 持有巨额的雷曼兄弟债券，在全球金融危机爆发期间，这次投资出现了巨大违约风险。[⑤] 不过，中投最终还是收回了全部的投资资金。[⑥]

2009 年之后，中投的投资金额不再是动辄几十亿美元，而是更多地分散投资于不同的金融企业，单个项目的投资金额也迅速缩减。中投对英国私募股权集团 Apax Partners 的投资额为 9.56 亿美元，已经是数额较大的一笔投资，[⑦] 中投因此获得 2.3% 的股权。2009 年以来，中投购买的多家美国金融公司的份额与金额均较小。具体包括：American International Group Inc（保险，投资金额 1133 万美元、300 万美元）、Bank Of America Corp（银行，1989 万美元）、BlackRock Inc.（资产管理，7.14 亿美元）、Citigroup Inc（银行，2979 万美元）、Comerica Inc（银行，296 万美元）、Fidelity National Financial Inc（金融，269 万美元）、Hartford Financial Services Group Inc（保险，465 万美元）、Keycorp（银行，111 万美元）、Lincoln National Corp（银行，513 万美元）、Metlife Inc（保险，230 万美元）、New York Community Bancorp Inc（银行，435 万美元）、Wells Fargo & Co（银

---

① http://www.cn.wsj.com/gb/20090731/bch071637.asp.

② Z-Ben Advisor 2009.

③ http://www.caijing.com.cn/2008-03-24/100053803.html.

④ http://www.reuters.com/article/2008/04/03/us-flowers-china-fund-idUSN0332446920080403.

⑤ http://news.hexun.com/2010-08-20/124659498_2.html.

⑥ http://cn.wsj.com/gb/20100910/BCH000246.asp?source=article.

⑦ http://cn.reuters.com/article/cnInvNews/idCNCHINA-1660120100204.

行，3104 万美元）等。[①]

第三，由基本投资美国公司转向投资地域多元化。建立初期，中投对金融业的投资基本投向美国公司。对单个国家的集中投资不利于控制风险，因为一国之内金融企业关联度很高，可能出现资产价格同向变动的情况。这是中投初期投资收益率较低的一个原因。

2010 年后，中投加大了对其他国家金融企业的投资。对其他发达国家的投资包括对英国 Apax 的股权收购，以及对比利时等其他欧洲国家的投资。对新兴市场国家金融业的投资包括 2010 年 12 月中投参与了国际财团收购巴西公司 BTG Pactual[②] 新发行的股份权益。[③] 另外，中投对俄罗斯也有数笔投资。

第四，由投资金融公司转为与金融企业合作。与早期收购金融企业股权，并间接获得收益相比，近年来中投采取了更为直接的方法：与国外基金等金融企业合作投资，获得对投资对象更大的控制权，以获取更高的收益。2011 年，中投与俄罗斯直接投资基金各出资 10 亿美元，共同建立中俄投资基金（Russia-China Investment Fund），主要投资俄罗斯的项目。[④] 2012 年 4 月，中投与贝莱德（BlackRock）[⑤] 联合推出一只投资中国的基金，负责管理的资产规模巨大。[⑥] 2012 年 5 月，中投与比利时联邦控股公司（Belgian Federal Holding Company）和私人股本集团 A Capital 合作组建一个小型基金，帮助中国企业投资于欧洲企业（如汽车、环保或消费者品牌产品）。[⑦] 2012 年，中投联合加拿大私募股权 Brookfield Asset Management Inc. 进行了投资。[⑧]

第五，从投资金融企业转向投资其他金融工具。中投在建立初期多投向银行、私募股权和资产管理公司，在相关领域获得一定经验之后，开始投资其他金融工具。2010 年，中投投资了指数基金，如交易型开放式指数

---

① SEC website.

② BTG Pactual 是巴西领先的投资银行和资产管理公司，管理和经营超过 900 亿雷亚尔（合 530 亿美元）的资产。

③ http://www.caijing.com.cn/2010-12-08/110587302.html.

④ http://finance.caixin.com/2011-10-12/100313111.html.

⑤ 贝莱德总部设在美国纽约，为世界上资产管理规模最大的资产管理公司。

⑥ http://www.ftchinese.com/story/001044291.

⑦ http://www.ftchinese.com/story/001044382.

⑧ http://www.cn.wsj.com/gb/20120919/bch094507.asp?source=whatnews2.

基金（ETFs）、SPDR 黄金信托、iShares 标准普尔全球原物料指数基金（2.54 亿美元）、Energy Select SPDR 基金、Pow - erShares 和 Market Vectors Gold Miners 指数基金等。中投对这些指数基金的总投资额达到了 24 亿美元。中投也投资于私募股权二级市场。2010 年，中投与 Lexington Partners、Goldman Sachs 和 PantheonVentures 达成了协议，向这三家公司的私募客户账户投资了 15 亿美元。[①]

（二）房地产业

中投对房地产业投资的特点是注重品牌效应，投资东道国主要为发达国家。2009 年后，中投开始对房地产业进行投资，这是因为当时发达国家的房产价格处于低位，具有较大的升值空间，一旦发达经济体经济复苏，其房地产尤其是商业地产价格将有可能实现较快的回升。2009 年 8 月，中投向澳大利亚上市商业房地产集团嘉民集团（Goodman Group）提供了 1.61 亿美元贷款，[②] 此次交易采用了债权加投资选择权的“夹层融资”模式，中投行权后获得了 8% 的股权。2012 年 6 月，中投减持了嘉民集团的股份，[③] 其从这笔交易中获利甚丰。中投从这笔交易中获得的另一个收获是，与嘉民集团建立了战略合作关系。此后，嘉民集团增加了对中国物流业的投资，[④] 并运用其全球第三大物流设施运营商的地位与经验帮助中国物流业发展。

地产投资中的品牌效应对中投有很强的吸引力。中投在 2009 年对英国进行了第一笔房地产投资，[⑤] 支付 1.58 亿美元获得了歌鸟地产（Songbird Estate）15% 的股权。歌鸟地产是伦敦金丝雀码头的股东。金丝雀码头办公区位于伦敦金融中心地段，是大量国际知名银行总部集中区域，属于商业地产中的知名品牌。

2012 年 11 月，中投购买了德意志银行价值 2.45 亿英镑的英国总部大楼，这笔直接投资同样具有很强的“品牌”特征。2013 年 11 月，中投还就戚斯域公园（Chiswick Park）项目与黑石（Blackstone）进行了谈判，如

① http：//www.ft.com/intl/cms/s/0/1691a3a6 - 1bf8 - 11df - a5e1 - 00144feab49a.html.

② http：//www.caijing.com.cn/2009 - 06 - 16/110185469.html.

③ http：//finance.caijing.com.cn/2012 - 12 - 12/112356018.html.

④ http：//www.chinadaily.com.cn/cndy/2010 - 03/11/content_ 9570849.htm.

⑤ http：//www.caijing.com.cn/2009 - 08 - 29/110230722.html.

果达成协议这笔交易将是中投对伦敦最大规模的投资。①

中投对美国房地产投资较多通过股权基金经理购买抵押贷款证券的方式进行，而不是直接对具体物业进行直接投资。这主要是为了避免来自美国政府部门的监管，尽可能降低公众和媒体对中投投资的质疑，同时也有减少税费支出的考量。2010 年 11 月，中投通过基金经理购得了美国 General Growth Properties7. 6% 的股权。② 同期，中投子公司通过其控股的中国银行向曼哈顿公园大道上一家办公楼提供了 8 亿美元的贷款。

2010 年，有传言中投以 5 亿美元收购哈佛大学在六家美国房地产基金中的股份，③ 并向房地产顾问公司 Cornerstone Real Estate Advisers 投资 10 亿美元。不过，这几笔交易并没有得到证实。2011 年，中投联合纽约的 AREA 地产融资公司购买了麦迪逊大道 650 号一幢 27 层大楼的未指定优先股。④

中投还投资了日本和俄罗斯的房地产。2010 年，考虑到日本房产低迷的情况已经有所改善，中投与黑石集团合作从摩根士丹利手中购买了价值约 10 亿美元的日本房地产贷款组合。⑤ 中投在俄罗斯的地产投资是以商业地产为主。⑥

中投同样没有忽略中国房地产业的投资机会。2009 年，中投通过全资子公司 Best Investment Corp 认购了保利香港 2. 3% 的股权，花费 4. 09 亿美元。⑦ 2010 年，中投认购了房地产开发商融创中国控股有限公司价值 2500 万美元的首次公开募股（IPO）股份。⑧

（三）能源资源业

中国经济增长非常依赖能源进口，⑨ 这是中投投资能源类资产的重要动机。中投对能源资源类的投资跨度非常广，包括石油、天然气、新能

---

① http：//www. ftchinese. com/story/001053368.

② http：//news. xinhuanet. com/world/2011 －01/06/c_ 12953738. htm.

③ http：//www. caijing. com. cn/2011 －02 －25/110650437. html.

④ http：//english. peopledaily. com. cn/90001/90778/90860/7250688. html.

⑤ http：//www. caijing. com. cn/2011 －02 －25/110650437. html.

⑥ http：//news. xinhuanet. com/fortune/2012 －04/29/c_ 111864562. htm.

⑦ http：//finance. ifeng. com/roll/20090918/1257213. shtml.

⑧ http：//finance. ifeng. com/roll/20100924/2654227. shtml.

⑨ 中国的铁矿石储量虽然不小，但质量较差，开采成本高。中国能源消费以煤炭为大头，将煤炭从开采地（内陆地区）运输到消费地（主要是沿海地区）成本较高。

源、采矿（煤炭、铁矿石、黄金）等产业，横跨了勘探、采矿、加工、运营等产业链环节，投资地区既包括美国、加拿大、法国、英国、瑞士等发达国家，也有哈萨克斯坦、印尼、南非、俄罗斯等新兴市场国家与发展中国家。中投对能源资源业投资呈现出一些明显的特点：获得权益比重较大，偏好发达国家企业，通常联合其他机构投资者共同投资，投资行为与国内其他主权投资者关系紧密。我们将先分国别简述中投的投资情况，然后给出中投能源资源业投资的特点。

中投对美国的大手笔能源投资项目主要有：2010 年 3 月，中投完成对 AES Corporation 共 15% 股权的收购，花费 15.8 亿美元，此次交易经历了冗长的审查过程；在美国外资投资委员会（CFIUS）介入后，中投收购 AES 风力发电厂 35% 股权的努力未能成功，但在中投的帮助下，国家电网购得了 AES 风电厂约 80% 的股份；① 2010 年 5 月，中投收购了美国天然气生产商 Chesapeake Energy Corp 价值 3 亿美元的优先股；② 2010 年 2 月，中投购买美国石油基金（United States Oil Fund③）200 万股票，占发行股票的 3.5%，并成为 USO 最大的持股人之一；2012 年 8 月，中投花费 5 亿美元投资 Cheniere Energy Partners 公司，④ Cheniere 公司⑤计划建立美国首个液化天然气出口厂。

中投对加拿大的大额投资主要有如下三笔：2009 年 7 月，中投通过全资子公司福布罗投资有限责任公司，收购了泰克资源（Teck Resources Limited）⑥ 约 1.01 亿股次级投票权 B 类股票，投资总额为 15 亿美元；⑦ 2010 年 5 月，中投通过全资子公司与加拿大畔西能源信托公司（Penn West Energy Trust）共同投资设立合资公司，⑧ 开发加拿大阿尔伯塔省北部和平河地区的

① http：//cn. reuters. com/article/chinaNews/idCNCNE81Q0A420120227.

② http：//cn. wsj. com/big5/20100617/BCH014411. asp.

③ United States Oil Fund 是全球最大的原油期货上市交易基金之一，该上市基金一年前最多曾持有纽约商品交易所（the New York Mercantile Exchange）近月原油期货合约的 20%。

④ http：//finance. caijing. com. cn/2012 - 08 - 22/112075397. html.

⑤ Cheniere 总部位于休斯敦，是美国首个获批拥有出口全牌照的 LNG 生产商。

⑥ 泰克资源是加拿大最大的采矿、矿物处理与冶金公司，主要运营位于加拿大、美国和南美洲的采矿和冶炼资产，以及全球范围内的勘探活动，包括矿山勘探、开发、熔炼、精炼、回收及研究等，业务主要集中在炼钢煤、铜、锌和包括油砂项目在内的能源，是全球第二大海运炼钢煤出口商，全球大型锌精矿生产商之一。

⑦ http：//www. caijing. com. cn/2010 - 10 - 13/110542114. html.

⑧ http：//www. mofcom. gov. cn/aarticle/i/jyjl/l/201005/20100506914351. html.

油砂资产，中投出资约8.17亿加元，相当于持有合资公司45%的权益；[①] 2012年2月，中投再次出手投资加拿大石油勘探公司阳光油砂公司（Sunshine Oilsands Ltd.），[②] 阳光油砂公司当时在香港首次公开招股7亿美元，中投出资1.5亿美元获得5.36%的股份。由于能源行业周期性波动较强，截至2013年6月底，中投上述两笔对油砂企业股权的投资都有所缩水。

2011年8月，中投对法国燃气苏伊士集团（GDP Suez）的投资是对天然气行业的一笔大型投资，投资总额为42亿美元。中投对法国燃气旗下勘探和生产子公司进行了31.5亿美元的股权投资（30%股份），中投花费8.5亿美元收购了苏伊士集团拥有的特立尼达和多巴哥共和国的亚特兰大液化天然气公司（Atlantic LNG Co）液化装置10%的权益。这笔投资促进了中投与法国燃气的结盟，帮助了法国燃气在亚太地区的拓展，法国燃气因此得以直接投资于中国，并获得了中国银行的融资与合约。

除发达国家能源资源项目外，中投还对发展中国家与新兴市场国家的资源业进行了频繁且大手笔的投资。2009年9月，中投通过全资子公司福布罗投资公司购买了哈萨克斯坦石油天然气勘探开发公司（JSC KazMunai Gas Exploration Production）约11%的全球存托凭证，交易金额约为9.39亿美元。2009年9月，中投出手购得俄罗斯国有企业诺贝鲁石油集团（Nobel Oil Group）45%的股权，投资额1亿美元。同时，中投还斥资1.5亿美元收购并开发诺贝鲁在俄罗斯的其他油田。2012年，中投对俄罗斯金矿公司POLYUS注资约4.26亿美元，获得了该公司约5%的股权。

2009年，中投向印尼最大的动力煤开采商PT Bumi Resources提供了19亿美元的贷款，贷款用作资本投资以增加Bumi的采矿设施，并帮助Bumi偿还在市场低迷时期的债务。煤炭价格的下降导致了Bumi2012年出现了6.66亿美元的净亏损，Bumi可能出现债务违约。迫不得已的情况下，中投接受了将Bumi的剩余13亿美元债务转成对该公司和下属企业的股权的方案。同时，中国开发银行（CDB）向Bumi提供了6亿美元的贷款以帮助其偿还债务。考虑到中投也是CDB的股东之一，从而中投通过直接和间接两种手段向Bumi提供资金支持。2011年12月，中国投资2.4亿美元

① 根据协议的融资条款，中投花费4.35亿加元购买畔西公司23.52万信托单位，相当于畔西能源信托基金已发行和优先股的5.2%。中投同时购买了畔西公司5.3%股权，这样共持有畔西公司10.5%股权。

② http：//www.chinadaily.com.cn/bizchina/2012－02/08/content_ 14558475.htm.

收购了南非煤炭公司 Shanduka 集团 25% 的非上市股份。[①]

中投开展了多项对香港能源业的投资。2009 年 9 月，中投曾试图收购香港龙铭控股有限公司持有的蒙古 Eruu Gol 铁矿石项目的股权。[②] 同年 11 月，中投购买了保利协鑫能源控股有限公司[③] 20% 的股份，花费 7.17 亿美元。[④] 同在 11 月，中投还在龙源电力首次公开募股过程中认购了 4 亿美元的股份，[⑤] 从而中投成为龙源电力最大的战略投资者。在 2013 年 3 月、6 月，中投分别减持了龙源电力、保利协鑫能源的股份。

中投也对中国内地的能源公司进行投资。2011 年 5 月，中投认购了总额为 6000 万美元的华能新能源股份有限公司的股票，并成为华能新能源香港首次公开募股的基础投资者之一。[⑥] 2013 年 5 月，中投将持有的华能新能源股权比重由 6.24% 减持至 3.65%。加上对法国核电公司 Areva SA 的收购，[⑦] 中投几乎涉足新能源的所有产业，如风电、太阳能和核电等。

尽管中国大量进口铁矿石，中投对铁矿石企业并没有大额投资，特别与澳大利亚和巴西等铁矿石出口大国交集较少。一个例外是 2008 年中投联合神华公司拟对澳大利亚 Fortescue 公司[⑧]投资 20 亿美元，[⑨] 但此次交易似乎并未成功。虽然 Fortescue 与其他中国公司之间已经有一些合作关系，但美国仍然将中投这一投资意向解读为“具有战略性”。另外，中投持有巴西淡水河谷公司（Vale SA）的股票市值共计 4.98 亿美元。

综上所述，中投对能源资源类产业投资具有如下特征：第一，相比其他行业，中投持有的能源业股权比重较高（多个案例中获得大于 10% 股权），从而，中投可能会在董事会中获得一定席位。中投之所以谋求获得大比重股权，可能是希望在世界能源市场拥有更大的话语权。

第二，中投的投资通常以联合其他国外机构投资者的方式进行。与国

① http：//cn. wsj. com/GB/20111222/BCHc-005788. asp？ source = MoreInSec.

② http：//cn. wsj. com/gb/20090915/bch092944. asp？ source = article.

③ 保利协鑫是一家多晶硅业务为主导，同时拥有热电联产、垃圾发电、风力发电等企业的新能源公司。

④ http：//finance. ifeng. com/roll/20091119/1484224. shtml.

⑤ http：//cn. wsj. com/gb/20091124/bch112800. asp？ source = article.

⑥ http：//cn. wsj. com/gb/20110525/bch132736. asp？ source = MoreInSec.

⑦ http：//www. cn. wsj. com/gb/20090904/BCH016476. asp？ source = article.

⑧ Fortescue 是澳大利亚第三大的铁矿石开采商。

⑨ http：//finance. sina. com. cn/stock/hkstock/redchipsnews/20080204/09474490012. shtml.

外投资者联手，能便利中投学习“成熟”投资者的经验。同时，能源产业投资项目所需资金较大，与其他投资者联手，可以减少中投所需投入的资金，降低其投资风险。

第三，与热衷于发达国家房地产业投资不同，中投对能源业的投资并没有明显的国家偏好，发展中国家和新兴市场国家在中投能源业投资中的重要性不断上升。除资源分布及地缘政治方面因素之外，中投之所以更加重视投资于新兴市场与发展中国家的资源能源产业，与发达国家视能源业为敏感产业，对中投抱有怀疑之心有很大的关系。这一问题在多个产业投资中均存在。例如，美国将能源、基础设施、公用事业和物流业、农林业视为“战略性行业”，当中投向这些“战略性产业”投资容易引来更多的质疑，从而，中投增加对新兴经济体的投资是一个可行的选项。

第四，中投日益重视对周边国家进行资源能源投资。俄罗斯、哈萨克斯坦、印尼、蒙古都是中国周边的能源大国，中投的投资与中国与这些国家的能源合作有着密切的关系。

第五，中投对发达国家（如加拿大、澳大利亚等）的资源能源企业有明显投资偏好，尽管这些企业的业务范围可能不限于发达国家。这一策略有助于促进中国国有企业与世界大型跨国公司开展合作，合作投资可便利中投投资于投资环境欠佳的国家，降低这些国家对中国投资的抵触心理。

第六，中投对能源资源业的投资与中国其他主权财富机构（如外管局旗下主权财富基金 SAFEIC）、国有企业（如中石油 CNPC、中国石化 Sinopec，中海油 CNOOC）、政策性银行（如中国进出口银行、中国开发银行）的投资联系紧密。

（四）基础设施、公用事业与物流业

中投对基础设施、公用事业与物流业的投资特点是，集中投资于欧洲、俄罗斯和非洲，出现了由持有金融资产为主向投资固定资产为主转变的趋势。近年来，中投对欧洲地区基础设施的投资引人注目，其中最为著名的是 2012 年对英国的两笔投资：1 月份对泰晤士水务（Thames Water）[①]

① 泰晤士水务是英格兰和威尔士地区最大的水处理厂，为伦敦及泰晤士河谷地区 880 万人提供饮用水，并处理 1200 万人的废水。

与11月份对希斯罗机场（Heathrow Airport）[①] 的投资。前者价值约18亿美元，中投购入股份为8.68%；[②] 后者投资额为2.575亿英镑，中投购入希斯罗机场5.72%的股份。[③] 正如2011年时任中投董事长楼继伟撰文所述，中投正在积极地进行基金经理团队建设，作为股权投资者身份加入英国基础设施行业公私合作伙伴关系，将英国作为中投投资发达国家基础设施的起点。[④]

中投加大了对俄罗斯基础设施建设的投资力度。2012年，中投与莫斯科的Vnesheconombank签订了谅解备忘录，合作开发俄罗斯远东地区的基础设施，以及在当地的开发项目上开展合作。[⑤] 中国打算加大基础设施投资的另一个地区是非洲。2013年3月，中投总经理高西庆表示，中投正在与东非和西非国家的政府官员商谈，讨论对铁路、港口和高速公路，特别是跨境高速公路的项目投资。[⑥]

中投对物流业有三笔数额较大的投资。2009年9月，中投以8.5亿美元购买了香港大宗商品交易商来宝集团（Noble Group Ltd.）[⑦] 15%的股份。2012年3月，中投与新加坡的普洛斯（Global Logistic Properties Ltd）[⑧] 合资购买15个日本物流物业，交易总额达16亿美元。[⑨] 2012年11月，中投联手加拿大养老计划投资委员会、GIC和普洛斯建立了两家合资企业，以14.5亿美元收购巴西物流设施的两个投资组合，中投在其中一个投资组合中持有34.2%的股权，该投资组合包含34个物流设施和一个开发项目。[⑩]

中投于2009年投资于法国最大水务公司——Veolia Environment SA，

---

① 伦敦希思罗机场是伦敦最主要的联外机场，也是全英国乃至全世界最繁忙的机场之一，在全球众多机场中排行第三，仅次于美国的亚特兰大机场和中国北京首都国际机场。

② http：//www. mofcom. gov. cn/aarticle/i/jyjl/m/201201/20120107936565. html.

③ http：//www. mofcom. gov. cn/aarticle/i/jyjl/m/201211/20121108414501. html.

④ http：//topics. caixin. com/2011 - 11 - 28/100332176. html.

⑤ http：//www. chinadaily. com. cn/china/2013 - 09/30/content_ 17003744. htm.

⑥ http：//www. chinadaily. com. cn/china/2013 - 09/30/content_ 17003744. htm.

⑦ 来宝集团是农业、工业和能源产品的全球供应链管理商。来宝持有约3000亿美元资产，是将一系列大宗商品（如大豆）从拉丁美洲运输至中国的主要公司之一。来宝在阿根廷、乌拉圭和巴西进行农业生产，并经营与之相关的国内物流和仓储，以及在南美的5个出口港口等。

⑧ 普洛斯公司拥有和租赁现代物流设备，业务范围主要在中国和日本。

⑨ http：//cn. wsj. com/gb/20111219/BCHc-002010. asp.

⑩ http：//www. chinadaily. com. cn/business/2012 - 11/16/content_ 15941455. htm.

投资额约3亿美元。2012年，中投从西班牙基础设施运营商Abertis Infraestructuras SA手中购得法国卫星运营商Eutelsat Communications 7%的股份，价值约4.87亿美元。[①] 这是中国公司首次成为一个西方大型电信和电视卫星运营商的三大股东之一。

中投对基础设施、公用事业和物流业的投资反映了其投资战略的一个重要转变：由建立初期主要持有金融资产向投资固定资产为主转变。原因在于：一是早期的金融公司股权投资损失较大，中投因此承担了较大的国内压力；二是美国国债的投资收益太低无法满足中投对投资收益率的要求；三是固定资产收益高于国债，受到金融市场波动冲击而贬值的可能性较低，是较为理想的投资品，并具有防通胀的特性，从而其更受长期投资者的青睐；四是投资固定资产更能够支持中国经济的长期增长。

（五）农林业

随着中国粮食安全问题日益严峻，2012年后中投增加了对农业和林业的投资。农林业投资周期较长回报较稳定的特点也符合中投的长期投资策略。中投对农林业的投资多采用联合投资方式，具有较大的增长潜力。

2012年，中投与加拿大Brookfield Asset Management Inc. 展开联合投资，在美洲大陆寻找木材等资产的投资机会。[②] 2012年，中投向俄罗斯政府支持的私募股权基金俄罗斯直接投资基金（Russian Direct Investment Fund）[③] 投资10亿美元，[④] 该基金的首笔交易是对Russia Forest Products 2亿美元的投资，俄方预期还将有数个林业项目向中国合作伙伴开放。[⑤]

中投对农业的投资主要有如下几笔：2009年，中投收购了英国最大洋酒公司Diageo共1.2%股权，成为该公司第九大投资者；[⑥] 2012年，中投购买了Wadge Holdings Ltd. 发行的可转换公司债券；[⑦] 2012年年底，中投

---

① http：//www.cn.wsj.com/gb/20120622/BCHc-001424.asp？source = MoreInSec.

② http：//www.cn.wsj.com/gb/20120919/bch094507.asp？source = whatnews2.

③ 这只基金受到俄罗斯政府支持，主要目的是为了促进外国对俄罗斯的投资。该基金将投资物流、农业、工业生产、日用品生产领域。

④ http：//cn.wsj.com/gb/20111011/bch181757.asp？source = newsroll.

⑤ http：//www.chinadaily.com.cn/business/2013 - 04/15/content_ 16401478.htm.

⑥ http：//finance.ifeng.com/hk/dt/20090722/974167.shtml.

⑦ http：//www.china-inv.cn/resources/news_ 20121109_ 442557.html.

拟投资新西兰恒天然（Fonterra）[①] 设立的专项股东基金；2013 年 9 月，中投将可转换债券转为对俄罗斯乌拉尔钾肥公司（Uralkali）12.5% 的股份，[②] 此笔交易被认为有助于稳定中国的钾肥供应；2013 年，中投持续进行对农业的投资，并在 10 月拟与中粮集团发起中粮农业产业投资二期基金，[③] 主要投资于中国国内农业公司。[④]

2012 年，中投着重加大了对基础设施、农业等稳定收益类项目的投资，这为其组合投资提供了稳定现金回报，改善了组合投资的风险收益特性。中投对农林业的投资体现其投资方式的另一重要转变：在建立初期较多采用的是投资于第三方基金，间接进行海外投资，而对农林业的投资都采取了与第三方基金联合投资。这意味着中投获得了对海外资产更大的控制权，获取的投资回报可能更高，但同时需要面对的监管审查可能更为严格。

（六）信息技术和科技产业

此外，中投在信息技术和科技领域的投资也在快速发展。2009 年，中投投资了 Apple Inc、KLA-Tencor Corp、MEMC Electronic Materials Inc、Motorola Inc、Research In Motion Ltd、盛大游戏等信息技术公司。2010 年 2 月，中投与 Intel 公司结成合作伙伴，投资于中国以外的科技产业。2011 年年底，中投出资 2.1 亿美元支持中国本土专注投资科技行业的基金华山资本（WestSummit Capital Fund）。2012 年，中投采取直接投资的方式购入了阿里巴巴 20 亿美元的股权，这也是中投首次对互联网的大额投资。

四　中投公司投资策略转变的原因分析

导致中投公司近年来投资策略转变的原因是一系列“中国特色”的因素，例如中投公司的资金来源问题、管理机构之争、国内投资与国外投资

① 恒天然集团是全球最大的乳制品出口商，占全球乳品贸易的 1/3。该基金规模约 3.95 亿美元，中投可投资额度不超过 20%。

② http://cn.reuters.com/article/CNIntlBizNews/idCNCNE98O03320130925.

③ 2011 年年底，双方联合建立中粮农业产业基金管理有限责任公司，并发起 2.2 亿美元的农业产业投资一期基金。

④ http://funds.hexun.com/2013-10-31/159226998.html.

的互相影响、与其他国有投资机构的竞争关系等。当然，外部投资环境的变化也会影响中投公司的投资策略。

（一）资金来源于外汇储备，决定了中投公司必须寻求流动性与高收益之间的平衡

主权财富基金的资金来源主要有两类，一类来自于大宗商品的收入（或税收），另一类来源于财政盈余或外汇储备盈余。前者以中东石油输出国为代表，后者以亚洲新兴市场国家（特别是中国）为代表。

一方面，资金来源决定了中投的投资目标。公司章程宣称，中投公司要“实现国家外汇资金多元化投资，努力在可接受风险范围内实现股东权益最大化，以服务于国家宏观经济发展和深化金融体制改革的需要”。其中，“外汇资金多元化投资”和“股东权益最大化”是直接的投资手段和目标，即通过外储资金的多元化投资获得足够好的收益率；而“服务于国家宏观经济发展和深化金融体制改革的需要”是更深一层的投资目标。

为了实现直接目标和深层次目标，中投首先要做的是提高储备投资的收益率。那么中投的投资是否取得了足够好的收益率？首先，我们可以将中投与外汇储备传统投资方式收益率进行比较。从成立到2012年年底，中投累计年化收益率为5.02%。由于中国的外汇储备主要投资于美国国债，而美国国债收益率比较低，因此中投公司的投资收益率可能略高于中国外汇储备的投资收益率；其次，我们可以比较中投和其他主权财富基金的投资收益率。在全球金融危机爆发的2008年，中投公司的境外投资回报率为－2.1%，优于韩国投资公司（－66.7%）、淡马锡持股（－31.4%）以及挪威政府养老基金（－23.3%）等。[①] 2010年至2012年中投公司的海外收益率分别为11.7%、－4.3%[②]与10.6%。而2012年淡马锡的回报率为1.5%，挪威政府养老基金的回报率为13.4%，[③] 与国际同行的比较也说明中投公司近年来取得了不错的回报率。

另一方面，资金来源决定了中投公司的投资策略是在获得更高收益和保持足够的流动性之间保持平衡。中投作为储备投资型主权财富基金，其投资

---

① China Daily, 8 Aug 2009, cautious stance reaps rich dividends.

② 有研究认为2010年中投收益率的下降与全球金融市场状况的恶化直接相关，2011年MSCI指数下跌7.4%，这影响了中投的回报率。

③ China Daily, 30 Sep 2013, Investing a nation's wealth wisely.

策略与宏观稳定型主权财富基金[①]有明显差异。后者的投资策略与央行储备管理的目标较为接近，需要履行促进宏观稳定和应对外部不确定性的职责，因此非常重视资产的流动性，主要配置于现金与固定收益类资产。典型代表包括俄罗斯储备基金、阿塞拜疆国家石油基金等。储备投资型主权财富基金的典型代表是新加坡淡马锡公司。淡马锡持有大量流动性较差而收益率较高的资产。相比之下，中投公司仍然重视保持一定程度的资产流动性，这与其资金来源于外汇储备，不能承受过高风险，不允许出现过大损失有关。中投公司在成立初期的资产配置较为重视流动性，这体现在中投公司大量投资于金融企业，以及持有大量的现金和现金产品。[②] 但近年来中投公司显著提高了风险偏好，试图追求风险可控前提下的高投资回报。

（二）管理部门主导权之争尘埃落定推动了中投公司投资策略的多元化

主权财富基金的所有者通常是一国政府，而政府经常将对所有者责任托付给其他部门。这个部门既可能是中央银行（代表为伊朗的外汇储备基金、博茨瓦纳的普拉基金、委内瑞拉的宏观经济稳定基金），也可能是国会（例如阿联酋的阿布扎比投资局），抑或是财政部（例如挪威政府全球养老基金、俄罗斯储备基金、淡马锡控股公司与科威特投资局）。最为普遍的则是一国财政部负责本国主权财富基金的管理。

在由谁来管理中投公司的问题上，中国财政部与央行竞争激烈。与多数国家财政部拥有对外汇储备的控制权不同，中国的外汇储备由中国人民银行（PBC）的分支机构中国外汇管理局（SAFE）管理，而中国财政部（MOF）一直试图获得部分外汇储备的控制权。这种争夺在中投成立之前达到一个高峰。

在财政部与央行争夺中投公司主导权的过程中，财政部似乎占了上风，

---

① IWG（International Working Group of Sovereign Wealth Fund）根据不同目标将 SWF 分为四类：稳定型基金（stabilization fund）的定义是使得本国预算和经济不受大宗商品（主要是石油）价格、和外部冲击的影响的 SWF。储蓄型基金（saving fund）主要指将不可再生资产转换为更多样化的资产组合，减轻“荷兰病”的影响，实现为下一代储蓄的目的的 SWF。另外两类是养老储备基金和储备投资基金。养老储备基金（contingent pension funds）指从非个人养老金缴纳中出资，支付政府收支平衡表上非特定的养老金债务的 SWF。储备投资基金（reserve investment fund）指为了提高储备回报率而建立的 SWF。

② http：//cn. reuters. com/article/currenciesNews/idCNnCN067144720090807？rpc = 311.

这体现在多个方面。例如，中投公司首任董事长楼继伟在来中投公司之前，曾任职财政部常务副部长。2013 年楼继伟离开中投后，出任财政部部长。中投公司的现任董事长丁学东在上任前同样曾就职于财政部。在中投首任董事会 11 人中，5 人有在财政部的任职经历，而有央行任职经历的仅为 2 人。

财政部与央行的主导权之争直接影响了中投公司的资金注入模式。中投公司的注册资本金是财政部通过发行特别国债的方式筹集 1.55 万亿元人民币，以此向中国人民银行购买了 2000 亿美元的外汇储备作为中投的资本金，这约占当年外汇储备总量（1.4 万亿美元）的 15%。

中投公司的法律性质是独立的国有企业，其真正股东是国务院，中国财政部代表国务院行使股东权利，中国央行在未经国务院批准情况下，不能直接向中投注入资本金。在不断增长的外汇储备与中投的资金注入之间，也没有既定的注资规则。因此，迄今为止，中投公司缺乏完善的资金注入规则和提款规则，[①] 资金来源非常不稳定，[②] 潜在的资金注入规模不确定。[③] 资金来源的不确定使得近年来中投公司更加关注于投资回报率，以增加可供再投资的现金流量。体现在投资策略上，中投公司在 2009 年之后逐步增加了风险资产的持有量，尤其是股权资产和另类投资的比重。

由于最初的资本金是以债权形式注入中投公司，完全负债融资对后者形成了较大的经营压力。为了定期支付债券利息（约为 4.5%），再加上人民币升值的因素，中投不得不投资一些短期期望收益率较高的资产。这种追求短期回报以支付高额利息的模式不可持续，特别在全球金融危机爆发之后，中投公司提高投资收益率的难度更大。中投董事长楼继伟曾表示，中投需要每天赚 3 亿人民币才能够支付资本金的利息。2009 年 8 月，中国财政部将债权转为股权，从此中投不需要定期支付利息。债务压力的

---

① SWF 的提款原则（withdrawal rules）依其类型有所不同，例如对储备投资型 SWF 来说，当外储低于特定水平时，可能将基金资产提出。对于财政稳定型 SWF，主要考虑预算状况，在财政收入减少形成预算赤字、有筹资需要的时候调用 SWF 资金。但一般而言建立 SWF 的法律中通常会明确注入规则和提款规则，具体的金额由当局（财政部或国会）在年度预算中确定。

② 2011 年曾有消息称中投与某些政府实体就建立筹资机制进行合作（http://blogs.wsj.com/chinarealtime/2012/03/06/qa-china-investment-corp-s-wang-jianxi/），建议包括中国外汇管理局（SAFE）直接对中投注资并获得中投股份，以及外管局委托中投代表 SAFE 进行投资，即两者之间存在外包关系（http://news.xinhuanet.com/fortune/2011-08/10/c_121839511_2.htm），但这些建议都没有实质性进展。

③ 即使中投资金可以从外储划拨，由于中国外储的持续稳定增长并不会是常态，中投的资金注入量仍不确定。

降低是中投公司投资策略多元化的重要前提。

（三）海外投资与国内投资的冲突造成中投公司海外投资受阻的概率上升

中投公司的国内投资主要通过中央汇金公司（针对国有金融企业）和建银投资公司（针对国有实业的产业投资平台）进行。中央汇金公司成立于2003年11月，主要职能是对中国重点国有金融企业进行股权投资。2007年9月，财政部发行特别国债，从中国人民银行手中购买中央汇金公司的全部股权，并将上述股权（约为670亿美元）作为对中投出资的一部分注入中投。尽管中投的国内投资与海外投资业务严格分离，但汇金控制的中国大型金融企业也已经进行了一系列海外投资，通过建立分支机构或并购国外银行等方式进军海外市场。此外，这些大型金融机构也与国内"走出去"的企业密切合作，从而间接涉足国外其他行业。

建银投资是中央汇金的全资子公司，2004年9月经国务院批准成立，注册资本金为207亿人民币。建银成立之初的主要任务是接受、管理和处置原中国建设银行非商业银行资产和业务。2008年，国务院划分了建投与中央汇金的职能，将中央汇金定位为政策性的金融投资机构，主要持有大型国有公司（主要是银行）的控股权。目前，建投的定位则是中投的产业投资平台，进行人民币投资。此外，中投公司通过建银投资对中国的国有企业（通常是非金融公司）提供支持，[①] 从而间接地进行了海外投资。

汇金与建银对国内进行的投资与中投公司的海外投资业务，可能存在如下冲突：

第一，国内投资可能占用海外投资的资金。在中投2000亿美元的资本金中，有900亿美元通过中央汇金转移到国内金融机构，另外1100亿美元用于中投的海外投资。由于汇金控股的其他商业银行在走出去的过程中对外汇资产的需求也有所增长，因此，中投海外投资可用的外汇储备数量可能因为国内投资的扩大而减少。事实上，经过多次大手笔投资后，2009年年底，中投公司几乎耗尽了其现金和存款，其规模从年初的479亿美元减少至186亿美元。到2010年年底进一步减少到144亿美元。

第二，中央汇金公司的战略投资者地位将会损害中投公司作为全球财

① http://english.caijing.com.cn/2009-02-12/110055513.html.

务投资人的形象。尽管中投公司严格区分了海外投资与国内投资业务，但在国外监管部门来看，中投与汇金都对国务院负责，资金都来源于中央财政，且中投是汇金100%的控股股东。因此，与汇金相似，中投公司通常被视为渗透了中国政府意图的国际战略投资者，这加剧了中投公司海外投资受阻的可能性。例如，2008年中国建设银行和工商银行在美国设立分行的努力，一度因为股东是汇金（中投），美联储担心交易中存在政治影响而受到阻碍。[①] 又如，中投公司将汇金收益纳入公司整体收益的做法容易授人以柄。由于中投成立于全球金融危机不断深化时期，加上投资经验不足等多方面的原因，其2008年和2011年的海外投资回报率并不理想（分别为-2.1%与-4.3%）。相对而言，汇金的收益率更高也更加稳定。由于中投对汇金拥有100%控股权，因此汇金收益可以显著改善中投公司的合并资产负债表。鉴于汇金本身的“金融国资委”性质，中投公司宣称“纯粹追求商业收益”的投资动机更容易遭到质疑。

第三，中投公司的海外投资策略与汇金的国内投资策略有时可能存在冲突。汇金对国内投资多为逆周期性质，即当经济下行时，汇金会增加投资，通过扩大商业银行信贷能力来对冲宏观经济下行风险。而中投对海外的投资多为顺周期性质，即当中国经济处于上行区间时，由于出口增加和国内需求上升，对资源和能源的需求会随着增长，这种情况下中投可能增加对资源能源行业的投资。

（四）与其他国有投资工具的竞争加剧了中投公司的盈利压力

中投公司是中国官方承认的主权财富基金。但根据一些独立机构的标准和定义，[②] 中国还有其他几个机构也可以被称为主权财富基金，例如华

① http://finance.ifeng.com/hkstock/html/newsinfo/2008-06-23/news_D0000000945.shtml.

② IWG（International Working Group of Sovereign Wealth Fund）认为：主权财富基金是由一般性的政府所有的、具有特殊目的的投资基金或投资安排。IMF的定义是“主权政府为了宏观目的而创立的投资基金。主权财富基金为了金融目标，使用一系列投资策略（包括投资国外金融资产）来持有、管理、运营资产”。OECD给出的定义是：为了达到国家目的，政府直接或间接拥有和管理的资产集合。SWF Institute则认为SWF是政府所有的投资基金或者实体，资金来源于经常账户盈余、官方外汇储备操作、私有化的收入、政府的转移支付、财政盈余和（或）资源出口带来的收入。不包括货币当局为了传统的国际收支或货币政策目的而持有的外汇储备资产，不包括传统意义上的国有企业，政府雇员养老基金（由雇员/雇主捐赠筹资），或者为了个人利益而进行的资产管理。美国财政部给出的定义是：官方储备中，与财政部或者中央银行所管理的外汇储备所独立的，来源外汇资产所形成的政府投资工具，以追求更高的回报率为目的，并投资于比传统储备更广泛的资产类别。

安投资有限公司（SAFEIC）、全国社保基金（NSSF）与中非发展基金（CADF）等。中投公司与这些主权财富基金之间毫无疑问存在竞争关系，而竞争的目标是为了获得更多的资金来源、争取各种优惠政策以及其他方面的支持。

以中投公司的主要竞争对手，外管局的下属公司华安投资为例，华安投资的投资宗旨和目标与中投有很多相似之处，两者之间存在竞争关系也很正常。据各类报道，华安投资对外投资的规模不断上升，并进行了多项大手笔的投资。从资产类别来看，华安投资投资于股权、私募股权、房地产和基础设施[①]等多种资产，与中投的投资策略颇有类似之处。从分支机构来看，华安投资已经在新加坡、中国香港、伦敦与纽约建立了基金管理团队。更重要的是，华安投资在资金来源方面比中投公司更有优势，而且华安投资的信息公开程度比中投公司更低，因此面临的外部压力更小。类似的情况也发生在全国社保基金理事会、中非发展基金与中投公司之间，正如 Eaton 和张明指出的，中国的主权财富基金锦标赛可能不是官僚政治有意导致的结果，但中国的领导层似乎策略性地默许这样的锦标赛，因为这使得政府能够通过“胡萝卜加大棒”机制来有效地管理各国有投资工具。中投公司在面临诸多竞争对手的背景下想要获得更多的外汇储备，借以说服国务院的主要依据仍然是之前投资取得的投资回报率。反映在投资策略上，中投公司可能因此而更加注重中短期的投资回报率。

（五）相对严峻的外部投资环境推动了中投公司投资策略的多元化

投资东道国对主权财富基金的态度是中投公司很难控制的外部因素。一方面，在外部环境的压力下，中投公司的透明度和治理结构不断提升完善。在评价主权财富基金透明度的量化指标中，最著名的是主权财富基金研究所发布的 Linaburg-Maduell 透明度指数。[②] 在该指数 2014 年的排名中，中投公司的透明度在全球 48 个主权财富基金中排名第 23 位，指数值为 7，

① http://www.chinadaily.com.cn/china/2013-09/30/content_17003744.htm.

② Linaburg-Maduell 透明度指数包括十大要素：（1）提供了创立原因、资金来源以及治理结构等历史信息。（2）提供最新的独立审计年度报告。（3）公布公司股权结构、持股的地域分布。（4）公布了所有资产组合的市场价值、回报率和薪酬制度。（5）公布了有关企业伦理准则、投资政策和实施策略的主要内容。（6）披露明确的投资战略和目标。（7）在合适情况下披露附属机构及联系方式。（8）在合适情况下公布外部管理者的信息。（9）有对外公开的网站。（10）公布主要的办公地址和电话、传真等通信方式等信息。

是中国主权财富基金中透明度最高者，中投在2008年的指数值仅为2。

中投公司透明度的提高，能够为其对外投资带来多重好处：首先，这有助于降低东道国对中投公司相关投资可能存在的敌意；其次，信息披露机制有助于评估并不断改进中投公司的投资目标、期限管理、风险管理等层面；最后，在中投公司的资产配置无法充分向公众公开的情况下，让公众知晓中投公司的部分相关情况，能够让市场保持信心，从而降低中投公司面临的外部压力。反过来，过分强调透明度可能也有一些负面影响，例如资料的过度公开可能导致市场对中投公司相关投资的“追涨杀跌”、影响中投公司的决策速度，从而降低某些投资的成功率。此外，由于中投公司的确肩负国家战略，过度公开信息可能会影响核心经济利益。

另一方面，东道国认为中投公司投资可能带来“国家安全”问题，①是中投公司应特别关注的投资风险之一。针对中投的“国家安全”指责可能对中投的投资策略有如下影响：

首先，中投公司可能更多地避开安全审查过于严格的国家，尤其是这些国家的敏感行业或敏感地区。发达国家并不希望来自肩负政治意图的主权财富基金的特定投资对本国的国家利益产生不利影响，例如挑战发达国家的技术先进地位、控制发达国家的战略性行业、侵害发达国家的军事和国防安全等。因此，发达国家的相关策略是尽量将主权财富基金投资中的政治因素分离出来。

其次，中投公司可能选择持有少数股权，或是不向被投资企业的董事会委派代表，借此向东道国传达自己是一个消极财务投资者的形象。在定义“国家安全”时，发达国家非常重视主权财富基金的投资是否对被投资企业形成控制权。因此，主权财富投资在获得大额股权的情形下尤其容易

① 各国都没有明确给出“国家安全”的定义，仅给出了界定国家安全时的“考虑因素”。以美国对“国家安全”的界定为例，2007年的《外国投资与国家安全法令》（FINSA）列出了对“国家安全”的11项考虑因素，美国外国投资委员会（CFIUS）在2012年年报中给出了对“国家安全”的12项考虑因素，其中包括对美国企业的业务及生产（提供）的产品（服务）的安全性的衡量，获得控制权的外国人的特征等。澳大利亚同样通过审查一系列因素来评估国家利益，例如企业性质、投资者经营业务的商业透明性、是否为外国政府投资者等。澳大利亚外国投资审批委员会（FIRB）特别指出，若投资者为基金管理公司（包括主权财富基金），政府会考虑基金的投资政策以及基金如何对其拟议获取权益的澳大利亚企业行使表决权。加拿大宣称外国投资审查过程中没有包括“国家安全”部分，只通过一些法律、规章、政策来处理某些部门FDI引发的国家安全隐患。

引发东道国的担忧。例如，美国通过外国投资委员会（CFIUS）审查“受管辖交易”[①] 对美国国家安全的影响。而在判断对被投资企业是否形成控制权时，CFIUS依照投资对一个实体的“重要事项”的影响力而定。[②] 相对而言，中投公司在这一点上表现良好，通常将投资股权的比重控制在10%以下，也较少向被投资企业董事会委派代表。事实上，在中投公司对美国的多项投资中，只有2007年收购摩根士丹利案例进入了CFIUS审查范围。

最后，值得一提的是，由于现有国际投资规则并没有为中投公司这样的主权财富基金提供充分的保障及申诉机制，因此，中投公司在海外投资的过程中通常会尽量避免与东道国政府发生冲突。

五　进一步改善中投公司投资绩效的政策建议

我们认为，要进一步改善中投公司的投资绩效，需要在中国政府、相关管理部门与中投公司本身这三个层次上进行一系列调整。

（一）中国政府的调整

首先，作为一个主权财富基金大国，中国政府应考虑在国际投资法律体系的变革中扮演更加积极的角色。主权财富基金在面对发达国家的“国家安全”指责时，没有可以申诉或协调的机构，这是当前国际投资法律的一大缺失。国际投资法律体系的演变方向对主权财富基金的未来至关重要，因此，中国政府政府应该在相关国际规则谈判中发出更大的声音，提出更多保护中国主权财富基金利益的条款。

其次，中国政府需要更加充分地协调不同机构在“走出去”战略中的作用。一个国家存在多个主权财富基金的情况并不少见（新加坡就是一个很典型的例子），但该国需要明确不同主权财富基金各自的定位。中国政府既然将中投公司定位为专注于国际市场的财务投资者，就应该明确区分中投公司与中央汇金在国内市场投资的关系，尽量避免前者也进行国内战

---

① 能使得外国人控制美国企业的任何交易，且此笔交易在1988年8月23号之后被提出或待定。

② 2008年美国财政部《外国人合并、并购、接管条例：最终规定》。

略性投资。此外，中国政府还应削弱中投公司与政策性银行之间的“战略协调”关系，例如在与这些银行在海外投资合作时遵守市场规则、取消优惠贷款条件等。中国政府不应从机制上鼓励中投公司与中国其他国有企业在海外投资过程中进行合作，更不应该扮演中间协调人的角色。

再次，中国政府应进一步理顺外储管理体制，确定中投公司的独立法律地位和具体监管主体。建议在外储管理体系中引入财政部门，实行财政部和央行共同管理的体制。建议筹建一个由国务院牵头，国家发改委、财政部、央行和商务部等部门参与的外汇储备投资战略决策委员会。该委员会负责从国家战略的高度来制定外汇储备投资的战略目标，协调各种国有主权投资机构的分工合作，并定期听取汇报和进行检查。

最后，中国政府应明确针对中投公司的资金注入规则和提款规则。中投公司的资金来源仍应是在满足流动性与安全性需求后的超额外汇储备。建议中国政府建立透明化的中投公司资金注入规则与提款规则。例如，当中投公司完成相关部门的投资收益率与投资风险考核后，可定期向中投公司注入外汇储备。又如，可将中投公司的投资收益，定期注入国家社保基金。

（二）管理部门的调整

其一，管理部门应进一步改善中投公司的治理结构，例如尽量减少对投资的干预、更多地在管理层中引入专业人士、延长管理层的在任时间、保证管理层的相对稳定性、减少政府官员在高层人员中的比重、建立与投资回报率紧密联系的市场化薪酬制度等。

其二，管理部门应制定更为合理的中投公司投资绩效评价体系。这个评价体系可以参考其他主权财富基金的投资回报率，例如基准货币最好是美元，具体资产类别可以参考国际金融市场重要指数等。[①] 管理部门应更加注重衡量中投的长期投资业绩（例如以 10 年平均回报率作为评价标准），而非过度关注短期投资回报率。

其三，管理部门应仅仅决定宏观资产配置战略与整体风险容忍水平，

① 例如对股权资产的参考指标有 Morgan Stanley capital internatiional all country，对债券的参考指标有 Barclays capital global aggregate，大宗商品指数可参考 S&P GSCI light energy，对另类投资可以 G7 国家的通胀率加上一定百分比作为参考。

对具体投资项目的选择和风险控制则应该交给中投公司自行负责，以提高中投公司的市场化运作程度。

（三）中投公司自身的调整

第一，中投公司应不断提高自身的透明度。例如，中投公司应该更加积极地参与到国际性机构（例如IMF、OECD、WTO等）有关资本流动和监管规则的制定过程中去，使得这些规则能够更加充分地反映中国主权财富基金的立场和利益。又如，中投公司可以选择性地公开部分投资项目的有关细节。再如，中投公司应加强与其他主权财富基金在各种不同平台上的合作。

第二，中投公司在进行海外投资仍应尽量淡化“国有”色彩，例如避免获得对相关企业的控制权、（有必要的话）避开发达国家的敏感产业和敏感技术，或选择与东道国富有经验的机构投资者进行合作投资等。

第三，中投公司应充分了解并遵守东道国的现有投资规则。这一方面需要招聘具有丰富海外投资经验的从业者，另一方面需要在投资中借力发达国家成熟的中介机构。在进行相关投资前，中投公司应进行详尽的尽职调查，与东道国媒体建立良好的合作关系，在合同中注重防范常见的风险。在完成相关投资后，中投公司应随时跟进企业的生产经营状况，了解其财务状况的变化，一旦发生投资纠纷时应及时诉诸法律或仲裁机构。

参考文献

一 英文文献

1. Aizenman Joshua and Nancy Marion, "International Reserve Holdings with Sovereign Risk and Costly Tax Collection," *Economic Journal*, Vol. 114, 2004, pp. 569—591.
2. Aizenman Joshua and Nancy Marion, "Using Inflation to Erode the US Public Debt", NBER Working Paper 15562, December 2009.
3. Aizenman, Joshua and Michael M. Hutchison, "Exchange Market Pressure and Absorption by International Reserves: Emerging Markets and Fear of Reserve Loss during the 2008—2009 Crisis", *Journal of International Money and Finance*, Vol. 31, 2012, pp. 1076—1091.
4. Aizenman, Joshua and Reuven Glick, "Sovereign Wealth Funds: Stylized Facts about Their Determinants and Governance", NBER Working Paper No. 14562, 2008.
5. Aizenman Joshua and Yi Sun, "The-Financial Crisis and Sizable International Reserves Depletion: From 'Fear of Floating' to the 'Fear of Losing International Reserves'?" *International Review of Economics and Finance*, Vol. 24, 2012, pp. 250—269.
6. Bakker A. and van Herpt I. "Central Bank Reserve Management: Trends and Issues", in Bakker A. and van Herpt I. eds. *Central Bank Reserve Management: New Trends, from Liquidity to Return*, Cheltenham. Edward Elgar, 2007.
7. Beck, Roland and Weber, Sebastian. "Should Larger Reserve Holdings be More Diversified?" *International Finance*, Vol. 14 (3), 2011, pp. 415—444.

8. Becka, R. and E. Rahbarib, "Optimal Reserve Composition in the Presence of Sudden Stops", *Journal of International Money and Finance*, Vol. 30, No. 6, October 2011, pp. 1107—1127.

9. Beltran O. Daniel, Maxwell Kretchmer, Jaime Marquez, and Charles P. Thomas, "Foreign holdings of U. S. Treasuries and U. S. Treasury yields", *Journal of International Money and Finance*, Vol. 30, 2012, 1—24.

10. Bernanke, B. S. "The Global Savings Glut and the U. S. Current Account Deficit", Homer Jones Lecture, April 14, 2005.

11. Bernstein Shai, Lerner Josh and Schoar Antoinette, "The Investment Strategies of Sovereign Wealth Funds", NBER Working Paper No. 14861, 2009.

12. Bertaut C. Carol, William L. Griever, and Ralph W. Tryon. "Understanding U. S. Cross-Border Securities Data", *Federal Reserve Bulletin*, 2006, pp. 59—75.

13. Blinder A., "Quantitative Easing: Entrance and Exit Strategies", CEPS Working Paper No. 204, 2010.

14. Bianchi Javier, Juan Carlos Hatchondo and Leonardo Martinez, "International Reserves and Rollover Risk", IMF Working Paper WP13/33, January 2013.

15. Bonatti Luigi, and Andrea Fracasso, "Hoarding of International Reserves in China: Mercantilism, Domestic Consumption and US Monetary Policy", *Journal of International Money and Finance*, Vol. 30, 2012, pp. 1—35.

16. Borio Claudio, Gabriele Galati and Alexandra Heath, "FX Reserve Management: Trends and Challenges", Monetary and Economic Department, BIS Papers No. 40, May 2008.

17. Borio Claudio, Jannecke Ebbesen, Gabriele Galati and Alexandra Heath, "FX Reserve Management: Elements of A Framework", Monetary and Economic Department, BIS Papers No. 38, March 2008.

18. Bortolotti B., V. Fotak, W. Megginson and W. F. Miracky, "Sovereign Wealth Fund Investment Patterns and Performance", FEEM Working Paper, 2010.

19. Bourne Ryan and Tim Knox, "QE: The Side Effects", Centre for Policy Studies Growth Bulletin Number 26, Centre for Policy Studies, March 2013.

20. Brwon et al., "Macrofinancial Linkages of the Strategic Asset Allocation of

Commodity-based Sovereign Wealth Funds", IMF WP10/9, 2010.

21. Calvo, G., L. Leiderman, and C. Reinhart, "Capital Inflows and Real Exchange Rate Appreciation in Latin America: The Role of External Factors," *International Monetary Fund Staff Papers*, Vol. 40 (1), 1993, 108—151.

22. Chhaochharia, V., and L. A. Laeven, "Sovereign Wealth Funds: Their Investment Strategies and Performance", CEPR Discussion Paper No. DP6959, 2008.

23. Congressional Budget Office, "The Budget and Economic Outlook: 2014 to 2024", Congress of the United States, 2014.

24. Congressional Budget Office, "The Budget and Economic Outlook: 2014 to 2024", Congress of the United States, February 2014.

25. Das S. Udaibir, Yinqiu Lu, Christian Mulder, and Amadou Sy, "Setting up a Sovereign Wealth Fund: Some Policy and Operational Considerations", IMF Working Paper WP/09/179, 2009.

26. Department of the Treasury, Federal Reserve Bank of New York and Board of Governors of the Federal Reserve System, *Report on Foreign Portfolio Holdings of U. S. Securities*, Various Issues.

27. Dominguez, M. E. Kathryn, "Foreign Reserve Management during the Global-Financial Crisis", *Journal of International Money and Finance*, Vol. 30, 2012, pp. 1—21.

28. Dominguez M. E. Kathryn, Yuko Hashimoto and Takatoshi Ito, "International Reserves and the Global Financial Crisis", *Journal of International Economics*, Vol. 30, 2012, pp. 1—19.

29. Eaton Sarah and Ming Zhang. "A Principal-agent Analysis of China's Sovereign Wealth Fund: Byzantine by Design." *Review of International Political Economy*, Vol. 17 (3), 2010, pp. 481—506.

30. Fannie Mae, "Fourth Quarter and Full Year 2013 Results", February 21, 2014.

31. Freddie Mac, "News Release", November 7, 2013.

32. GIC, "Report on the Management of the Government's Portfolio for the Year 2012/2013", 2014.

33. Greenwood J., "The Costs and Implications of PBC Sterilization," *The Cato*

Journal, Vol. 28 (2), 2008, 205—217.

34. Greenspan A., "Testimony before the Committee on Banking, Housing and Urban Affairs. U. S. Senate", February 16, 2005.

35. Hauner, D., "A Fiscal Price Tag for International Reserves", *International Finance*, Vol. 9 (2), 2006, 169—195.

36. IMF, "Guidelines for Foreign Exchange Reserve Management: Accompanying Document", March 26, 2003.

37. IMF, "Assessing Reserve Adequacy", Monetary and Capital Markets, Research, and Strategy, Policy, and Review Departments, February 2011.

38. Jeanne, Olivier and Romain Rancière, "The Optimal Level of International Reserves For Emerging Market Countries: A New Formula and Some Applications", *The Economic Journal*, Vol. 121, September 2011, pp. 905—930.

39. Krishnamurthy A. and Vissing-Jorgensen A., "The Effects of Quantitative Easing on Interest Rates: Channels and Implications for Policy", *Brookings Papers on Economic Activity*, 2011.

40. Krishnamurthy A. and Vissing-Jorgensen A., "The Ins and Outs of LSAPs", Federal Reserve Bank of Kansas City, 2013.

41. KunzelPeter, Yinqiu Lu, Iva K. Petrova and Jukka Pihlman, "Investment Objectives of Sovereign Wealth Funds: A Shifting Paradigm", IMF Working Paper WP 11/19, 2011.

42. Lavoie, Marc and Jun Zhao, "A Study of the Diversification of China's Foreign Reserves within a Three-Country Stock-Flow Consistent Model", *Metroeconomica*, Vol. 61, No. 3, July 2010, pp. 558—592.

43. Levy Yeyati Eduardo, "The Cost of Reserves", Business School Working Papers 2006-10, Universidad Torcuato Di Tella, July 2006.

44. Li Jie, Huaxia Huang, and Xiao Xiao, "The Sovereign Property of Foreign Reserve Investment in China: A CVaR Approach", *Economic Modelling*, Vol. 29 (5), 2012, pp. 1524—1536.

45. Lipsky John, "Financial Crisis and Reserve Management: Outlook for the Future", International Monetary Fund, January 24, 2011.

46. Liu Ke, "How to Manage China's Foreign Exchange Reserves?" Aarhus School of Business University WSciences Paper No. 37, November 2007.

47. Liu Pan and Junbo Zhu, "The Management of China's Huge Foreign Reserve and Its Currency Composition", Berlin School of Economics Working Paper No. 37, April 2008.

48. Ma G. andRobert McCauley, "Do China's Capital Controls Still Bind? Implications for Monetary Autonomy and Capital Liberalization," *BIS Working Papers* No. 233, 2007.

49. McCauley N. Robert and Jean-François Rigaudy, "Managing Foreign Exchange Reserves in the Crisis and After", *BIS Papers* No. 58, March 2011, pp. 19—47.

50. Mohanty, M. and P. Turner, "Foreign Exchange Reserve Accumulation in Emerging Markets: What Are the Domestic Implications?" *BIS Quarterly Review*, 2006, pp. 39—52.

51. Norges Bank Investment Management, "Government Pension Fund Global Annual Report 2013", 2014.

52. Office of Financial Stability's (OFS), "Citizen's Report—Troubled Asset Relief Program Fiscal Year 2013", United States Department of the Treasury, January 2014.

53. Office of Management and Budget (OMB), "Analytical Perspectives, Budget of the United States Government, Fiscal Year 2014", U. S. Government Printing Office, Washington 2013.

54. Office of Management and Budget (OMB), "Analytical Perspectives, Budget of the United States Government, Fiscal Year 2015", U. S. Government Printing Office, Washington 2014.

55. Park, D., and Gemma E. B. Estrada, "Developing Asia's Sovereign Wealth Funds and Outward Foreign Direct Investment", ADB Working Papers Series, No. 169, 2009.

56. Perspectives Pictet, "The Federal Reserve's QE Exit Strategy and Bond Markets: Fasten Your Seat Belt!", 2013.

57. Pihlman Jukka and Han van der Hoorn, "Procyclicality in Central Bank Reserve Management: Evidence from the Crisis", IMF Working Paper WP/10/150, June 2010.

58. Rodrik, D., "The Social Cost of Foreign Exchange Reserves", NBER Work-

ing Paper No. 11952, 2006.

59. Romanyuk, Yuliya, "Liquidity, Risk, and Return: Specifying an Objective Function for the Management of Foreign Reserves", *Applied Stochastic Models in Business and Industry*, Vol. 28, pp. 175—193, May 2012.

60. Scalia, Antonio and Sahel Benjamin, "Ranking, Risk-Taking and Effort: An Analysis of the ECB's Foreign Reserves Management", Working papers No. 840, EUROSISTEMA, Bank of Italy, January 2012.

61. Sheng Liugang, "Did China Diversify Its Foreign Reserves?" *Journal of Applied Econometrics*, Vol. 28, 2013, pp. 102—125.

62. Shrestha P. Kumar, "Banking Systems, Central Banks and International Reserve Accumulation in East Asian Economies", Economics, Kiel Institute for the World Economy, No. 2013—2014, 2013.

63. Steil B., "Exiting from Monetary Stimulus: A Better Plan for the Fed", Policy Innovation Memorandum No. 30, 2013.

64. Traub H. D., L. Ferreira and M. McArdle, "Fear and Greed in Global Asset Allocation", *The Journal of Investing*, 2000, Vol. 9 (1), pp. 27—31.

65. United States Department of the Treasury, "Troubled Asset Relief Program (TARP): Monthly Report to Congress - March 2013", April 10, 2013.

66. U. S. Government Printing Office, "Government Sponsored Enterprises", April 2013.

67. Wang Yongzhong and Duncan Freeman. "The International Financial Crisis and China's Foreign Exchange Reserve Management", *Asia Paper*, Vol. 7 (2), March 2013.

68. Wijnholds, J. Beaufort and Arend Kapteyn, "Reserve Adequacy in Emerging Market Economies", IMF Working Paper, September 2001.

69. Wijnholds, J. Beaufort and L. Sondergaard, "Reserve Accumulation: Objective or By-product?" Occasional Paper Series No. 73, 2007.

70. Wu Friedrich, Christine Goh and Ruchi Hajela, "China Investment Corporation's Post-Crisis Investment Strategy", *World Economics*, Vol. 12 No. 3, 2011, pp. 123—152.

71. Zhang Ming, "Chinese Stylized Sterilization: the Cost-Sharing Mechanism and Financial Repression", *China & World Economy*, Vol. 20 (2), 2012,

pp. 41—58.

72. Zhang Ming and Fan He, "China's Sovereign Wealth Fund: Weakness and Challenges," *China and World Economy*, 2009, Vol. 17 (1).

二 中文文献

1. 巴曙松:《外汇储备需求动机的变动与外汇储备管理政策的调整》,载《经济问题》1997 年第 11 期。
2. 巴曙松、刘先丰:《外汇储备管理的多层次需求分析框架——挪威、新加坡的经验及其对中国的借鉴》,载《经济理论与经济管理》2007 年第 1 期。
3. 淡马锡:《超越投资》,载《淡马锡年度报告》2013 年。
4. 郭树清:《关于中国当前外汇储备的几个重要问题》,载《中国金融》2005 年第 7 期。
5. 谷宇:《金融稳定视角下中国外汇储备需求的影响因素分析——兼论外汇储备短期调整的非对称性》,载《经济科学》2013 年第 1 期。
6. 何帆、陈平:《外汇储备的积极管理:新加坡、挪威的经验与启示》,载《国际金融研究》2006 年第 6 期。
7. 胡小炼:《论我国中央银行对外汇储备的经营和管理》,载《中国金融》1995 年第 6 期。
8. 姜英梅:《海湾国家石油美元投资模式》,载《阿拉伯世界研究》2013 年第 1 期。
9. 景学成、胡哲一:《国家外汇储备经营基本原则与经营管理体系》,载《中国外汇管理》1996 年第 2 期。
10. 孔立平:《次贷危机后中国外汇储备资产风险及优化配置》,载《国际金融研究》2009 年第 8 期。
11. 孔立平:《全球金融危机下中国外汇储备币种构成的选择》,载《国际金融研究》2010 年第 3 期。
12. 李青、赵文利、谢亚轩:《覆水难收:联储退出宽松货币政策路线图解析》,《美联储货币政策"退出"专题报告之一》,载《招商证券》(香港)2013 年 5 月。
13. 李巍、张志超:《一个基于金融稳定的外汇储备分析框架——兼论中国外汇储备的适度规模》，载《经济研究》2009 年第 8 期。
14. 刘澜飚、张靖佳：《中国外汇储备投资组合选择——基于外汇储备对外投资规模的内生性分析》，载《经济研究》2012 年第 4 期。
15. 刘莉亚：《我国外汇储备管理模式的转变研究——从收益率、币种结构和资产配置的角度》，上海财经大学出版社 2010 年版。
16. 刘莉亚、任若恩：《我国外汇储备适度规模的研究综述》，载《经济问题》2003 年第 5 期。
17. 罗素梅、陈伟忠、周光友：《货币性外汇储备资产的多层次优化配置》，载《数量经济技术经济研究》2013 年第 6 期。
18. 盛柳刚、赵洪岩：《外汇储备收益率、币种结构和热钱》，载《经济学(季刊)》2007 年第 4 期。
19. 盛松成：《"人民币升值中国损失论"是一种似是而非的理论——兼论我国外汇储备币种结构调整的问题》，载《金融研究》2008 年第 7 期。
20. 谭小芬、熊爱宗、陈思翀：《美国量化宽松的退出机制、溢出效应与中国的对策》，载《国际经济评论》2013 年第 5 期。
21. 王爱俭、王景武：《中国外汇储备投资多元化研究》，中国金融出版社 2009 年版。
22. 王乐、张翼：《主权财富基金透明度研究》，载《上海金融》2013 年第 10 期。
23. 王令芬：《试析决定最适国际储备量的一般规律——兼论我国的外汇储备管理对策》，载《国际金融研究》1989 年第 8 期。
24. 王晓钧、刘力臻：《欧元区主权债务风险对我国外汇储备安全的启示》，载《亚太经济》2010 年第 6 期。
25. 王永中：《中国外汇储备的构成、收益与风险》，载《国际金融研究》2011 年第 1 期。
26. 王永中：《中国外汇储备的经济成本》，载《金融评论》2012 年第 6 期。
27. 王永中：《中国外汇冲销的实践与绩效》，上海世界图书出版公司 2013 年版。
28. 武剑：《我国外汇储备规模的分析与界定》，载《经济研究》1998 年第 6 期。

29. 夏斌：《提高外汇储备使用效益》，载《银行家》2006年第5期。
30. 许承明：《我国外汇储备需求的动态调整模型》，载《经济科学》2001年第5期。
31. 徐永林、张志超：《外汇储备币种结构管理：国际研究综述》，载《世界经济》2010年第9期。
32. 叶楠：《探析亚洲主权财富基金发展的新趋势》，载《亚太经济》2012年第6期。
33. 叶楠：《挪威主权财富基金运作模式的争议与思考》，载《世界经济与政治论坛》2012年1月。
34. 叶楠：《探析俄罗斯主权财富基金的变革与投资策略选》，载《俄罗斯研究》2013年第4期。
35. 余永定：《国际金融危机下的外汇储备与中国经济发展》，载《马克思主义与现实》2009年第3期。
36. 余永定：《国际货币体系改革与中国外汇储备资产保值》，载《国际经济评论》2009年第3期。
37. 余永定：《见证失衡——双顺差、人民币汇率和美元陷阱》，生活·读书·新知三联书店2010年版。
38. 余永定：《后危机时期的全球公共债务危机和中国面临的挑战》，载《国际经济评论》2011年第1期。
39. 张斌：《外汇储备的资产属性、改革方案与还汇于民》，载《国际经济评论》2013年第6期。
40. 张斌、王勋、华秀萍：《中国外汇储备的名义收益率和真实收益率》，载《经济研究》2010年第10期。
41. 张海亮、郭明：《可信承诺、合作联盟与主权财富基金对外投资》，载《经济研究参考》2013年第62期。
42. 张海亮、薛琰如、王亦奇：《信息披露、投资策略与主权财富基金投资收益》，载《中国经济问题》2013年第3期。
43. 张海亮、周卫江、王亦奇：《全球主权财富基金投资空间分布、路径选择》，载《经济问题》2013年第5期。
44. 张明：《面对指责，中投公司的策略》，载《西部论丛》2007年11月。
45. 张明：《论次贷危机对中国主权财富基金带来的机遇与挑战》，载《国际经济评论》2008年第5—6期。

46. 张明:《中国外汇管理思路的应有变化》，载《国际经济评论》2009年第5期。

47. 张明:《中国投资者是否是美国国债市场上的价格稳定者》，载《世界经济》2012年第5期。

48. 张曙光、张斌：《外汇储备持续积累的经济后果》，载《经济研究》2007年第4期。

49. 张燕生、张岸元、姚淑梅：《现阶段外汇储备的转化与投资策略研究》，载《世界经济》2007年第7期。

50. 张宇哲、李小晓、李箐：《外储投资新跑道》，载《新世纪》2013年第2期。